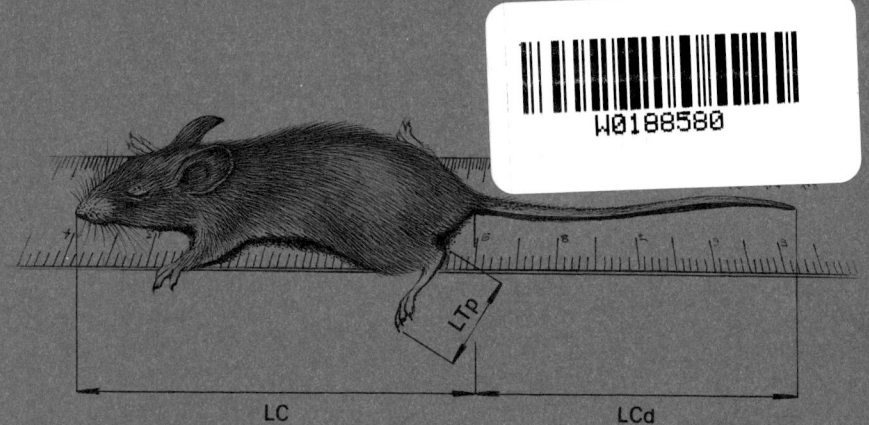

So mißt man kleine Säugetiere: LC — Länge von Kopf und Körper, LCd — Länge des Schwanzes, LTp — Länge des Fußes an der Hinterpfote

So mißt man Fledermäuse: LAt — Länge des Unterarms, LA — Länge der Ohrmuschel, LT — Länge der Ohrenklappe

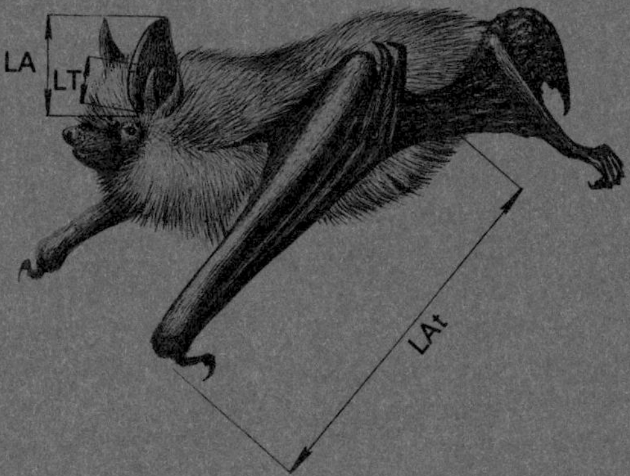

So mißt man große Säugetiere: LC — Länge von Kopf und Körper, LCd — Schwanzlänge, AC — Widerristhöhe, LTp — Länge des Hinterfußes

Säugetiere Europas

KOSMOS
NATUR
FÜHRER

L. J. Dobroruka
Z. Berger

Säugetiere Europas

Ein Bestimmungsbuch

mit 280 Farbbildern

Kosmos
Gesellschaft der Naturfreunde
Franckh'sche Verlagshandlung
Stuttgart

Text von Dr.-Ing. Luděk J. Dobroruka
Aus dem Tschechischen übertragen von P. Zieschang
Mit 280 Farbbildern und 197 Schwarzweißzeichnungen von Zdeněk Berger

Umschlaggestaltung von Edgar Dambacher unter Verwendung einer Farbzeichnung
von Zdeněk Berger
Das Bild zeigt einen Siebenschläfer *(Glis glis)*

CIP-Kurztitelaufnahme der Deutschen Bibliothek

Berger, Zdeněk:
Säugetiere Europas : e. Bestimmungsbuch mit 280
Farbbildern / Z. Berger ; L. J. Dobroruka. [Aus
d. Tschech. übertr. von P. Zieschang]. –
Stuttgart : Franckh, 1985.
    (Kosmos-Naturführer)
    Aus d. Ms. übers.
    ISBN 3-440-05564-7
NE: Dobroruka, Luděk J.:

Franckh'sche Verlagshandlung, W. Keller & Co., Stuttgart / 1985
Printed in Czechoslovakia / Imprimé en Tchécoslovaquie
LH 14 ro / ISBN 3-440-05564-7 / Gesamtherstellung: Artia, Prag

Säugetiere Europas

Charakteristik der Säugetiere

Die Säugetiere bilden nur einen geringen Teil des gesamten Tierreichs. Die Lehre von den Tieren, die Zoologie, kennt heute 3—10 Millionen Arten von Lebewesen. Wir dürfen uns über die große Spannweite dieser Angabe nicht wundern, denn bis heute ist die genaue Grenze zwischen der Art und der Unterart (Subspezies) nicht festgelegt, und außerdem werden jährlich mehrere Dutzend neue, bisher unbekannte Arten beschrieben. Der artenreichste Stamm sind die Gliederfüßer *(Arthropoda)*. Hier umfassen allein die Insekten *(Insecta)* mehr als 1,6 Millionen Arten, und die Entomologen nehmen an, daß bis jetzt annähernd nur ein Zehntel aller lebenden Insektenarten entdeckt und beschrieben wurde. Sehr umfangreich ist auch der Stamm der Weichtiere *(Mollusca)*, der ungefähr 50 000 Arten aufweist. Dagegen gibt es etwa 8 600 Vogelarten *(Aves)* und annähernd 5 000 Säugetierarten. Diese Arten leben heute, ungefähr 10 000 Arten sind während der längst vergangenen Erdentwicklung ausgestorben.

Die Säugetiere sind die am weitesten entwickelte Gruppe der Wirbeltiere. Sie weisen eine Reihe gemeinsamer Merkmale auf, die vor allem den inneren Körperbau betreffen und nach denen sie von den Fachleuten in die Klasse Säugetiere *(Mammalia)* eingeordnet werden. Wir können die Säugetiere sehr einfach und doch ganz zutreffend mit zwei Merkmalen charakterisieren, die wir im übrigen Tierreich nicht vorfinden. Sie sind behaart und ernähren ihre Jungen mit Muttermilch aus besonderen Milchdrüsen (mammae). Diese Eigenschaft spiegelt sich auch in der lateinischen Bezeichnung der Klasse wider. Die Behaarung besteht aus einigen Typen von Borsten und ist das auffallendste morphologische Merkmal der Säugetiere.

Die Säugetiere nehmen auch durch einige andere Merkmale eine Vorrangstellung ein. Als einzige Wirbeltiere besitzen sie einen einfachen Unterkiefer (Dentale, Mandibula), der durch ein sekundäres Kiefergelenk am Schläfenbein mit dem Schädel verbunden ist. Sie haben eine festliegende Anzahl von Halswirbeln (7), drei Gehörknöchelchen und verschiedene Zähne. Die Haut der Säugetiere weist zahlreiche Drüsen auf, die sich aus den grundlegenden Fett- und Schweißdrüsen differenziert und aus denen sich auch die Milchdrüsen entwickelt haben. Brust- und Bauchhöhle werden von einem mächtigen flachen, kreisförmigen Muskel, dem Zwerchfell, getrennt, das sich an den Atmungsbewegungen beteiligt. Das Herz ist vollständig in zwei Vor- und zwei Hauptkammern unterteilt, so daß der Lungen- und der Körperkreislauf geschlossen und voneinander getrennt sind. Die Aorta bildet einen einzigen (linken) Bogen. Die roten Blutkörperchen sind kernlos. Die äußeren Gehörgänge sind mit Ohrmuscheln versehen. Das Gehirn der Säugetiere, vor allem die Sekundärrinde des Großhirns, ist mächtig ausgeprägt. Diese Haut ist bei den höher entwickelten Arten faltig durchfurcht und lappig (gyriphiziert). Ein für die Säuger typisches anatomisches Gebilde ist die Brücke (pons), die die Verbindungen zwischen dem Groß- und dem Kleinhirn enthält. Unter den physiologischen Merkmalen sind die beständige Körpertemperatur und ein intensiver Stoffwechsel (Metabolismus) charakteristisch. Das letzte wesentliche Merkmal der Säugetiere ist ihre Fortpflanzungsart. Nur die primitivsten Ursäuger *(Prototheria)* legen Eier, bei allen anderen Säugetieren entwickelt sich der Embryo in der Gebärmutter des weiblichen Tieres, wird durch die Plazenta ernährt und in unterschiedlichen Stadien der Vollkommenheit geboren. Die Jungen aller Säugetiere werden anfangs mit Muttermilch gefüttert.

Selbstverständlich sind die einzelnen Merkmale bei manchen Arten oder Gruppierungen modifiziert. So fehlen zum Beispiel bei den Robben die Ohrmuscheln, bei den Walen ist das Fell reduziert, bei den Zahnwalen sind die Zähne einheitlich gleichförmig, bei den Winterschläfern kommt es zur Heterothermie, das heißt, daß die Körpertemperatur und die Intensität des Stoffwechsels entsprechend der Umgebungstemperatur schwanken usw. Diese sekundären Anpassungen ändern jedoch nichts daran, daß die genannten Merkmale für Säugetiere typisch sind.

Die Vielfalt der Säugetiere ist sehr groß. Wir finden Arten, die nur einige Zentimeter lang sind und ein Gewicht von 1,5 g aufweisen, und Arten mit einer Länge von über 30 m und einem Körpergewicht von 150 t. Die beständige Körpertemperatur (von 36—39 °C) und die Fähigkeit der Thermoregulation gestatteten es den Säugern, alle Klimazonen zu besiedeln, und so leben sie in den extremen Hitzen der Wüsten und auch in der tödlichen Kälte der Polargebiete.

Während der gesamten Entwicklung, bei der viele Formen ausstarben und andere entstanden, behaupteten sich selbstverständlich diejenigen am besten, die sich am zweckmäßigsten anzupassen vermochten. Dieser Umstand ist bis heute noch eine Ursache dafür, daß man sich bei der Einordnung einiger Säugetiere in den gesamten Entwicklungsprozeß nicht ganz sicher ist. Einige Formen, die sich auffallend ähneln, sind miteinander überhaupt nicht verwandt, andere dagegen sehen völlig verschieden aus, weisen aber eine Reihe anatomischer Merkmale auf, die von ihrer nahen Verwandtschaft zeugen. Ein ganzer Wissenschaftszweig, die Systematik, befaßt sich damit, die mit der Entwicklung zusammenhängende Verwandtschaft der einzelnen lebenden Organismen zu untersuchen und diese in entsprechende Gruppen einzuordnen.

Viele, die versucht haben, ein wenig in die Systematik einzudringen, wenden ein, daß sie äußerst kompliziert ist und jeder Systematiker eine andere Ansicht vertritt. Es ist wahr, daß die Entwicklung der Biologie in diesem Jahrhundert und vor allem in den letzten Jahrzehnten viele neue Erkenntnisse erbracht hat, die auch zur Umbewertung einiger traditioneller Ansichten führten. Die taxonomische Klassifikation ist jedoch kein Dogma, sondern ein Hilfsmittel, das sich Hand in Hand mit unseren wachsenden Naturkenntnissen entwickelt. Einige Zoologen halten die europäische Wildkatze und die afrikanische Falbkatze für zwei selbständige Arten, andere behaupten, daß es sich nur um verschiedene Unterarten einer Art handelt, und nehmen dabei in Kauf, daß die europäischen Wildkatzen und die afrikanischen Falbkatzen voneinander unterschiedene, abgeschlossene Gruppen bilden. Trotz dieser abweichenden Ansichten besteht kein Zweifel darüber, daß *Felis silvestris* und *Felis lybica*, wie beide Arten mit dem wissenschaftlichen Namen heißen, Angehörige der Gattung *Felis*, der Familie Katzen *(Felidae)*, der Ordnung Raubtiere *(Carnivora)* sind und zur Klasse der Säugetiere *(Mammalia)* gehören. Für den Naturfreund reichen diese systematischen Kategorien völlig aus. Es wird für ihn wichtiger sein, die Falbkatze von der Wildkatze zu unterscheiden als zu wissen, ob beides selbständige Arten oder Unterarten einer Art sind.

Umwelt und Verbreitung

Pflanzen und Tiere haben meistens eine begrenzte Verbreitung, sie treten nur in bestimmten Gebieten auf. Der englische Forscher und Naturwissenschaftler Russell Wallace veröffentlichte 1876 die biogeographische Unterteilung der Erde in sechs große Gebiete, die durch schwer überwindbare klimatische und topographische Hindernisse voneinander getrennt sind. Es entstand die Zoogeographie, die Lehre von der Verbreitung der Lebewesen auf der Erdoberfläche. In den einzelnen zoogeographischen Gebieten finden sich unterschiedliche Formen des Lebens, die nur

dieser einzigen Gebietseinheit eigen sind. Das Gebiet Europas und des Mittelmeerraumes, mit dem wir uns beschäftigen, gehört zur paläarktischen Zone, die, grob gesagt, die außertropischen Teile Europas, Asiens und Afrikas umfaßt. Weshalb die Tiere gerade dort leben, wo sie leben, wird nicht nur durch die zoogeographischen Zonen bestimmt, sondern auch durch den Raum auf dem Festland oder im Meer, der durch das Klima und die vorhandenen Typen von Pflanzen und Lebewesen bestimmt wird. Für einen solchen Raum wurde der Begriff der Zonengesellschaft oder des Bioms eingeführt. Die Biome des Festlandes werden von verschiedenen Gesellschaftstypen gebildet, die von den tropischen Urwäldern bis zu den kalten, waldlosen Tundren und von den Regenwäldern bis zu den Halbwüsten und Wüsten reichen. Der Mensch hat diese Hauptgesellschaften durch seine Tätigkeit oft gestört. Er hat Wälder abgeholzt, sie in Felder verwandelt, hat einige trockene Gebiete urbar gemacht und bewässert u. ä. Jedes Lebewesen erfüllt innerhalb der Gesellschaft eine bestimmte Funktion, wir sagen, es hat hier seine Nische. Diese Nische wird bestimmt durch das Verhältnis zum Standort, zur Ernährung, zu den Partnern und zu den Feinden. Die Tiere entwickeln sich gewöhnlich so, daß die Nische am besten ausgenützt wird. Für das Lebewesen ist das Mikroklima, das in seiner Nische überwiegt, wesentlich wichtiger als die Gliederung der Klimazonen. In jeder Nische bestehen viele kleine Unterschiede, die für den Organismus um so wichtiger sind, je geringer sie sind. Manche Tiere sind anpassungsfähig, sie sind nicht nur an eine Nische gebunden und vermögen sich deshalb auch den menschlichen Eingriffen in die Gesellschaft anzupassen. Andere Arten verhalten sich dagegen viel weniger tolerant und sind auch weniger zahlreich. Sie reagieren auf die menschlichen Eingriffe in der Natur äußerst empfindlich und verschwinden aus der Kulturlandschaft.
Die Tiere der einzelnen Arten benötigen zum Leben ganz bestimmte natürliche Bedingungen in einer bestimmten Umwelt, ihren Biotop. In diesem Biotop bewegen sich die einzelnen Tiere jedoch nicht zufällig, sondern belegen nur einen bestimmten Teil davon, in dessen Grenzen sie leben. Diese Bezirke sind nicht nur bei den verschiedenen Arten unterschiedlich groß, sie unterscheiden sich auch nach dem Geschlecht des einzelnen Lebewesens (die Bezirke der Männchen sind in der Regel größer als die der Weibchen), der Gestaltung des Geländes und dem Nahrungsangebot. Diese Lebensbezirke können sich gegenseitig überdecken, manche Tiere benutzen den gesamten Raum ihres Bezirkes ständig, bei anderen ist er sehr groß, und die Tiere unternehmen darin jährlich periodische Wanderungen (zum Beispiel der Wechsel der Sommer- und Winterweiden der Elche, die Ansammlungen der Seehunde in Fortpflanzungskolonien u. ä.). Einige Tiere, vor allem die Männchen, können einen bestimmten Raum im Bezirk gegen ein gleichgeschlechtliches Mitglied der gleichen Art verteidigen. Das geschieht überwiegend zur Zeit der Paarung und nur selten außerhalb dieser Periode. Diese so verteidigten Stellen nennen wir Territorium, die Arten oder Individuen, die sich entsprechend verhalten, territoriale Tiere. Gewöhnlich sind diese Territorien klein, meist betragen sie nur einige oder einige Dutzend Quadratmeter. Die Tiere kennzeichnen ihre Territorien meist durch den Geruch oder die Stimme (Hunde durch Urin, Hirsche durch Röhren), seltener optisch, zum Beispiel durch eine typische Haltung. Diese Markierung kann verschieden kombiniert werden.
Viele Säugetier-Arten wurden und werden vom Menschen gejagt. Das war und ist noch bei vielen Tieren die Ursache für die Verringerung ihres Areals oder sogar für ihre Gefährdung oder völlige Ausrottung. Das betrifft vor allem die großen Arten der Huftiere und Raubtiere, aber auch einige Pelztiere und Wale. Auf der anderen Seite hat der Mensch aus verschiedenen Gründen manche Tierarten dort ausge-

setzt, wo sie ursprünglich nicht lebten. Einige dieser Versuche scheiterten, andere gelangen, und die ausgesetzten Tiere bildeten hier eine gut gedeihende Population. Es handelt sich meistens um Arten, die dem Menschen unmittelbaren Nutzen bringen sollten, wie zum Beispiel die Pelztiere: von den Nagetieren die Bisamratte, der nordamerikanische Biber und die Nutria, von den Raubtieren der amerikanische Nerz, der Marderhund und der Waschbär. Indirekt, wenn auch aufgrund menschlicher Tätigkeit, haben sich Säugetiere vermehrt, die sich auf das Zusammenleben mit dem Menschen spezialisierten und seine Tischgenossen wurden (Kommensalen) — Mäuse, Haus- und Wanderratten. An manchen Stellen akklimatisierten sich in der Gefangenschaft gezüchtete Säugetiere und flohen dann, wie zum Beispiel in England der Muntjak, das chinesische Wasserreh und das Bennetts-Känguruh *(Wallabia rufogrisea)*.

Die Population einer Art setzt sich nicht aus völlig identischen Individuen zusammen. Die Eigenschaften vererben sich nicht vollkommen, was sich in der erblich bedingten Wandelbarkeit (der genetischen Variabilität) äußert.

Die Individuen, die in dem Milieu, in dem sie leben, vorteilhafte erbliche Eigenschaften besitzen, sind in diesem Milieu bevorzugt und gedeihen besser als die Lebewesen, die diese Eigenschaften nicht aufweisen. Durch die natürliche Auslese, die Selektion, verändert sich so die Population in einem bestimmten Gebiet und paßt sich den Gegebenheiten der Umwelt an. Lebt eine Art in einem großen Gebiet (Areal) mit unterschiedlichen Lebensbedingungen, teilt sie sich oft in lokale, voneinander abweichende Populationen auf, die sich durch ein bestimmtes Merkmal oder eine Kombination von Merkmalen unterscheiden. Sie können sich aber gegenseitig fruchtbar vermehren. Diese Populationen nennen wir Unterarten (Subspezies) und bezeichnen sie, da sie geographisch oft voneinander getrennt sind, als geographische Rassen. Sie unterscheiden sich voneinander meistens in der Färbung und Größe. In diesem Buch wird die geographische Variabilität (bis auf einige Ausnahmen) nicht erwähnt. Die Abbildungen zeigen die am häufigsten auftretenden Färbungen, die Maße betreffen die gesamte Breite der Variabilität.

Entwicklungsgeschichtliche Anpassung der Säugetiere

Bewegung der Säugetiere

Den Säugetieren ist es gelungen, sich allen Lebensräumen anzupassen. Für die Bewegung unter verschiedenen Bedingungen mußten sich selbstverständlich vor allem ihre Gliedmaßen anpassen, die eine spezielle Funktion erhielten und damit ihre ursprüngliche Form wesentlich veränderten.

Die Grundform der Säugetier-Gliedmaßen ist fünfzehig (Bild 1). Unter dem Einfluß verschiedener Lebensweisen und unterschiedlicher Lebensräume reduzierten sich einige Zehen. Ein extremes Beispiel hierfür sind die pferdeartigen Unpaarhufer, bei denen außer der dritten Zehe alle anderen verschwunden sind (Bild 1b). Die einzige übriggebliebene Zehe ist mit einem harten Horngebilde, einem Huf, versehen und stellt somit die beste Anpassung an die schnelle Bewegung auf hartem Steppenboden dar. An den Beinen der Huftiere können wir überhaupt die allmähliche Anpassung an die Umwelt beobachten. Die beiden Huftierordnungen, die Unpaarhufer und die Paarhufer, sind miteinander nicht nahe verwandt, und der Grundaufbau ihrer Gliedmaßen unterscheidet sich. Bei den Unpaarhufern verläuft die Achse der Gliedmaßen immer durch die Mittelzehe, die am stärksten ausgebildet ist. Die erste

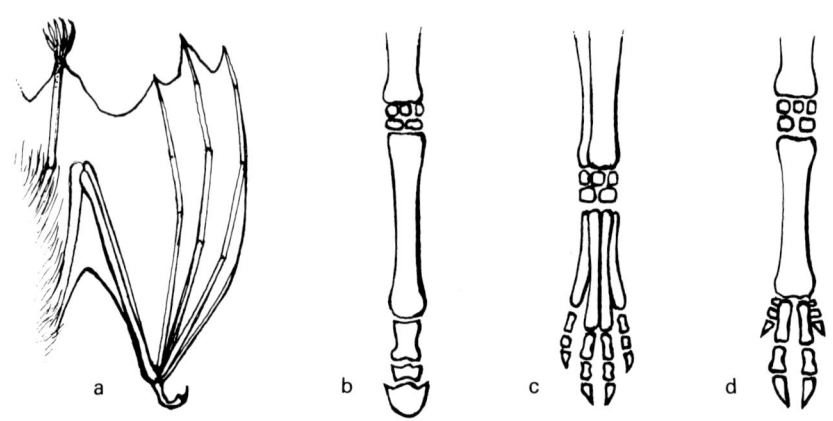

Bild 1. Modifikation einer fünfzehigen Säugetiergliedmaße:
a Flattertiere (verlängerte Finger- und Fingerwurzelknochen)
b Unpaarhufer (die Gliedmaßenachse verläuft durch die 3. Zehe)
c Paarhufer (die Gliedmaßenachse verläuft zwischen der 3. und 4. Zehe),
    das Tier tritt mit allen Zehen auf.
d Paarhufer, das Tier tritt nur mit der 3. und 4. Zehe auf

Zehe, der Daumen, fehlt immer, und an den Vorderbeinen sind vier, drei oder eine Zehe, an den Hinterbeinen drei oder eine Zehe erhalten geblieben. Bei den Tapiren, die auf weichem, schlammigem Boden leben, sind eine größere Anzahl von Zehen erhalten geblieben, bei den Pferdeartigen führte, wie schon erwähnt, die Anpassung an die harte Unterlage zur Reduzierung auf eine einzige Zehe an jedem Bein. Bei den Paarhufern verläuft die Achse der vorderen und hinteren Gliedmaßen zwischen der mächtigen dritten und vierten Zehe (Klauen). Hinter diesen können sich noch die vierte und fünfte Zehe mit kleineren Hufen, die den Boden entweder berühren oder nicht berühren, befinden. Die Flußpferde und Schweine treten mit allen vier Zehen auf (Bild 1c), bei den Hirschen sind zwar die zweite und fünfte Zehe ausgebildet, die Tiere treten mit ihnen unter normalen Umständen jedoch nicht auf (Bild 1d). Diese verkümmerten Zehen nennen wir „Afterklauen". Bei den Giraffen, Gabelhornträgern und Kamelen sind die hinteren Zehen verschwunden und nur die dritte und vierte Zehe erhalten geblieben. Die erste Zehe ist auch bei den Paarhufern nie entwickelt.
Die volle Anzahl von fünf Zehen blieb verhältnismäßig oft an den vorderen Gliedmaßen erhalten. An den Hintergliedmaßen ist die Anzahl meistens reduziert. Je nachdem, wie die Säugetiere auftreten, unterscheiden wir solche, die auf dem ganzen Fuß (zum Beispiel die Bären — Bild 2), und solche, die nur auf dem Vorderfuß gehen (zum Beispiel Ginsterkatzen und Mangusten), und Säuger, die nur mit den Zehen (Hund, Katze — Bild 2b) beziehungsweise Spitzen auftreten (Huftiere — Bild 2c). Das letzte Zehenglied ist in der Regel mit einem verschieden geformten hornigen Gebilde versehen. Es kann sich um Krallen oder andere, durch Modifikation entstandene Gebilde handeln, wie Nägel (bei den höheren Primaten) und Hufe (mehrere Ordnungen von Huftieren).
Die gewöhnliche Gangart der Tiere ist der Wechselgang, bei dem sie gleichzeitig

10

Bild 2. Arten des Auftretens: **a** auf die ganze Fußfläche; **b** auf die Zehen; **c** auf die Zehenspitzen; **d** — ähnliche Position beim Menschen.

immer ein Vorder- und ein Hinterbein der anderen Körperseite nach vorn bewegen. Bei Tieren, die auf offenen Flächen wie Steppen, Halbwüsten und Wüsten leben, hat sich oft der sogenannte Paßgang entwickelt, bei dem beide Beine der gleichen Körperseite gleichzeitig nach vorn bewegt werden. Außer den erwähnten Bewegungsarten finden wir bei den Säugetieren noch einige besondere Typen der Fortbewegung, die immer der abgewandelten Lebensweise angepaßt sind. Eine dieser Besonderheiten ist der bipedale Gang, also die Fortbewegung auf zwei (den hinteren) Gliedmaßen. Wir sprechen hier nicht vom Menschen, bei dem diese Bewegungsanpassung ein hohes Niveau erreicht hat, sondern von Säugetieren, die beim langsamen Gehen zwar alle vier Beine, bei der schnellen Fortbewegung aber nur die stark verlängerten hinteren Gliedmaßen benutzen. Diesen „Känguruhgang" beherrschen zum Beispiel die Pferdespringer und die Wüstenspringmäuse.

Bei den Maulwürfen, die in der Erde leben und nur ausnahmsweise an die Oberfläche kommen, haben die Vordergliedmaßen die Fähigkeit, das Tier beim Gehen zu unterstützen, völlig verloren. Sie sind in schaufelartige Gebilde umgewandelt, die sich an den Körperseiten befinden. Der Maulwurf kann sich bei normaler Bewegung also nur auf die Kante der Handfläche auf der Seite der ersten Zehe stützen.

Die Säugetiere haben sich auch dem Leben im Wasser angepaßt. Die einfachste Anpassung sind Reihen von festen Borsten, die die Fläche der hinteren Füße vergrößern oder einen Schwanzkiel bilden. Unter den Insektenfressern finden wir sie

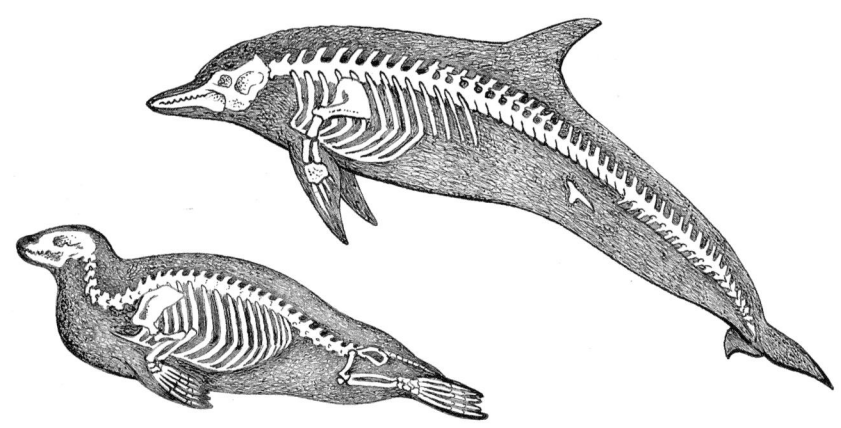

Bild 3. Skelett des Seehunds

Bild 4. Skelett des Delphins

bei den Spitzmäusen oder unter den Nagetieren bei den Bisamratten. Eine vollende-
tere Anpassung sind die Schwimmhäute, die sich entweder nur zwischen den Zehen der hinteren oder denen der hinteren und vorderen Beine befinden. An den Hinterbeinen tragen zum Beispiel der Biber und die Nutria, die zu den Nagetieren
gehören, Schwimmhäute. Schwimmhäute an Hinter- und Vorderbeinen finden wir
zum Beispiel beim Fischotter aus der Ordnung der Raubtiere. Bei der Ordnung der
Flossenfüßer oder Robben haben sich die Gliedmaßen in flossenartige Gebilde verwandelt. Bei den Familien der Ohrenrobben und Walrosse haben die Flossen ihre
Stützfunktion beibehalten, so daß sich die Tiere auf ihnen fortbewegen können. Bei
der Familie der Hundsrobben kam es zu einer noch ausgeprägteren Spezialisierung
(Bild 3). Die hinteren Gliedmaßen haben hier ihre Stützfunktion völlig verloren und
sind in flossenartige Gebilde umgewandelt, die zum Steuern dienen. Die vorderen
Gliedmaßen sind stark verkürzt, und diese Robben können auf dem Land nur in der
Art der Spannerraupen kriechen. Besonders extrem haben sich die Wale dem Leben im Wasser angepaßt. Ihr Körper ist so verändert, daß wir auf den ersten Blick
nur schwer erkennen, daß sie zu den Säugetieren gehören. Die Körperform erinnert
an die der Fische mit waagrecht gestellter Schwanzflosse. Diese Schwanzflosse ermöglicht den Tieren durch wellenartiges Schwingen eine sehr schnelle Fortbewegung. Die Vordergliedmaßen sind verkürzt und zu Flossen umgewandelt, sie bewegen sich nur im Schultergelenk. Die hinteren Gliedmaßen sind reduziert, und wir
finden am Skelett nur kleine Reste des Beckens (Bild 4).
Die Säugetiere drangen auch in die Luft vor und beherrschen sowohl den passiven
wie auch den aktiven Flug. Dem passiven Flug sind einige Nagetiere der Familie
Hörnchen angepaßt, wie zum Beispiel die Flughörnchen. Sie tragen an der Körperseite behaarte Häute, die beim Ausbreiten der Beine eine Art Fallschirm bilden und
den Tieren den Gleitflug über mehrere Dutzend Meter ermöglichen. Die Flughörnchen können während des Fluges sogar die Bewegungsrichtung bis um 90 Grad ändern. Die einzigen Wirbeltiere, die außer den Vögeln in der Lage sind, aktiv zu fliegen, sind die Vertreter der Ordnung Flattertiere (Bild 5). Hier sind die vorderen
Gliedmaßen zu Flügeln umgewandelt, deren Stütze von den Knochen des Ober-

Bild 5. Die Flattertiere sind die einzigen Säuger, die aktiv fliegen können.

und Unterarms, der verlängerten Zehenwurzel und Finger mit Ausnahme der Daumen gebildet wird (Bild 1a, Seite 10). Die tragende Fläche besteht aus einer dünnen doppelten Membran, die meistens unbehaart ist, den Körper und die Gliedmaßen verbindet und sich gewöhnlich auch zwischen den Hinterbeinen und dem Schwanz spannt. In der Ruhelage falten die Flattertiere die Flughaut immer entlang dem Körper zusammen oder hüllen sich in sie ein. Die hinteren Gliedmaßen der Flattertiere sind zu Hängeorganen umgebildet und dienen nur bei einigen Gruppen, zum Beispiel bei den südamerikanischen Vampiren, auch zum Kriechen. Das aktive Fliegen wird selbstverständlich durch eine kräftige Flugmuskulatur bedingt. So hat sich bei den Flattertieren ähnlich wie bei den Vögeln am Brustbein ebenfalls ein Kamm ausgebildet, an dem die Flugmuskulatur befestigt ist.

Nahrungsaufnahme

Nahrung und Nahrungsaufnahme sind bei den Säugetieren sehr verschieden, und auch im Verdauungssystem sind viele Anpassungen festzustellen, die oft sehr charakteristisch sind. Die Mundhöhle mit der Zunge und den Zähnen ist meistens der einzige Abschnitt des Verdauungssystems, der leicht beobachtet werden kann. Die Zunge, ein Muskel, der ursprünglich die Nahrung mischte, ist in der Regel unterschiedlich geformt und wird auch verschiedenartig benutzt. Bei den Raubtieren dient sie unter anderem auch zum Abschaben der Muskelreste von den Knochen, was durch harte hornige Warzen ermöglicht wird, die wie eine Raspel wirken. Ferner nehmen die Raubtiere beim Trinken das Wasser mit der Zunge auf. Viele Paarhufer rupfen ihre Nahrung mit der Zunge. Die Zunge dient bei einer ganzen Reihe von Säugetieren auch zur Pflege des Haarkleides.
Die Zähne sind in ihrer Anzahl und Form für die einzelnen Säugetierarten spezifisch und deshalb ein wichtiges Hilfsmittel bei der Artenbestimmung. Bei den Jungtieren wächst zuerst ein unvollständiges Milchgebiß heran, das später vom Dauergebiß ersetzt wird. Wir unterscheiden vier Zahntypen, deren Benennung sich nach ihrer Anordnung im Oberkiefer richtet. Die Schneidezähne (dentes incisivi, Kurzformel I) wachsen aus dem Zwischenkiefer hervor, die Eckzähne (dentes canini, C) sind die ersten Zähne im Oberkiefer, die Vormahlzähne (dentes praemolares, P) liegen hinter den Eckzähnen und sind schon im Milchgebiß vorhanden, während die Mahlzähne (dentes molares, M) erst im Dauergebiß ausgebildet werden. Im Unterkiefer richtet sich die Benennung der Zähne nach den entsprechenden gegenüberliegenden Zähnen des Oberkiefers und der Ähnlichkeit in der Form. Für die kurze qualitati-

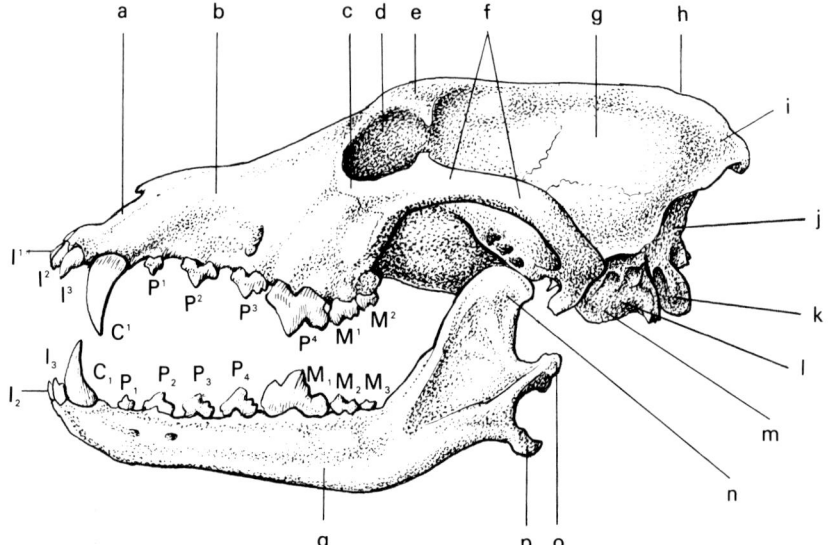

Bild 6. Schädel des Wolfs: **a** Zwischenkiefer; **b** Oberkiefer; **c** Wangenbein; **d** Augenhöhle; **e** Stirnbein; **f** Jochbogen; **g** Scheitelbein; **h** Pfeilnaht; Sagittalkamm; **i** Zwischenscheitelbein; **j** Hinterhauptbein; **k** — Hinterhauptbuckel; **l** äußerer Gehörgang; **m** Trommelhöhle; **n** — Muskelvorsprung; **o** Gelenkvorsprung; **p** Winkelvorsprung; **q** — Mandibula; **I** Schneidezähne; **C** Eckzähne; **P** Vormahlzähne; **M** Mahlzähne.

ve und quantitative Beschreibung wird eine Zahnformel benutzt. Sie ist ein Bruch, der die Anzahl der einzelnen Zahntypen in jeweils einer Hälfte des Ober- und Unterkiefers veranschaulicht.
Fehlt ein Zahntyp, schreiben wir 0. Die Reihenfolge und Anordnung der einzelnen Zähne im Kiefer drücken wir folgendermaßen aus: I^1 — erster oberer Schneidezahn, M_2 — zweiter unterer Mahlzahn usw. Bei den Plazentatieren *(Placentalia)*, also den höheren Säugetieren, beträgt die vollständige Zahl der Zähne 44: 3 Schneidezähne, 1 Eckzahn, 4 Vormahlzähne und 3 Mahlzähne auf jeder Kieferhälfte. Die Zahnformel sieht dann so aus: $\dfrac{3\,1\,4\,3}{3\,1\,4\,3}$. Die Anzahl der Zähne kann im Zusammenhang mit der Ernährungsweise sekundär größer oder kleiner sein. Bei den Wiederkäuern *(Ruminantia)* fehlen zum Beispiel die oberen Schneidezähne, und bei den Katzen *(Felis)*, die hochspezialisierte Fleischfresser sind, ist die Anzahl der Vormahl- und Mahlzähne reduziert — $\dfrac{3\,1\,3\,1}{3\,1\,2\,1}$. Der Luchs besitzt in beiden Kiefern sogar nur jeweils zwei Vormahl- und einen Mahlzahn. Bei den Raubtieren *(Carnivora)* haben sich der letzte obere Vormahlzahn (P^4) und der erste untere Mahlzahn (M_1) zum Reißen, Beißen und Zerkleinern der Beute in sogenannte Reißzähne (dentes sectorii) umgebildet. Bei den Nagetieren befindet sich in jeder Kieferhälfte nur ein Schneidezahn, der meißelförmig ist und unaufhörlich wächst. Die Schmelzschicht auf der äußeren Seite des Zahns ist härter als auf der Innenseite, wodurch ständig eine scharf geschliffene Schneide erhalten bleibt, die für das Nagen der harten Nahrung notwendig ist.

Bild 7. Schnitt durch den Magen der Wiederkäuer:
a Schlund, **b** Pansen, **c** Netzmagen, **d** Blättermagen,
e Labmagen.

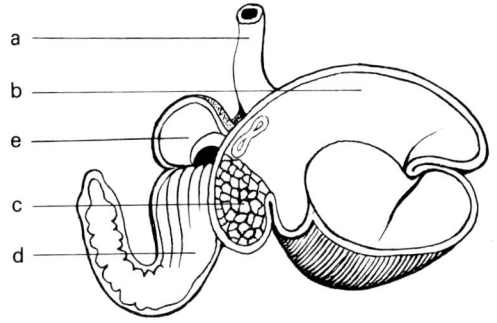

Die Eckzähne fehlen hier immer, und die Anzahl der Vormahlzähne ist reduziert. Bei den Familien der Wühler, Langschwanz- und Blindmäuse fehlen die Vormahlzähne völlig.

Eine sehr interessante Anpassung ist die Gleichförmigkeit der Zähne bei den fischfressenden Säugetieren, zum Beispiel bei den Robben. Die einzelnen Zahnarten unterscheiden sich kaum noch in ihrer Form. Diese Erscheinung ist bei den Delphinen noch auffallender, bei denen es gleichzeitig zu einer sekundären Vermehrung der Zähne kommt (einige Arten besitzen bis zu 250 Zähne). Bei den Walen finden wir das andere Extrem vor, nämlich eine erhebliche oder vollkommene Reduktion der Zähne. Der Weißwal oder Beluga aus der Familie der Gründelwale hat in der Regel nur 8—10 und der Narwal lediglich 2 Zähne. Hier befindet sich in jeder Zwischenkieferhälfte nur ein einziger Schneidezahn, von denen sich beim Männchen der linke zu einem bis zu 1 m langen Stoßzahn verlängert. Bei den Walen (Unterordnung Bartenwale, *Mystacoceti*) sind die Zähne nur im Embryonalstadium oder bei den Jungen nach der Geburt vorhanden, dringen aber nie durch das Zahnfleisch hindurch. Bei diesen Tieren hängen von den Gaumenleisten hornartige Leisten, die Barten, herab. Die Barten fangen als Filter das feine Plankton auf. Das Wasser fließt durch die Mundwinkel ab, und die Nahrung wird mit der Zunge zum Rachen und in den Schlund befördert. Weitere interessante Anpassungen finden wir beim Magen der Säugetiere. Manchmal ist der Magen einfach, manchmal ist sein Schlundteil erweitert und bildet einen Vormagen. Das interessanteste Beispiel hierfür ist der Magen der Wiederkäuer (Bild 7), die drei Vormägen besitzen: den Pansen, den Netzmagen und den Blättermagen. Erst dann folgt der eigentliche Magen, der Labmagen. Auch die pflanzenfressenden Säugetiere anderer Ordnungen haben geteilte Mägen, wie zum Beispiel die Känguruhs, Faultiere und einige blätterfressende Affen. Interessant ist, daß auch die Delphine, die Fleisch, vor allem Fische, fressen, ebenfalls einen geteilten Magen besitzen. Das hängt damit zusammen, daß sie die gefangene Nahrung nicht in der Mundhöhle zerkleinern können und sie im ganzen verschlingen. Diese Zerkleinerung findet erst in den muskulösen Vormägen unter Mithilfe von Sand und Steinen statt.

Die Säugetiere sind nicht in der Lage, Zellulase zu produzieren, ein Enzym, das die Zellulose zerlegt. Die Zellulosespaltung ist aber für die Pflanzenfresser lebensnotwendig und erfolgt deshalb im Verdauungssystem mit Hilfe symbiontischer Bakterien und Einzeller. Diese Organismen sind zum einen in den Vormägen, zum anderen (z. B. bei den Unpaarhufern) im großen, als Fermentationskammer dienenden Dickdarm konzentriert. Damit die Spaltprodukte aufgenommen werden können, befindet sich in der Wandung des Dickdarms ebenfalls ein Resorptionsepithel. Bei den Hasen und einigen Nagetieren hat sich eine andere Verdauungsweise entwickelt: Der Inhalt des Blinddarms durchläuft den Dick- und Enddarm und wird als breiiger Kot ausgeschieden, den das Tier erneut frißt und im Dünndarm verdaut. Erst dann treten als Endprodukt die charakteristischen harten Bohnen aus. Die Form des Kots ist überhaupt sehr charakteristisch, und wir können an ihr oft nicht nur die Tierart, sondern in manchen Fällen sogar das Geschlecht des einzelnen Tieres bestimmen, wie zum Beispiel bei den Hirschen.

Behaarung, Hörner und Geweihe

Die Behaarung ist eines der typischen Merkmale der Säugetiere. Wir finden sie bei keiner anderen Klasse des Tierreiches. Haare sind hornige Gebilde, die aus der vom Haarbalg umschlossenen Haarzwiebel hervorwachsen. Der Haarbalg ist in die Lederhaut eingebettet. Haupttypen der Haare sind die Dunen- oder Wollhaare, die Stichelhaare und die Grannenhaare. Die Woll- und Stichelhaare bilden die Unterlage, die isolierende Eigenschaften hat und für die Erhaltung der beständigen Körpertemperatur der Säugetiere wichtig ist. Die Grannenhaare überdecken die Unterlage und bestimmen die Färbung des Fells. Außer diesen drei Grundtypen kennen wir noch einige spezialisierte Haare von abweichendem Aussehen. Besonders auffallend sind die langen und elastischen Tasthaare, deren Wurzel mit Blutgefäßen umgeben ist. Im Ruhezustand liegen die Tasthaare am Körper an, wenn sich die Gefäße mit Blut füllen, stehen die Haare ab. In der Nähe der Wurzeln der Tasthaare befinden sich Nervenenden, die die Schwingungen der Haare wahrnehmen. Die Tasthaare befinden sich vor allem am Kopf, sie bilden zum Beispiel bei den Nagetieren und Raubtieren den sogenannten Bart. Bei den Eichhörnchen finden wir Tasthaare aber auch an den Vordergliedmaßen und an den Seiten des Körpers. Eine andere Art spezialisierter Haare sind zum Beispiel die Augenbrauen, die Mähnen- und Schweifhaare und die Borsten. Auf dem Körper der Säugetiere können auch einige andere Horngebilde ausgebildet sein, zum Beispiel Stachelborsten (Stachelschwein), Stacheln (Igel), Schuppen (Schuppentiere) und Panzer (Gürteltiere). Manchmal fehlt

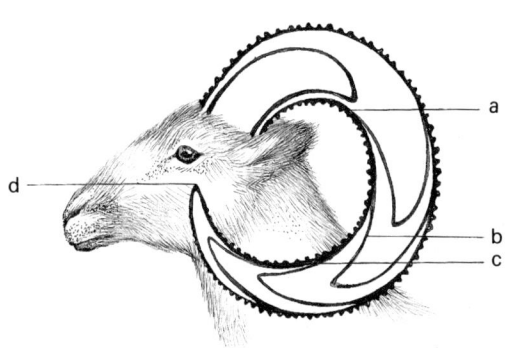

Bild 8. Wachstumsschema der Hörner beim Mufflonbock. Nach dem Grad der Kreisschließung kann man das Alter der Tiere schätzen. Im Vergleich mit einem Zifferblatt zeigt die Spitze des linken Horns eines einjährigen Bocks ungefähr auf 1 Uhr (a), bei einem zweijährigen Bock auf 3 Uhr (b), bei einem dreijährigen Tier (c) und den älteren Böcken zeigt die Hornspitze immer um 2 Stunden mehr an als das wirkliche Alter. Das gilt ungefähr bis zum 7. Lebensjahr, danach zeigt das Horn ständig auf 9 Uhr (d).

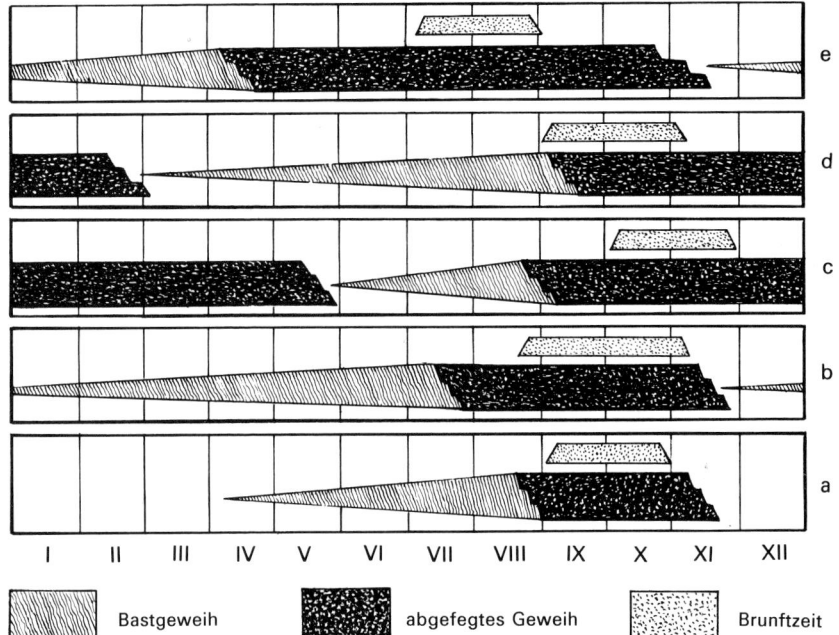

I	II	III	IV	V	VI	VII	VIII	IX	X	XI	XII

Bastgeweih   abgefegtes Geweih   Brunftzeit

Bild 9. Jahreszyklus der Geweihentwicklung bei den europäischen Hirscharten: **a** Ren,
b Elch, **c** Damhirsch, **d** Rothirsch, **e** Reh.

die Behaarung auf dem Körper der Säugetiere zum größten Teil oder völlig (Wale).
Ein sehr interessantes Hautgebilde sind die Hörner. Sie sind das charakteristische
Merkmal der Vertreter der Familie Rinder und entwickeln sich entweder bei beiden
Geschlechtern (Gemse, Wisent, Gazelle, Moschusochse) oder nur bei den männlichen Tieren (Saiga-Antilope).
Die Grundlage des Horns ist ein horniger Vorsprung des Stirnbeins, auf den ein
hohler Köcher aus Hornmasse aufgeschoben ist. Die Verhornung der Oberhaut
schreitet von der Basis des Horns zur Spitze hin fort, die älteren Teile werden also
nach oben gedrückt. Da die Hörner beständige Gebilde sind und jeder jährliche Zu-
wachs auf der Oberfläche durch einen verdickten Ring gekennzeichnet ist, kann
man bei einer ganzen Reihe von Rinderartigen an diesen Ringen das Alter des Tieres zuverlässig feststellen (Bild 8).
Das typische Kennzeichen der Hirsche ist mit Ausnahme der primitivsten Gattungen das Geweih. Es wird nur von den männlichen Tieren getragen und wächst lediglich beim Ren auch bei den Weibchen. Geweihe sind knochige Gebilde, die durch
periodisch erneuerten Wuchs der Vorsprünge am Stirnbein, der sogenannten Ro-
senstöcke, entstehen. Das wachsende Geweih ist von der Oberhaut und einer stark
durchbluteten Lederhaut, die das Geweih ernährt, überzogen. Nach Beendigung
des Wachstums trocknen Ober- und Lederhaut (der sogenannte Bast) ein und werden vom Tier aktiv von den fertigen Knochen abgewetzt, das heißt abgelegt. Nach
einer bestimmten Zeit tritt an der Grenze zwischen dem Rosenstock und den Ge-

weihstangen Osteolyse (Auflösung des Knochengewebes) ein, und das Geweih fällt ab. Wir sagen, der Hirsch wirft sein Geweih ab. Meistens werden Wuchs und Abwerfen des Geweihs hormonal beeinflußt.

Das Geweih ist zu Beginn der Brunft voll ausgebildet und abgefegt. Es gibt jedoch vor allem bei den tropischen Hirscharten einige Ausnahmen, bei denen das Geweih nicht alljährlich abgeworfen und mehrere Jahre hintereinander getragen wird. Im Gegensatz hierzu kennen wir auch Fälle, bei denen das Geweih zweimal innerhalb eines Jahres abgestoßen wird, wie zum Beispiel beim chinesischen Milu oder Davidshirsch *(Elaphurus davidianus)* und dem Isubrahirsch *(Cervus elaphus xantopygus)*. Die Entwicklung des Geweihes bei den europäischen Hirscharten im Laufe des Jahres ist aus Bild 9 ersichtlich. Wir müssen jedoch daran denken, daß dieser Entwicklungsablauf bei Alt- und Junghirschen verschieden ist; ältere Hirsche werfen ihr Geweih eher, jüngere später ab. Bei den Renkühen hängt die Entwicklung des Geweihs damit zusammen, ob das Tier trächtig ist oder nicht. Trächtige Rens werfen nämlich ihr Geweih nicht zum normalen Termin, sondern erst nach der Geburt des Jungen ab.

Das Verhalten der Säugetiere

Ein wenig unentbehrliche Theorie

Das Verhalten der Tiere beruht auf einem Komplex von Instinkten und kann als Antwort des Organismus auf Anregungen aus der Umwelt charakterisiert werden. Eine bestimmte angeborene Handlungsweise wird unter entsprechenden Umständen durch Anlässe oder Anregungssituationen, die wir Anregungs- oder Auslösungsschema nennen, hervorgerufen. Die Auslösungsschemata, die eine bestimmte komplizierte Tätigkeit hervorrufen, folgen oft aufeinander oder ergänzen sich gegenseitig. Damit das Auslösungsschema zur Geltung kommen kann, muß der Organismus für ein bestimmtes Verhalten vorbereitet oder abgestimmt sein. Diese Abstimmung des Organismus hängt unmittelbar mit der körperlichen Kondition, dem Hormonspiegel im Blut und dem Zustand des Nervensystems des Tieres zusammen. Erreicht die Abstimmung für ein bestimmtes Verhalten die nötige Stufe, beginnt das Tier von selbst das Auslösungsschema, das die entsprechende instinktive Handlung hervorruft, zu suchen. Demgegenüber muß die äußere Anregung, wenn sie nicht zur richtigen Zeit wirkt und der Organismus nicht richtig abgestimmt ist, nicht die entsprechende Reaktion hervorrufen. Jedes Verhalten der Tiere verläuft also nach folgendem Schema ab: 1. Innere Abstimmung des Tieres, 2. zweckbestimmte Such- oder Appetenztätigkeit, 3. Analyse der Sinneseindrücke, 4. Entdeckung des Auslösungsschemas, 5. angeborenes instinktives Handeln.

Wir wollen hierfür ein praktisches Beispiel anführen. Die Geschlechtshormone bewirken, daß die Tiere in einer bestimmten Zeit des Jahres zur Fortpflanzung vorbereitet sind. Die männlichen Hirsche beginnen Ende August, ihr Geweih abzufegen und ihre ganze Lebensweise zu ändern. Bis dahin lebten sie als Einzelgänger oder in Rudeln, denen nur männliche Tiere angehörten. Jetzt beginnen sie, Weibchen zu suchen, sie sammeln eine Gruppe von Hirschkühen um sich und vermelden röhrend, in welchem bestimmten Bezirk, in welchem Territorium, das sie gegen alle anderen männlichen Hirsche verteidigen, sie stehen. Wie die überwiegende Anzahl der Wiederkäuer sind auch die Hirsche sogenannte Distanztiere, das heißt, daß sie untereinander eine bestimmte individuelle Entfernung einhalten und unter normalen

Umständen gegenseitige physische Kontakte vermeiden. Voraussetzung für die Paarung ist aber gerade ein enger physischer Kontakt, und es hat sich deshalb ein ganzes Paarungszeremoniell herausgebildet, das die Aufgabe hat, das instinktive Distanzverhalten zu durchbrechen und die Fortpflanzung zu ermöglichen. Grundlage des Paarungszeremoniells der Hirsche ist das Haschen. Die Kuh läuft vom Hirsch weg, sie lehnt einstweilen seine Annäherung ab. Aber auch ihr Organismus bereitet sich unter Einwirkung von Geschlechtshormonen auf die Fortpflanzung vor. Der Hirsch kontrolliert oft den Hormonspiegel im Urin des Weibchens und überzeugt sich so von dessen Abstimmungsstufe, der Fähigkeit zur Fortpflanzung und damit von der Bereitschaft zur Paarung.

Dieses Verhalten, das Flehmen, ist sehr auffällig. Der männliche Hirsch beriecht oder beleckt den Urin der Hirschkuh, hebt den Kopf, öffnet das Maul leicht und zieht die Oberlippe zurück. Die Geruchsstoffe oder andere chemische Substanzen aus dem Urin des Weibchens gelangen beim Flehmen zu den besonderen Analysatoren am Gaumen des Männchens (Jakobsonsches Organ). Stellt der Hirsch einen ausreichend hohen Hormonspiegel fest, ist das für ihn das Zeichen, weitere Annäherungsversuche zu unternehmen. Eine sehr auffällige Annäherungs- oder Werbungsgeste ist der leichte, mit dem gestreckten Vorderbein langsam ausgeführte Schlag zwischen die Hinterbeine des Weibchens. Bei der richtigen Abstimmung ruft diese Annäherungsgeste die „Paarungsstellung" der Hirschkuh hervor: Sie bleibt starr mit leicht nach vorn gestrecktem Hals, durchgebogenem Rücken und gespreizten Hinterbeinen stehen. Die Paarungsstellung des Weibchens löst beim Männchen die eigentliche Paarungshaltung aus. Der Hirsch erhebt sich auf die Hinterbeine, umklammert das Weibchen mit den Vorderbeinen in den Weichen, und es kommt zur Verbindung. Ähnlich könnten wir verschiedene Verhaltensweisen in verschiedenen Lebensabschnitten der Tiere und in verschiedenen Jahreszeiten analysieren. Wir würden feststellen, daß verschiedene Hormone in ganz bestimmten Abstimmungsperioden verschiedene Typen von Tätigkeiten und damit ein besonders ausgeprägtes Verhalten hervorrufen.

Die Anregungen, die aus der Umwelt hervorgehen, finden also in einem bestimmten Verhalten eine Antwort. Das wirkt wiederum auf die Umwelt und beeinflußt die von dort ausgehenden Anregungen. Wir sprechen dann vom funktionellen Verhaltenskreis. Verschiedene Funktionskreise können aufeinander folgen oder sich durchdringen, und eine bestimmte Verhaltensweise kann mehreren Funktionskreisen eigen sein. So spiegelt sich zum Beispiel die Abstimmung auf eine bestimmte Tätigkeit gut im Ausdruck des Kopfes und des gesamten Körpers wider. Eine Katze, die auf Beute lauert (funktioneller Verhaltenskreis, der mit dem Stoffwechsel zusammenhängt), kann gleichzeitig vom Standpunkt ihrer Ausdrucksmittel beobachtet werden (Funktionskreis Verständigung). Ebenso gut wie das Verständigungsverhalten kann man das Verhalten im Funktionskreis Abwehr und Schutz erkennen. In der Regel unterscheiden wir 13 funktionelle Verhaltenskreise: 1. die allgemeinen Bewegungsformen, 2. das Verhalten, das mit dem Stoffwechsel zusammenhängt (Nahrungsaufnahme und -ausscheidung, Ruhe, Schlaf usw.), 3. Pflege der Körperbedeckung (sogenannte Komfortbewegungen), 4. Abwehr und Schutz, 5. Orientierung im Raum, 6. Orientierung in der Zeit, 7. Territorialverhalten, 8. Bautätigkeit (Bau von Höhlen, Nestern usw.), 9. Verhalten, das mit dem Kennenlernen der Umgebung zusammenhängt, 10. Lernen auf der Grundlage von Erfahrungen, 11. Spiel, 12. Fortpflanzungsverhalten, 13. Verständigung. Die Einteilung in Funktionskreise ist natürlich nicht unveränderlich, und wir treffen auch nicht bei jeder Tierart alle Funktionskreise an.

Ausdrucksmittel der Säugetiere

Die Säugetiere verfügen über ein reichhaltiges Sortiment an Ausdrucksmitteln. Sie bilden sie durch die Haltung oder Bewegung des Körpers, durch das Sträuben der Haare, durch die Mimik u. ä. Die Ausdrucksmittel sind eigentlich angeborene, instinktive Automatismen, deren Auslösung nach den gleichen Gesetzen erfolgt wie andere einfache Instinkthandlungen. Sozialgemeinschaftlich lebende Tiere besitzen reichere Ausdrucksmittel als einsiedlerisch lebende. Es wurde zum Beispiel festgestellt, daß der sozial lebende Wolf um ungefähr 40 % mehr Ausdrucksmittel zur Verfügung hat als der allein lebende Fuchs. Die Ausdrucksmittel können wir in drei Hauptgruppen unterteilen. Erstens handelt es sich um die optische; sie ist offensichtlich am reichhaltigsten und auffallendsten. Zweitens kennen wir die akustische Verständigung, die bei den Säugetieren ärmer ist als zum Beispiel bei den Vögeln, und drittens die olfaktorische oder Geruchsverständigung, die oft unauffällig, aber sehr interessant und typisch ist. Gewöhnlich verständigen sich die Individuen der gleichen Art untereinander, wir kennen aber auch Fälle, in denen es zur Verständigung zwischen verschiedenen Arten kommt. Hierher gehören vor allem verschiedene Alarmsignale. Auf das warnende Pfeifen des Murmeltiers reagiert auch die Gemse, und das signalisierende Trommeln des Kaninchens wird zum Beispiel auch vom Reh, das sich ebenfalls auf die Flucht begibt, als Alarmsignal verstanden. Wir können sagen, daß alle Ausdrucksmittel einem einzigen Zweck, der Erhaltung der Art, dienen. Es bestehen vollkommene, angeborene Mechanismen, die verhindern, daß sich die Angehörigen der gleichen Art gegenseitig töten. Es ist äußerst erstaunlich, daß diese Regel, die für alle Säugetiere gilt, eine einzige Ausnahme hat. Ein einziges Säugetier, der Mensch, der sich selbst den Beinamen sapiens, vernünftig, gegeben hat, hat diese Barriere verloren und spornt oft sogar zur Aggressivität gegen die Mitglieder seiner eigenen Art an.

Optische Signale werden durch die Haltung, die Mimik, Veränderungen der Körpersilhouette und die Färbung ausgedrückt. Das Tier kann optische Signale hinterlassen, die auch während seiner Abwesenheit wirken, zum Beispiel Kothaufen oder Kot an auffallenden Stellen (Pferd, Marderarten), angebissene Äste (Eichhörnchen) oder abgeriebene Bäume (Bär, Wisent). Das Heben des Kopfes und des Schwanzes und ein steifer Stechschritt sind Warnsignale vieler Huftiere. Das Sträuben des Fells auf dem Rücken oder dem Hinterteil des Körpers, das oft durch eine auffallende Färbung dieser Partien betont wird, ist ein Warnsignal, das ohne Erklärung auch uns verständlich ist. Ebenso bedarf das Zähnefletschen der Raubtiere oder auch der Primaten keiner Erläuterung. Wie sich ein ähnliches Verhalten entwickeln kann, wollen wir am interessanten Beispiel einiger Mitglieder der Familie Hirsche zeigen. Die primitiven Hirscharten, zum Beispiel das Wasserreh oder der Muntjak, haben im Oberkiefer stark entwickelte, lange und scharfe Eckzähne, die ihnen als wirksame Waffen dienen. Zum Zeichen der Drohung heben die Tiere die Lefzen und zeigen dem Gegner diese Zähne. Während der langen Entwicklung verloren die Eckzähne der Hirsche ihre Funktion, verkümmerten oder verschwanden ganz. Der europäische Rothirsch besitzt nur ganz kleine Eckzähne (Hauer, Grandeln), und beim Damhirsch und Reh sind sie überhaupt nicht mehr vorhanden. Das ursprüngliche Verhalten ist aber erhalten geblieben, und auch diese Arten ziehen bei Gefahr die oberen Lefzen zurück und „zeigen" die nicht vorhandenen Waffen. Die Natur ging noch weiter: Bei vielen Hirscharten, denen die Eckzähne fehlen, tauchte auf der Unterlippe ein auffallender heller Fleck auf, der bei der Entblößung rein optisch die fehlenden Eckzähne ersetzt.

Die akustische Verständigung hat den Vorteil, daß sie auf größere Entfernung und auch dann funktioniert, wenn sich die einzelnen Tiere nicht sehen können. Über ein großes Repertoire von Lautsignalen verfügen zum Beispiel die hundeartigen Raubtiere (besonders die gesellig lebenden Arten), die Affen und von den Walen die Delphine. Die Vielfalt der akustischen Signale ist bei den Säugetieren sehr groß. Einige Töne sind sehr zart, wie zum Beispiel das Zirpen einiger Insektenfresser und Fledermäuse, andere dagegen sind stark und laut, wie das Röhren der brünftigen Hirsche, das Heulen der Wölfe oder das Pfeifen der Murmeltiere. Ein extremes Beispiel sind die sirenenartigen Töne, die zu bestimmten Zeiten von den Buckelwalen aus der Ordnung der Wale ausgestoßen werden. Sie sind bis in Entfernungen von 100 km zu hören.

Außer den Lauten, die das menschliche Ohr wahrnehmen kann, erzeugen einige Säugetiere Töne, deren Frequenz außerhalb unseres Hörvermögens liegt. Der Mensch ist in der Lage, Töne mit einer Frequenz von annähernd 20 kHz wahrzunehmen. Hierbei spielen eine bestimmte individuelle Variabilität und der Umstand, daß mit fortschreitendem Alter die Töne an der oberen Wahrnehmungsgrenze nicht mehr gehört werden, eine bestimmte Rolle. Eine Gruppe von Säugetieren, die in ihrem Repertoire der akustischen Verständigung das Ausstoßen von Ultraschall enthalten, sind die Flattertiere. Die Fledermäuse stoßen durch das leicht geöffnete Maul eine Serie von sehr kurzen, nur 2—3 tausendstel Sekunden dauernden Lauten mit der Frequenz von 30—70 kHz aus. Sie fangen die reflektierten Schallwellen mit dem Gehör auf und peilen mit diesem. Signal die Gegenstände im Raum an. Die Hufeisennasen sind mit einem noch vollkommeneren System der Schallorientierung ausgestattet. Sie senden den Ultraschall im Gegensatz zu den Fledermäusen durch die Nase aus und peilen die Reflexion mit besonderen, in der Nähe der Nase befindlichen membranigen Auswüchsen an. Die Signale haben die Frequenz von 80—100 kHz (das sind 80 000—100 000 Schwingungen in einer Sekunde!) und kehren zum Gehör des Tieres eher zurück, als das aktive Signal ausklingt. Diese Einrichtung ist vollkommener als alle modernen, vom Menschen erschaffenen Apparate. Sehen wir in der Dämmerung Fledermäuse fliegen, sollten wir aufmerksam zuhören. Wir werden dann wahrscheinlich nur einen feinen Ton, der an der Grenze des Hörbaren liegt, wahrnehmen. In diesem Fall „sendet" die Fledermaus im unteren Grenzbereich ihrer Signalfrequenz. Südeuropa ist die Heimat vieler Fledermausarten, und es ist nicht verwunderlich, daß ihnen gerade dort, wo sie in größeren Mengen auftreten, die Menschen besondere Aufmerksamkeit widmen. Die Bemerkung eines alten Griechen ist in dieser Beziehung sehr zutreffend, wenn er sagt: „Die Fledermäuse rufen die jungen Leute, wenn der Mensch altert, schweigen sie nicht, aber sein Ohr verhärtet." Die Fledermäuse waren die ersten Säugetiere, denen nachgewiesen wurde, daß sie sich durch Ultraschall orientieren. Später stellte man fest, daß diese Orientierungsart auch bei einigen Insektenfressern, Nagetieren u. ä. besteht. Dieses Problem wurde vielleicht am vollkommensten bei den Walen, vor allem bei den Delphinen, erforscht. Hier handelt es sich um die Orientierung mit Hilfe von reflektierten Schallwellen (Echolokation) im Wasser, um die Hydrolokation. Bei den Delphinen, als Säugetiere dem Leben im Wasser extrem angepaßt, sind die äußeren Gehörgänge verwachsen. Ihre Gehörorgane funktionieren aber trotzdem ausgezeichnet. Bei der Übertragung der Schallwellen kommen aber die Knochen, Höhlungen und Fettpolster des Schädels, einschließlich der Kiefer, voll zur Geltung. Die Laute, die die Delphine ausstoßen und aufnehmen, liegen in der Frequenz zwischen 4 und 300 kHz. Diese obere Grenze ist jedoch außergewöhnlich, in der Regel liegt sie bei 120 —180 kHz. Der Bereich der Hydrolokation ist bei den verschiedenen Ar-

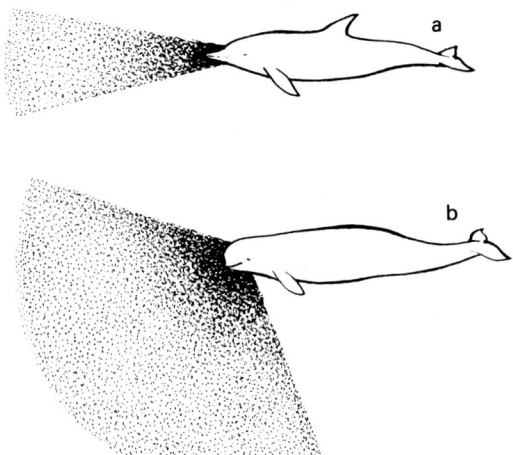

Bild 10. Größe des Hydrolokationsfeldes bei den Delphinen (a) und Weißwalen (b).

ten unterschiedlich (Bild 10) und eng mit der Biologie der jeweiligen Art verbunden. Nicht alle Walarten sind akustisch gleich „begabt", einige lassen sich oft, einige weniger hören. Wenn wir nur die Laute in Betracht ziehen, die das menschliche Ohr aufnehmen kann, dann ist der Weißwal oder Beluga eine der geschwätzigsten Arten. Schon die alten Walfänger nannten ihn „Kanarienvogel der Meere".

Die Geruchssignale (olfaktorische Signale) haben einen weiten Wirkungskreis, sie kennzeichnen die Lebensbereiche und Pfade der einzelnen Tiere, regulieren das geschlechtliche Verhalten, kennzeichnen auch die individuelle und soziale Stellung jedes Individuums und dienen der Verständigung, was besonders deutlich wird im Verhältnis zwischen Mutter und Kind. Sekundär können die Geruchssignale als Abwehrmechanismen dienen, wie zum Beispiel beim Skunk oder Iltis. Sehr oft „markieren" die Säugetiere mit ihrem Urin. Sicher kennt jeder die Gewohnheit der Hunde, die mit ihrem scharf riechenden Urin auffallende oder bedeutende Gegenstände an der Grenze ihres Territoriums markieren wie Bordsteine, Bäume, Straßenlampen u. ä. Wir können hierbei sehen, wie das Tier mit dem Urin haushält, um möglichst viele Markierungen zu setzen. Auch das vieltausendjährige Zusammenleben mit dem Menschen und alle Abwandlungen, die schließlich zu so verschiedenen Hundetypen geführt haben, wie es die Doggen und die Pekinesen sind, konnten das grundlegende angeborene Verhalten der Hunde nicht ändern, das sich in nichts vom Verhalten ihrer wilden Urvorfahren, den Wölfen, unterscheidet. Der Mensch hat mit seiner künstlichen Auslese nur einige Hunde benachteiligt. Die Art und Weise der Markierung zeugt gleichzeitig von der Rangstellung des Hundes. Je höher die Markierung liegt, je höher der Hund also uriniert, um so wirksamer ist sie, und Hunde, die nicht in der Lage sind, ihre Markierungen so hoch anzubringen, müssen sich als Schwächere aus dem Territorium zurückziehen.

Die hundeartigen Raubtiere sind nicht die einzigen, die mit dem Urin markieren. Das tun auch die Pferde, Nashörner, einige Primaten, verschiedene Arten der Eichhörnchen usw. Manchmal wird der Urin nicht direkt auf die Gegenstände aufgebracht, sondern auf diese übertragen: Der Bison reibt zum Beispiel zuerst einen

Baum mit den Hörnern ab, uriniert auf den Boden und wälzt sich dann mit dem Haarschopf darin, schließlich streicht er Urin und Schlamm auf die Abriebstelle des Baumes. Einige Affenarten, zum Beispiel die südamerikanischen Totenkopfäffchen, urinieren in die Pfoten und hinterlassen dann bei jedem Schritt eine sehr deutliche Geruchsmarkierung. Wir kennen auch Fälle, bei denen das männliche Tier die Angehörigen seiner Herde, vor allem die erwachsenen Weibchen, markiert. So urinieren sich zum Beispiel die Männchen einiger Hirscharten und Antilopen durch die gespreizten Beine auf die Unterseite der Halsmähne, die sie dann auf dem Rücken der Weibchen abstreichen. Auch viele Nagetiere kennzeichnen die Weibchen mit dem Urin. Das geschieht aber direkt. Das Männchen erhebt sich hierbei auf die Hinterbeine und bespritzt sein Weibchen gezielt und sehr genau mit einem dünnen Urinstrahl. Dieses Verhalten können wir zum Beispiel bei den Meerschweinchen beobachten. Ähnlich verhalten sich auch die Kaninchen, die nicht zu den Nagetieren, sondern zu der besonderen Ordnung der Hasenartigen gehören, die entwicklungsgeschichtlich mit den Huftieren verwandt sind.

Für die Markierung verwenden die Säugetiere auch Kot. Die gewöhnlichste Art ist das Ablegen des Kots an bestimmten, meistens auffallenden Stellen. Die Marderarten bringen ihren Kot auf Steinen, Baumstümpfen u. ä. an. Die Pferde bilden an der Grenze ihres Territoriums Kothaufen.

Sehr häufig und weit verbreitet ist bei den Säugetieren die Markierung mit einem Sekret, das von Duftdrüsen, die an den verschiedensten Stellen des Körpers angebracht sind, ausgeschieden wird. Bei den meisten Raubtieren sind die Duftdrüsen auf beiden Seiten des Afters angebracht, und das Sekret, das dem Kot den charakteristischen Geruch verleiht, wird gleichzeitig mit der Darmentleerung ausgedrückt. Manchmal benutzt das Tier diese Drüsen selbständig. So streicht zum Beispiel der Marder die Aftergegend an auffallenden Gegenständen, die sich an der Grenze seines Territoriums befinden, ab. Er stellt sich dabei oft auf die Vorderbeine und markiert im „Handstand", um sein Zeichen möglichst hoch anzubringen. Beim Iltis und besonders beim amerikanischen Skunk sind die Analdrüsen sehr groß und mit einem besonderen Muskel ausgestattet, so daß das Tier sein Sekret bei Gefahr auf ziemlich große Entfernung ausspritzen kann. Eine ähnliche Vorrichtung besitzen auch die Schleichkatzen, zum Beispiel die Ginsterkatze.

Die Duftdrüsen der Säugetiere können sich auch am Kopf, an den Seiten des Körpers, am Schwanz und an den Gliedmaßen befinden (Bild 11). Von den Kopfdrüsen sind wahrscheinlich die Augendrüsen der Hirscharten am bekanntesten. Zur Brunftzeit schwellen diese Drüsen stark an und sondern ein teerartiges Sekret ab, mit dem die Tiere Äste und Baumstämme bestreichen. Unlängst wurde eine andere interessante Funktion dieser Augendrüsen bei den säugenden Hirschkälbern entdeckt. Die Hirschkälber sind typische sogenannte abgelegte Junge. Sie schließen sich nach der Geburt nicht sofort dem Muttertier an, sondern verbergen sich im Pflanzenwuchs und werden während der ersten drei Wochen von der Mutter nur in der Zeit aufgesucht, die unbedingt für das Stillen benötigt wird. Damit die Gefahr, den Schlupfwinkel des Jungtiers zu verraten, möglichst gering bleibt, trinkt dieses sehr schnell, und die Mutter entfernt sich nach dem Füttern sofort wieder. Zu Beginn des Stillens sind die Augendrüsen des Kalbes weit geöffnet, und die Duftstoffe können frei ausströmen. Mit der allmählichen Füllung des Magens schließen sich auch diese Drüsen langsam, und die Geruchsinformationen werden schwächer, bis sie ganz aufhören. Das geschieht genau in dem Moment, in dem das Junge maximal gesättigt ist. Das Muttertier kontrolliert also im Verlauf des Stillens genau den Grad der Sättigung des Kalbes. Damit ist einmal eine ökonomische Fütterung gesi-

Bild 11. Geruchsstoffdrüsen beim Rehbock: a Geweihdrüsen, b Schwanzdrüsen, c Fersendrüsen, d Klauendrüsen

chert und zum andern die Zeit, in der das Jungtier der Gefahr des Entdeckens ausgesetzt wird, genau bemessen.

Der Rehbock besitzt eine große Duftdrüse zwischen den Geweihstangen (Bild 11), der Gemsbock trägt sie auf dem Scheitel hinter den Hörnern. In beiden Fällen werden diese Drüsen gleichartig verwendet. Das Tier reibt sie an den Ästen von Sträuchern und Bäumen und hinterläßt so eine Geruchsmarkierung für die anderen Angehörigen seiner Art. Die Muntjaks haben ähnliche Drüsen auf der Stirn. Interessant sind die Wangendrüsen einiger Eichhörnchenverwandten, wie zum Beispiel des Ziesels, des Murmeltiers, des Burunduks u. ä. Auch hier reiben die Tiere ihre Drüsen an verschiedenen Gegenständen und hinterlassen dort Kennzeichen, die zur Markierung des Lebensbereichs jedes einzelnen dienen. In der Anordnung ähnlich, in der Anwendung aber völlig anders sind die Wangendrüsen der Hasen. Sie sind in der Mundhöhle auf der Innenseite der Wangen angebracht. Beim „Waschen" trägt der Hase das Sekret mit dem Speichel auf die Vorderpfoten auf und verreibt es über den Kopf. Die Sekretreste, die an den Pfoten haftenbleiben, markieren dann die Wege des Hasen bei jedem Schritt. Beim Kaninchen liegt die Duftdrüse am Unterkiefer. Das Tier markiert mit dem Sekret die Zweige, die es zuvor abgenagt hat. An den Beinen der Säugetiere, vor allem der Huftiere, können wir ebenfalls einige Arten von Duftdrüsen feststellen. Die Hirscharten besitzen an der Innenseite des hinteren Schienbeines eine Drüse, die mit einer Haarbürste versehen ist. Bei jedem Schritt streift diese Drüse das Gras oder den niederen Pflanzenwuchs und hinterläßt so eine riechbare Spur. Bekannt sind auch die Drüsen, die sich zwischen den Klauen (zwischen den Hufen) befinden. Sie sind entweder an den Vorder- und Hinterbeinen (zum Beispiel bei Hirsch und Mufflon) oder nur an den Hinterläufen (zum Beispiel beim Reh) angebracht. Die Haus- und Mähnenziegen tragen sie dagegen nur zwischen den Hufen der Vorderbeine. Schafe, Mufflons und Gazellen besitzen große Leistendrüsen, deren Bedeutung noch nicht ganz geklärt ist.

Auffallend sind die Drüsen an den Körperseiten einiger Insektenfresser (zum Beispiel der Spitzmaus) und Nagetiere (zum Beispiel der Schermaus). Zur Zeit der Fortpflanzung schwellen diese Drüsen brotlaibartig an und weisen eine verstärkte Sekretion auf. Auch diese Drüsen dienen der Markierung des Territoriums. Schwanzdrüsen finden wir zum Beispiel bei den hundeartigen Raubtieren. Im ersten Drittel des Schwanzes befindet sich auf der Rückenseite eine Drüse, die beim Fuchs als „Veilchen" bekannt ist. Ihre Lage wird durch eine Gruppe dunkler gefärbter Borsten gekennzeichnet. Auch einige Huftiere, wie zum Beispiel die Hirsche, haben Schwanzdrüsen.

Säugetiergesellschaften

Wir haben schon davon gesprochen, daß die Bedeutung der Verständigung bei den Tieren, die in Gemeinschaften leben, steigt. Wie können diese Gemeinschaften aussehen? Eine ganze Reihe von Arten lebt einsiedlerisch, nur zur Fortpflanzungszeit finden wir mehrere Tiere zusammen. Beispiele für diese Einsiedler sind der Maulwurf, der Bär und der Vielfraß. Es gibt jedoch viele Arten, und wir können sagen, daß es die Mehrzahl ist, deren Vertreter das Bedürfnis haben, mit den Einzeltieren der gleichen Art zusammenzuleben. Der erste Typ einer solchen Gemeinschaft ist ein offener anonymer Verband. Er besteht aus einer Gruppe einzelner Tiere, die sich untereinander nicht kennen, jedes Mitglied kann diesen Verband jederzeit verlassen, ein anderes Tier kann sich anschließen. Bei den Säugetieren ist diese Form des Zusammenlebens recht selten, wir finden sie zum Beispiel bei den Schneehasen. Eine andere Form ist der geschlossene anonyme Verband. Er entsteht in der Regel aus einer kleineren Gruppe, die durch ständige Fortpflanzung so stark anwächst, daß sich die einzelnen Mitglieder zwar nicht persönlich kennen, ihre Zugehörigkeit zur Gemeinschaft aber am typischen Geruch erkennen. Bekannt sind die großen Familien der Mäuse und Wanderratten. Trennen wir für einige Zeit ein Tier von einer solchen Gemeinschaft, wird es nach der Rückkehr von den anderen mitleidlos angefallen und vielleicht sogar getötet. Wenn wir aber ein völlig fremdes Tier mit dem Geruch versehen, der im Verband herrscht, und in die Gemeinschaft eingliedern, wird es sofort aufgenommen.
Der vollkommenste Typ der Gemeinschaft ist der individuelle Bund, in dem sich die einzelnen Mitglieder gegenseitig kennen, also die Familie, die Herde, das Rudel oder die Schule. In diesen individuellen Verbänden leben entweder die Vertreter beider Geschlechter gemeinsam oder die Männchen und die Weibchen mit den Jungtieren getrennt voneinander. Diese Gruppen sind dann entweder beständig (bei den Elefanten leben die Weibchen mit den Jungen immer von den Männchen getrennt) oder saisonbedingt und bestehen nur außerhalb der Brunftzeit, wie etwa bei den Hirschen. Während es bei den in anonymen Gesellschaften lebenden Tieren oft zu Zusammenstößen kommt, dämpfen die in individuellen Verbänden lebenden Tiere ihre Aggressivität durch ein angeborenes Verhalten, das aus der Rangordnung jedes Mitglieds in der Gemeinschaft hervorgeht. Alle Mitglieder der Gemeinschaft nehmen untereinander eine führende (dominante) oder eine untergeordnete (submissive) Stellung ein. An der Spitze dieser Rangordnung, der sozialen Hierarchie, steht der Anführer der Gemeinschaft, das stärkste und erfahrenste Tier. Das ist bei manchen Arten ein Männchen, bei anderen ein Weibchen. Vom Anführer der Gemeinschaft, den wir als Alphatier bezeichnen, sinkt die Stufenleiter der Rangordnung bis zum letzten, sozial am niedrigsten gestellten Mitglied, dem Omegatier. Die Rangordnungen sind nicht beständig. Die Eingliederung und Verschiebung eines Mitgliedes der individuellen Gemeinschaft innerhalb der Rangordnung ist ein dynamischer Prozeß, der sich im Verlauf des Jahres entsprechend dem Heranwachsen der Jungtiere und auch entsprechend dem physiologischen Zustand der erwachse-

nen Tiere wandelt. So steigt zum Beispiel die soziale Stellung brünftiger oder trächtiger Weibchen automatisch. Wenn der stärkste Hirsch des Rudels sein Geweih abwirft, verliert er seine Vorrangstellung und ist dem Mutwillen der zwar viel schwächeren, aber noch geweihtragenden Männchen ausgesetzt. Die Formen der Kommunikation bei der Klärung der Rangstellungen sind bei den einzelnen Arten der Säugetiere sehr vielfältig. Sie gehen jedoch immer aus einigen Grundverhaltenstypen hervor: dem Drohen oder Imponieren, den Unterwerfungsstellungen und -gesten und den Versöhnungsbewegungen oder dem besänftigenden Verhalten.

Spuren der Tätigkeit von Säugetieren

Wir finden die Trittspuren von Säugetieren nur in günstigem Gelände, das heißt nur in einem bestimmten Terrain oder sogar ganzen Gebieten, und in verschiedenen Jahreszeiten entdecken wir möglicherweise überhaupt keine Fußabdrücke. Viel eher finden wir den Kot von Säugetieren. Wir können im allgemeinen den Kot von Fleisch- und Pflanzenfressern leicht unterscheiden, es ist aber nicht immer einfach, die Tierart zu bestimmen, die hier ihre Rückstände hinterlassen hat. Soweit es sich um Säugetiere handelt, die von alters her Gegenstand des Jagdinteresses des Menschen waren, vor allem Huftiere, ist das Fährtenlesen und Erkennen des Tieres am Kot in vielen Jagdhandbüchern abgehandelt worden. Verhältnismäßig wenig ist aber davon bekannt, wie die Spuren und der Kot bei den kleinen Säugetieren aussehen, und bis auf einige Ausnahmen können wir nur feststellen, ob es sich um eine Haus- oder Wühlmaus, um ein großes Mauswiesel oder ein kleines Hermelin u. ä. handelt. Viel mehr sagt die Umgebung aus, in der wir Spuren finden, und am meisten hilft uns, wenn wir die Spuren anderer Tätigkeiten wie Fraßstellen, Beutereste usw. finden.
Sehr oft finden wir Fraßstellen an den Stämmen und Ästen von Bäumen oder Gebüschen. Wir können meist schon an ihrer Größe und Lage beurteilen, welches Tier sie verursacht hat. Die Fraßstellen von Hasen und Kaninchen befinden sich niedrig über dem Boden. Sie reichen höchstens bis zu einer Höhe von 70 cm und tauchen vor allem in Gebieten auf, in denen im Winter Schnee liegt. In subtropischen Gebieten finden wir Nagespuren von Hasen nur selten. Höher an den Baumstämmen können wir die Bißspuren von Huftieren beobachten. Sehr leicht erkennen wir die Nagestellen der Mufflons, sie zeigen schräg nach beiden Seiten angeordnete Rillen. Die Hirsche schälen die Rinde entweder in Streifen so ab, daß sie mit den unteren Schneidezähnen einen Teil der Rinde lösen und diese dann mit einer heftigen Kopfbewegung schräg nach oben reißen, oder sie bringen auf einer Seite des Stammes nur unregelmäßig kleinere Rillen an. Wenn bei kleineren Stämmen die Rinde rundum abgefressen ist, handelt es sich höchstwahrscheinlich um die Tätigkeit eines Rehs. Auch die Bisons schälen Rinde ab. Sie reißen gewöhnlich Streifen, die bis einige Meter über den Boden reichen.
Fraßspuren finden wir auch an den Ästen. Längliche, nur die Rinde in Mitleidenschaft ziehende Bißstellen weisen auf das Werk von Rötel- oder Waldmaus hin. Ist außer der Rinde auch die darunter liegende Holzschicht benagt, hat hier ein Eichhörnchen seine Spuren hinterlassen. Feinere, quer zu den Ästen führende Spuren sind von Bilchen angebracht worden. Eichhörnchen und Bilche beißen auch sehr gern Knospen aus.
Im Fichtenwald finden wir oft abgenagte Zapfen. Sie können entweder von Eichhörnchen oder von Bilchen stammen. Wir unterscheiden sie verhältnismäßig ein-

fach. Bilche und Rötelmäuse nagen die Samenschuppen der Nadelbäume unmittelbar an der mittleren Spindel glatt ab, während die Eichhörnchen längere, unregelmäßige Schuppenreste hinterlassen.

Unter Steinen, in Baumhöhlen oder anderen Verstecken finden wir sehr oft Eicheln, Kerne oder Samen. Manchmal ist es eine recht große Menge. An der Art, wie sie geöffnet wurden, erkennen wir, wer sie hier zusammengetragen hat. Am leichtesten können wir die Spuren an Haselnüssen bestimmen. Das Eichhörnchen nagt eine kleine Öffnung, schiebt seine unteren Schneidezähne in sie hinein und bricht die Nuß auf. Waldmäuse nagen an einem der Pole ein großes Loch in die Nuß, an dessen äußerem Rand die oberen Schneidezähne zahlreiche Spuren hinterlassen. Die Rötelmaus hinterläßt eine ähnliche Öffnung, der abgenagte Rand ist aber glatter und weist auf der Außenseite keine Spuren von Zähnen auf. Soweit Wühl- und Schermäuse diese Nüsse finden, nagen sie die Öffnung an der Seite aus.

Auch bei den fleischfressenden Säugern finden wir manchmal Fraßspuren. Das betrifft vor allem die Eier der am Boden nistenden Vogelarten. Wir unterscheiden sie im ganzen einfach von den Eiern, die von Rabenvögeln, die manchmal auch ein Vogelnest vernichten, zerschlagen wurden. Während die Rabenvögel die Schalen der Eier in großen Bruchstücken zurücklassen, finden wir in einem Nest, das vom Igel heimgesucht wurde, nur kleine Schalensplitter. Das ganze Nest ist darüber hinaus mit dem Inhalt der Eier verunreinigt. Manchmal finden wir im Nest Eier, die an den Spitzen Öffnungen haben. Auf diese Weise gelangen Wiesel oder Hermeline zum Inhalt der Eier. Die größeren, marderartigen Raubtiere, zum Beispiel Marder oder Iltis, tragen in der Regel die Eier aus den Nestern weg und fressen sie dann in irgendeinem Schlupfwinkel. Sie hinterlassen in der Eischale an der Seite eine große kantige Öffnung.

Interessante Nahrungsspuren finden wir an den Ufern der Gewässer. Es handelt sich hier vor allem um Stellen, an denen verschiedene Nagetiere reichliche Reste ihrer Pflanzenkost hinterlassen haben. Gewöhnlich finden wir hier neben den Resten zerbissener Stengel und Blätter auch Kot, an dessen Größe wir leicht feststellen können, ob hier eine Schermaus oder eine Bisamratte geschmaust hat. Die Bisamratte hinterläßt an einer Stelle oft auch Muschelschalen, an denen die Spuren ihrer Zähne deutlich erkennbar sind. Sie sammelt die Muscheln auf dem Grund, bricht sie mit den Zähnen auf und frißt den fleischigen Fuß. Manchmal finden wir an den Ufern auch Fischreste. Fehlt dem Fisch der Kopf oder sind nur der Schwanz und die größeren Knochen übrig geblieben, hat ein Fischotter diese Stelle besucht, ist der Fisch in der Bauchpartie ausgefressen, hat hier wahrscheinlich ein Iltis geschmaust.

Manchmal finden wir zwar nicht direkte Nahrungsreste, sondern nur Spuren, die das Tier bei der Nahrungssuche hinterlassen hat. Allgemein sind die Wühlspuren bekannt, die das Wildschwein auf Wiesen und Feldern verursacht. Gewöhnlich sind das in einer Reihe liegende aufgewühlte Rasensoden, hier hat das Schwein nach Wühlmäusen gesucht, oder lange Furchen im Feld, dann hat das Tier Kartoffeln ausgegraben. Die ausgeworfene Erde, die typischen Hügel an der Bodenoberfläche, verraten die Tätigkeit des Maulwurfs. Ähnliche, aber kleinere und weniger regelmäßige Hügel hinterlassen auch die Schermäuse. Auf den ersten Blick können wir auch die Erdhaufen, die die Blindmäuse aufwerfen, mit Maulwurfshügeln verwechseln. Bei näherem Betrachten sehen wir aber, daß sie neben dem Bau angehäuft sind. In Steppen, Halbwüsten oder auch Wüsten können wir auf schräg in den Boden gegrabene kegelförmige Gruben stoßen. Sie zeugen davon, daß hier in der Nacht Pferdespringer und Wüstenspringmäuse ihre Nahrung gesucht haben. Im sandigen Gelände finden wir morgens eine Art mißlungener „Napfkuchen", die die Eingänge zu den Höhlen dieser interessanten Nagetiere verdecken.

In der niedrigen Vegetation, im Gras oder Moos sind manchmal deutliche Gänge und Wege erkennbar. Das sind Pfade, auf denen die Feld- und Rötelmäuse zwischen ihren einzelnen Schlupflöchern hin und her laufen. Finden wir diese Gänge im Tundragebiet, handelt es sich sicher um die Wege der Berglemminge. Andere Lemmingarten graben sich diese Wege dicht unter der Erdoberfläche.

Wir wollen uns noch mit den Spuren befassen, die die Säugetiere bei anderen Tätigkeiten, zum Beispiel dem Markieren, hinterlassen. Von den Kotmarkierungen haben wir schon gesprochen, und wir beschränken uns deshalb auf die anderen Arten. Die Rehböcke tragen zwischen den Geweihstangen eine große Duftdrüse, bei den Gemsen befindet sie sich hinter den Hörnern im Nacken. Beide Tierarten markieren ähnlich, sie streichen das Sekret der Drüse an Zweigen und schwachen Stämmen ab und reiben an diesen Stellen oft die Rinde von der Unterlage. Der Rehbock markiert auf diese Weise besonders dann, wenn er sein Geweih abfegt. Er hinterläßt oft völlig abgeriebene, dünne Stämme und entblößt dabei den Boden am Fuß der Bäume von der Waldspreu bis auf die nackte Erde, denn er scharrt bei dieser Tätigkeit energisch mit den Vorderbeinen. Direkt am Stamm oder darunter können wir die Reste des Basts finden, der Haut, die das Geweih während des Wachstums mit Nährstoffen versorgte. Ähnliche, aber umfangreichere Schäden im Buschwerk verursachen die Hirsche beim Abfegen des Geweihs. Oft ist der ganze Strauch bis zum Boden zerbrochen. In Gebieten, in denen noch Bären leben, können wir an Baumstämmen die Streifen von oben nach unten gerissener Rinde, die mit dem Bast entfernt wird, beobachten. Wir finden hier auch oft Spuren von Krallen und Fellreste des Bären, die die Rinde schälte. Diese Zeichen entstehen dadurch, daß sich der Bär nach Entfernung der Rinde mit dem Rücken an den Baum stellt und sich an der Schadstelle reibt.

Die Saigas und Gazellen markieren mit dem Sekret ihrer Augendrüsen. Sie beißen hierbei die Spitze eines Zweiges oder stärkeren Grashalmes ab und führen das so zubereitete Ende in die Drüsenöffnung ein. Da die Tiere Wiederkäuer sind, die im Oberkiefer keine Schneidezähne besitzen, ist dieses Zweigende ausgefranst. Mit dem Sekret der Augendrüsen markieren auch die Hirsche, sie streichen es aber an Baumstämmen oder Ästen ab und kennzeichnen die abgebissenen Zweige nicht. Es kann hier sowieso nicht zu Verwechslungen kommen, denn die Tiere leben nicht im gleichen Biotop.

Zum Schluß wollen wir noch auf einige Merkmale hinweisen, an denen wir einige Fledermäuse erkennen können. Wenn wir in einem Baum die Öffnung einer Höhlung entdecken, die von Fliegen umschwärmt wird, ist das sicher der Schlupfwinkel einer Fledermausart.

Wir haben hier selbstverständlich nur einige wenige charakteristische Spuren angeführt und sind uns bewußt, daß es langjähriger Übung und eines guten Beobachtungstalentes bedarf, die Spuren in der Natur lesen zu lernen. Das ist jedoch für das Kennenlernen des Lebens der Säugetiere äußerst wichtig, und wir wünschen allen Naturfreunden deshalb viel Geduld, ohne die wir in diesem Fach nicht auskommen.

Beobachtung und Studium der Säugetiere

Wir haben schon festgestellt, daß die Beobachtung von Säugetieren viel schwieriger ist als zum Beispiel die von Vögeln. Die meisten Säuger werden vor allem in der

Dämmerung und nachts aktiv. Das allein erschwert schon ihre Beobachtung erheblich. Hinzu kommt noch, daß die Populationen vieler Arten nicht sehr zahlreich sind, so daß wir das einzelne Tier nur sehr selten antreffen. Verhältnismäßig leicht lassen sich die Huftiere, vor allem die im offenen Gelände lebenden Arten, beobachten. Eine gute Hilfe leistet hier ein Fernglas. Die meisten Huftiere, die im Wald oder ähnlichem Pflanzenbestand leben, treten zu einer bestimmten Zeit zur Nahrungssuche an den Waldrand, auf eine Lichtung oder ein Feld heraus, wo ihre Beobachtung leichter ist. Wir müssen hier also die aktive Tageszeit der Tiere feststellen. Diese ändert sich jedoch entsprechend der Jahreszeit und der Lebensphase der Art. Es ist einfacher, die Tiere während der Brunftzeit zu beobachten. Dann sind sie aktiver, und wir können näher an sie herankommen. Viele Arten machen während der Brunft auch mit Lautäußerungen auf sich aufmerksam.

Die Beobachtung von Raubtieren ist viel beschwerlicher. Bis auf wenige Ausnahmen ist ihre Populationsdichte sehr gering, und die Tiere leben äußerst verborgen. Wir finden in der Natur gewöhnlich nur die Spuren ihrer Tätigkeit, das heißt nicht nur ihre Trittspuren, die wir ja lediglich unter geeigneten Bedingungen, im Schnee, Schlamm, weichen Boden, Sand u. ä., entdecken, sondern auch den Kot, der als optische oder olfaktorische Markierung an auffälligen Stellen angebracht ist. Hier können wir dann im Versteck auf das Tier warten. Wir können auch geeignete Köder auslegen und das Tier anlocken. Erfolg bringt auch das Warten an den Höhlen und Schlupfwinkeln und an den Wechseln, die meistens gut erkennbar sind.

Bei den kleineren, einzeln lebenden Säugetierarten finden wir meist nur die Fußspuren oder den Kot und die Fraßreste, das Tier selbst nicht. In diesem Fall bleibt uns nichts anderes übrig, als an den entsprechenden Stellen geduldig zu warten. Mit ein bißchen Glück gelingt es uns dann zum Beispiel, eine Bisamratte, eine Schermaus, eine Wasserspitzmaus und, wenn wir das entsprechende Biotop aufsuchen, auch einen Bisamrüßler zu sehen. Bei den Arten, die in Kolonien leben, ist die Situation einfacher. Bis auf Ausnahmen sind sie auch zu bestimmten Tageszeiten aktiv. Wenn diese Arten auf einer begrenzten Fläche sehr dicht vorkommen, besteht auch eine größere Wahrscheinlichkeit, die Tiere zu sehen und zu beobachten. Das gilt zum Beispiel für Murmeltiere und Ziesel. Die kleinen Nagetier-Arten, die in Kolonien leben, haben eine geringere Fluchtdistanz, das ist der Weg, auf dem sie sich in Sicherheit bringen. Wir können deshalb recht leicht das Leben von Wühlmaus- und Lemmingkolonien beobachten. Auch die Eichhörnchen lassen sich dort, wo sie sich an die Gegenwart des Menschen gewöhnt haben, sehr gut betrachten, nämlich in Parks, Gärten, auf Friedhöfen u. ä. Bei ausreichender Geduld können wir auch die Arbeit des Maulwurfs beobachten, dessen aktive Perioden von ungefähr $3^1/_2$stündigen Ruhepausen unterbrochen werden.

Von den nachtaktiven Säugern können wir am leichtesten die Igel beobachten. Sie bewegen sich einerseits sehr lautstark und fliehen andererseits nicht vor dem Menschen. In den Sommernächten tauchen in Gärten mit reifendem Obst die Siebenschläfer auf. Dort, wo sie heimisch sind, kommen sie recht häufig vor. Sie melden sich dann im Geäst sehr oft, und wir können sie im Schein einer starken Taschenlampe gut sehen.

Der Vollständigkeit wegen wollen wir die Fortpflanzungskolonien der Seehunde und die ,,Wochenstuben'' und Winterplätze der Fledermäuse erwähnen. Diese Gesellschaften geben theoretisch zwar ausgezeichnete Beobachtungsmöglichkeiten, sollten aber im Hinblick auf ihre äußerste Seltenheit vor allen Eingriffen und auch den vorsichtigsten Einblicken auf jeden Fall verschont bleiben.

Es gibt eine ganze Reihe von Kleinsäugern, die wir in der Natur nur zufällig antreffen und deren Leben und Verhalten trotzdem beachtenswert ist. Oft haben wir dann keine andere Möglichkeit, als diese Tiere vorsichtig zu fangen und zu Hause weiter zu halten. Da gewöhnlich keine Fallen für den Fang lebender Kleinsäuger verkauft werden, müssen wir diese selbst herstellen. Diese Fallen bestehen im Prinzip aus einer Kiste mit Falltüren. Die Falltüren sind mit einem Mechanismus versehen, der auf die Tierbewegung reagiert. Es gibt auch sehr wirksame Fallgruben. Hier können wir breithalsige Flaschen verwenden, die in die Erde eingegraben und mit Rinde, einem Holzstück oder einem flachen Stein überdeckt werden. Es könnte nämlich passieren, daß die Flasche bei Regenwetter Wasser auffängt und das später gefangene Tier ertrinkt. Kastenfallen versehen wir entsprechend der Art, die wir fangen wollen, mit Ködern aus Wurzelgemüse, ölhaltigen Samen, geröstetem, mit Fett bestrichenem Brot usw. „Fallgruben" müssen nicht unbedingt Köder enthalten. Die Tiere fallen gewöhnlich von selber hinein. Hier ist es wichtig, darauf aufmerksam zu machen, daß viele Arten der kleinen Säugetiere, vor allem die Insektenfresser, aber auch einige Nagetiere, in vielen europäischen Ländern gesetzlich geschützt sind. Fast überall werden auch die Flattertiere auf die gleiche Weise geschont. Es ist verboten, sie zu stören, und für den Fang ist eine besondere Erlaubnis nötig. Auch viele große Säugetiere sind durch Jagd- und andere Gesetze geschützt. Wir müssen hier also genau die Vorschriften beachten, um beim Studium der Säugetiere nicht mit dem Naturschutzgesetz in Konflikt zu geraten.

Ein überaus anspruchsvolles Steckenpferd ist das Fotografieren der Tiere in freier Wildbahn. Es erfordert in der Regel eine Spezialausrüstung mit Teleobjektiv und Blitzlicht, viel Geduld und eine Menge Filmmaterial. Denn nur selten gelingt eine Aufnahme so, daß sie die Voraussetzungen für naturwissenschaftliche Dokumentationen erfüllt. Deshalb sind gute Fotografien von Säugetieren in der freien Natur recht selten.

Wir wollen hier ganz bewußt nicht von der Jagd auf Säugetiere sprechen, bei der das Tier getötet wird. Diese ist vielleicht entschuldbar bei Arten, die dem Menschen Schaden zufügen, wie es Hausmäuse, Wanderratten, Feldwühlmäuse und einige andere Nagetierarten sind. Bei den anderen Arten sollte der Fang nur Zoologen vorbehalten bleiben, die sich ernsthaft mit dem Studium der Säugetiere befassen. Wir könnten jedoch ein totes Säugetier finden, das zu einer Art gehört, die den Fachmann interessieren könnte. Wie können wir dieses Material für ein mögliches weiteres Studium erhalten? Am besten ist es, eine solche Leiche zu fixieren und in einer 4—6 %igen Formalinlösung oder in 70—80 %igem Alkohol zu konservieren. Steht uns weder Formalin noch Alkohol zur Verfügung, können wir das tote Lebewesen kurzzeitig und nur als Nothilfe auch in gesättigter Kochsalzlösung aufbewahren. Eine wichtige Voraussetzung für die spätere Verwendbarkeit des Materials ist eine genaue Beschreibung. Wir befestigen am besten an der Hinterpfote einen Zettel, auf dem wir zuvor das Datum, den Fundort und den Namen des Sammlers vermerkt haben. Außer diesen unbedingt nötigen und grundlegenden Angaben können wir noch den Standort, die Höhenlage und andere Fakten, die wir für wichtig erachten, eventuell auch die Umstände, die zu diesem Fund führten, beschreiben. Diese Beschreibung wird mit einem gewöhnlichen, weichen Bleistift ausgeführt, der garantiert, daß die Schrift in der Konservierungsflüssigkeit nicht verwischt wird. Es ist ratsam, dem Tier, bevor wir es in die Flüssigkeit einlegen, die Bauchhöhle aufzuschneiden, damit das Konservierungsmittel tief in den Körper eindringen und eventuelle Fäulnisprozesse, die unseren Fund vernichten, verhindern kann.

Wie Säugetiere gemessen werden

Wenn wir die Grundmaße anführen, nach denen wir uns bei der Bestimmung der Säugetiere richten oder wenigstens orientieren, müssen wir natürlich genauer definieren, was die einzelnen Maße erfassen, oder anders ausgedrückt, auf welche Art wir messen, damit ein vergleichbares Ergebnis erzielt wird. Jeder weiß, daß die Längen von „Kopf und Körper", die wir entlang den Körperformen bestimmen, anders aussehen als die Längen, die wir geradlinig messen. Wir wollen also hier beschreiben, wie Säugetiere für zoologische Zwecke gemessen werden.

Beim Messen kleiner Arten benutzen wir am besten eine Schublehre oder einen Stechzirkel. Schublehren werden im Handel allgemein in Längen von 20—25 cm verkauft, Spezialschublehren sind länger, aber für die Arbeit im Gelände weniger geeignet. Zum Messen größerer und großer Arten verwenden wir ein Bandmaß. Die kleinen Arten der Säugetiere werden am besten in der Rückenlage, also mit dem Bauch nach oben, gemessen. Hierbei bringen wir das Tier annähernd in die natürliche Lage und strecken es nicht überflüssig. Die Länge von Kopf und Körper (LC) wird von der Schnauzenspitze bis zum After gemessen. Die Schwanzlänge (LCd) wird vom After bis zur Schwanzspitze bestimmt, wobei die Endborsten, die verschiedene Verlängerungen bedeuten können, nicht berechnet werden. Die Länge der Hinterpfote (LTp) messen wir am Bein, das im Fersengelenk gebogen ist. Sie erstreckt sich vom hinteren Rand des Fersengelenks bis zur Spitze der längsten Zehe ohne die Krallen. Die Länge der Ohrmuschel (LA) wird an der Innenseite gemessen. Das ist die Entfernung von der unteren Seite des Ohreinschnitts bis zur Ohrspitze. Auch hier werden Borsten und Pinsel am Ohrende nicht mitgerechnet. Bei manchen Säugetieren, zum Beispiel bei den Spitzmäusen, sind die Ohrmuscheln verkümmert. Hier geben wir in der Regel dieses Maß nicht an. Bei der Bestimmung der Fledermäuse und Hufeisennasen müssen wir die Unterarmlänge, die Elle (LAt) messen. Sie reicht von der Handwurzel bis zum hinteren Rand des Ellbogengelenks. Für die genaue Kenntnis einiger Fledermausarten ist es nötig, noch die Länge der membranigen Ohrklappen (LT) zu messen. Wir messen vom unteren zum oberen Rand.

Die Messung der größeren und großen Säugetierarten unterscheidet sich von den bisher angegebenen Methoden lediglich dadurch, daß die Kopf-Körperlänge (LC) auf dem Rücken von der Nasenspitze bis zur Schwanzwurzel (also nicht zum After,

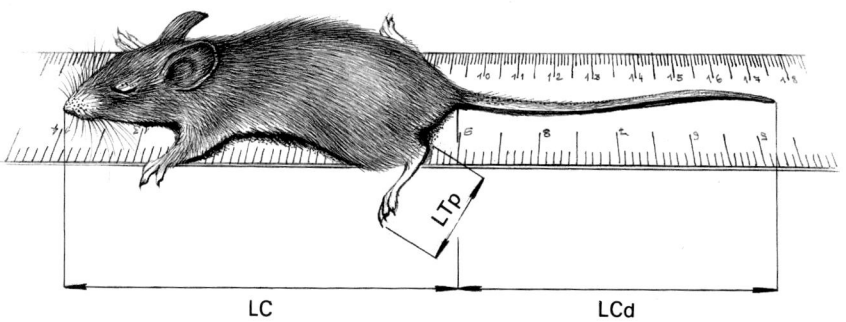

Bild 12. Messung kleiner Säugetiere: *LC* Länge von Kopf und Körper, *LCd* Länge des Schwanzes, *LTp* Länge des Fußes an der Hinterpfote.

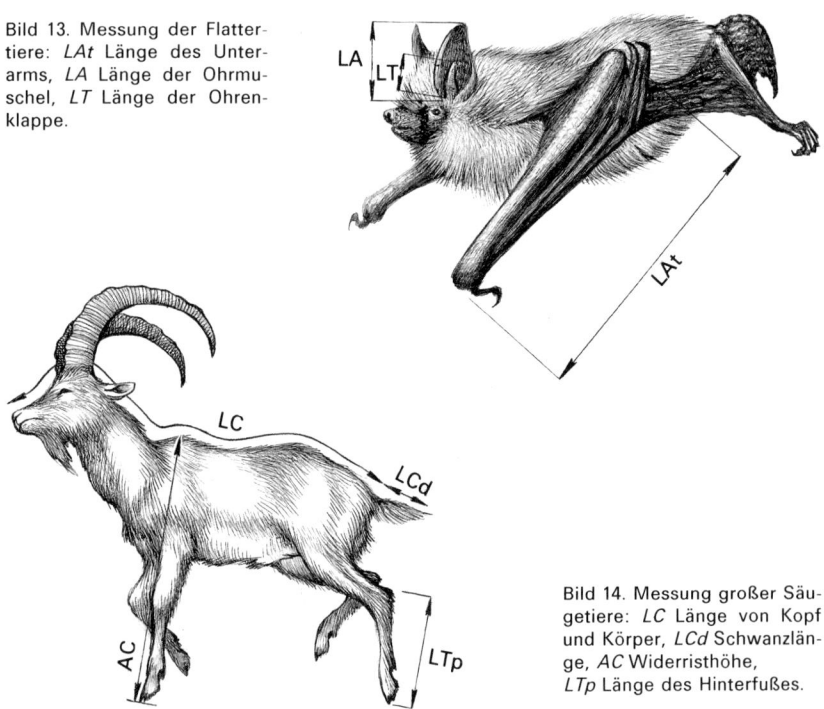

Bild 13. Messung der Flattertiere: *LAt* Länge des Unterarms, *LA* Länge der Ohrmuschel, *LT* Länge der Ohrenklappe.

Bild 14. Messung großer Säugetiere: *LC* Länge von Kopf und Körper, *LCd* Schwanzlänge, *AC* Widerristhöhe, *LTp* Länge des Hinterfußes.

wie es bei den Mäusen nötig ist) bestimmt wird. Bei den Huftieren und großen Raubtieren benutzen wir ein Bandmaß und folgen den Körperbiegungen. Die Schwanzlänge (LCd) wird ähnlich, von der Wurzel bis zur Spitze, gemessen. Auch hier spielen die abschließenden Haare, Borsten und Pinsel keine Rolle. Bei den Huftieren bestimmen wir die Länge des Hinterlaufs (LTp) vom Fersengelenk bis zur Hufspitze. Die Ohrmessung (LA) ist gleich. Bei den Huftieren stellen wir aber noch ein besonderes Maß fest, nämlich die Höhe des Widerristes (AC). Diese Höhe messen wir von der Spitze der vorderen Gliedmaßen bis zum oberen Rand des Rückgrates in der Schultergegend. Bei den Walen ist es nötig, für die systematische Beurteilung Maße zu nehmen, die in Anbetracht der anatomischen Besonderheiten dieser Wassersäuger spezifisch sind. Für unsere Zwecke genügt es, die gesamte Länge (L) zu kennen, die von der Nasenspitze bis zum Körperende reicht, also ohne eventuell überhängende seitliche Lappen der Schwanzflosse. Das Gewicht (G) der Tiere erhalten wir durch Wiegen. Bei kleinen Säugern verwenden wir eine Briefwaage, bei größeren Tieren eine Federwaage.

Schlüssel zur Bestimmung der Ordnungen und Familien der in Europa lebenden Säugetiere

1 mit Hufen **2**
— ohne Hufe   **6**

2 an jedem Bein nur ein Huf . . . .
   Ordnung: Unpaarhuftiere, *Perissodactyla*
   Familie: **Pferde**, *Equidae*

— an jedem Bein eine gerade Anzahl von Hufen **3**
   Ordnung: Paarhuftiere, *Artiodactyla*

3 Füße mit großen Knorpelpolstern
   und kleinen Hufen an den Zehenspitzen . . . .
   Familie: Kamele, *Camelidae*

— die Hufe überziehen die gesamten Zehen, die Trittfläche ist hart **4**

4 langer Rüssel, der mit einer flachen Knorpelplatte abschließt.
   Die Eckzähne sind in beiden Kiefern verlängert . . . .
   Familie: **Schweine**, *Suidae*, S. 146

— die Schnauze ist anders ausgebildet, im Oberkiefer fehlen die Schneidezähne . **5**

5 Außer den Hufen befinden sich an der Hinterseite
   der Gliedmaßen noch Afterklauen . . . . .
   Familie: **Hirsche**, *Cervidae*, S. 148

— nur zwei Hufe an jedem Bein,
   die Afterklauen fehlen . . . .
   Familie: **Rinder**, *Bovidae,* S. 158

6 die Zehen sind mit Nägeln versehen . . . .
   Ordnung: Primaten, *Primates*
   Familie: **Tieraffen**, *Cercopithecidae*, S. 64

— die Zehen tragen Krallen **7**

7 die Vorderfüße sehen nicht wie Tatzen aus,
   die Zehen sind sehr lang und mit einer Flughaut verbunden **8**
   Ordnung: Flattertiere, *Chiroptera*

— die Zehen der Vorderfüße sind verhältnismäßig kurz,
   der Fuß ähnelt einer Tatze oder Flosse **10**

8 auf der Nase befinden sich hautartige Auswüchse . . . .
Familie: **Hufeisennasen,** *Rhinolophidae,* S. 52

— auf der Nase befinden sich keine Auswüchse,
im Ohr finden wir ein membraniges Gebilde
(Klappe, Tragus) von unterschiedlicher Form **9**

9 der Schwanz steht nicht oder nur
mit der Spitze über die Flughaut hervor . . . .
Familie: **Glattnasenartige,** *Vespertilionidae,* S. 54

— der Schwanz ist sehr lang und steht weit
über die Flughaut hervor . . . .
Familie: **Bulldoggfledermäuse,** *Molossidae,* S. 62

10 der Vorderfuß sieht wie eine Pfote aus **11**

— der Vorderfuß sieht wie eine Flosse aus **33**

11 das Tier sieht wie ein Kaninchen oder Hase aus . . . .
Ordnung: Hasentiere, *Lagomorpha*
Familie: **Hasen,** *Leporidae,* S. 142

— es sieht nicht wie ein Kaninchen oder Hase aus **12**

12 im Oberkiefer befindet sich ein Paar
meißelförmiger Nagezähne, zwischen
diesen und den anderen Zähnen besteht
eine Lücke (Diastema) **13**
Ordnung: Nagetiere, *Rodentia*

— im Oberkiefer befinden sich keine Nagezähne,
das Diastema (Lücke) zwischen Nagezähnen
und übrigen Zähnen ist nicht vorhanden **23**

13 zwischen den Zehen der Hinterfüße befinden sich Schwimmhäute **14**

— zwischen den Zehen der Hinterfüße befinden sich keine Schwimmhäute **15**

14 der Schwanz ist breit und flach
und mit einer schuppigen Haut bedeckt . . . .
Familie: **Biber,** *Castoridae,* S. 110

— der Schwanz hat einen rundlichen Querschnitt . . . .
Familie: **Biberratten,** *Myocastoridae,* S. 110

15 das Tier ist schwanzlos, der Körper walzenförmig,
die Ohrmuscheln fehlen, die Augen sind mit einer Haut bedeckt
Familie: **Blindmäuse,** *Spalacidae,* S. 124 . . . .

— mit verschieden langem Schwanz **16**

16 auf Rücken und Schwanz lange Stacheln . . . .
    Familie: **Erdstachelschweine**, *Hystricidae*, S. 108

— auf Rücken und Schwanz befinden sich keine Stacheln,
    ausnahmsweise können dem Rückenfell stachlige Borsten
    beigemischt sein, dann sieht das Tier aber wie eine Maus aus **17**

17 Hinterbeine sehr lang, ungefähr viermal
    länger als die Vorderbeine, langer
    Schwanz mit einer Fahne an der Spitze . . . .
    Familie: **Springmäuse**, *Dipodidae*, S. 140

— Hinterbeine kürzer, höchstens zweimal so lang
    wie die Vorderbeine, Schwanz schließt immer ohne Fahne ab **18**

18 Oberlippe nicht gespalten. . . . .
    Familie: **Hüpfmäuse**, *Zapodidae*, S. 140

— Oberlippe ist gespalten **19**

19 Schwanz dicht behaart oder mit langen Borsten **20**

— Schwanz kurz und locker behaart oder fast nackt **22**

20 Schwanz kurz, mit langen Borsten; an den Hinterpfoten starke,
    kammartig angeordnete Haare, die die Krallen überdecken. . . .
    Familie: **Kammfinger** (Gundi), *Ctenodactylidae*, S. 144

— Schwanz lang oder kurz, aber immer dicht, oft zottig behaart;
    an den Hinterpfoten befinden sich keine kammartig angeordneten Haare **21**

21 in jeder Kieferhälfte befinden sich 3 Mahlzähne,
    mit Ausnahme des Flughörnchens Tagtiere . . .
    Familie: **Hörnchen**, *Sciuridae*, S. 102

— in jeder Kieferhälfte jeweils 4 Mahlzähne;
    Nachttiere . . . .
    Bilche, *Gliridae*, S. 136

22 die Mahlzähne sind mit zwei längslaufenden
    Buckelreihen oder mit Querleisten versehen,
    die Zahnkronen können auch flach sein
    und an den Seiten dreieckige Vorsprünge bilden . . . .
    Familie: **Wühler**, *Cricetidae*, S. 112

— Mahlzähne mit drei Buckelreihen,
    die Mittelreihe ist am höchsten . . . .
    Familie: **Mäuse**, *Muridae*, S. 126

23 große, stark hervortretende Eckzähne, wenig Mahlzähne 24
Ordnung: Raubtiere, *Carnivora*

— kleine Eckzähne, Mahlzähne zahlreich 30
Ordnung: Insektenfresser, *Insectivora*

24 Hinterfuß mit 5 Zehen 25

— Hinterfuß mit 4 Zehen 28

25 Großsäugetiere, Körperlänge über 150 cm,
Schwanz sehr kurz, scheinbar fehlend . . . .
Familie: **Bären,** *Ursidae*, S. 80

— Säugetiere mit geringen bis mittleren Ausmaßen,
Körperlänge bis 100 cm, gewöhnlich aber viel niedriger,
der Schwanz ist deutlich sichtbar und macht wenigstens
1/10 der Körperlänge aus, ist gewöhnlich aber länger 26

26 im Oberkiefer hinter den Reißzähnen
(letzte Vormahlzähne, neben den Eckzähnen
die größten Zähne) 2 Mahlzähne 27

— im Oberkiefer hinter den Reißzähnen
1 Mahlzahn . . . .
Familie: **Marder,** *Mustelidae* S. 66

27 Beine kurz, Körper lang und schlank . . . .
Familie: **Schleichkatzen,** *Viverridae*, S. 84

— Beine länger, Körper untersetzt . . . .
Familie: **Kleinbären,** *Procyonidae*, S. 92

28 Krallen scharf, einziehbar . . . .
Familie: **Echte Katzen,** *Felidae*, S. 94

— Krallen stumpf, nicht einziehbar 29

29 im Oberkiefer hinter dem Reißzahn 1 Mahlzahn . . . .
Familie: **Hyänen,** *Hyaenidae*, S. 86

— im Oberkiefer hinter dem Reißzahn 3 Mahlzähne . . .
Familie: **Hunde,** *Canidae*, S. 86

30 Körper mit Stacheln bedeckt . . . .
Familie: **Igel,** *Erinaceidae*, S. 40

— Körper nicht mit Stacheln bedeckt **31**

31 Vordergliedmaßen kurz, schaufelartig verbreitet ....
   Familie: **Maulwürfe**, *Talpidae*, S. 50

— die Vordergliedmaßen sind nicht schaufelartig verbreitert **32**

32 die Hinterbeine sind stark verlängert,
   die Augen auffallend groß ....
   Familie: **Rohrrüßler** oder **Rüsselspringer**,
            Macroscelididae, S. 48

— die Hinterbeine sind nicht verlängert,
   die Augen sehr klein........................
   Familie: **Spitzmäuse**, *Soricidae*, S. 42

33 alle vier Gliedmaßen sichtbar und flossenförmig **34**
   Ordnung: Robbenverwandte, *Pinnipedia*

— Hintergliedmaßen fehlen, am Körperende eine waagerechte Flosse.......... **35**
   Ordnung: Waltiere, *Cetaceae*

34 Hintergliedmaßen werden hinter dem Körper hergezogen....
   Familie: **Hundsrobben**, *Phocidae*, S. 98

— Hintergliedmaßen nach vorn gerichtet ....
   Familie: **Walrosse**, *Odobenidae*

35 Kiefer zahnlos, im Oberkiefer lange, dreieckige,
   knochige Platten, die in die Mundhöhle hängen **36**

— Kiefer beide oder wenigstens unten mit Zähnen versehen **37**

36 Kopf sehr groß, Vorderflossen abgerundet,
   Rücken flossenlos, Kehle glatt ....
   Familie: **Glattwale**, *Balaenidae*, S. 176

— Kopf kleiner, flacher, Vorderflossen zugespitzt,
   Rückenflosse vorhanden, Kehle gefurcht ....
   Familie: **Furchenwale**, *Balaenopteridae*, S. 172

37 Kopf stumpf abgeschlossen, Zähne nur im Unterkiefer ..
   Familie: **Pottwale**, *Physeteridae*, S. 174

— Kopf rundlich oder lang zugespitzt, in beiden Kiefern Zähne **38**

38 Rücken flossenlos....................................
   Familie: **Gründelwale**, *Monodontidae*, S. 178

— Rücken mit dreieckiger Flosse versehen ....
   Familie: **Delphine**, *Delphinidae*, S. 180

Bestimmungsteil

Verwendete Abkürzungen:

L   Gesamte Körperlänge
LC   Länge von Kopf und Körper
LCd   Schwanzlänge
LTp   Länge des Fußes an der Hinterpfote
LAt   Länge des Unterarms
LA   Länge der Ohrmuschel
LT   Länge des membranigen Lides
Pa   Daumenlänge des Flügels
AC   Widerristhöhe
G   Gewicht

 Abdruck des Vorderfußes

 Abdruck des Hinterfußes

Igel

Ordnung: Insektenfresser, *Insectivora*   Familie: Igel, *Erinaceidae*

Die Igel sind charakteristische Insektenfresser. Die Rückenseite ihres Körpers ist mit Stacheln bedeckt. Sie sind Dämmerungs- und Nachttiere, die sich tagsüber meistens in ihren in der Vegetation, zwischen Steinen oder unter Baumstümpfen verborgenen Nestern aus Gras und Blättern aufhalten. Die Igel haben eine sehr langsame Fluchtreaktion, und wir können sie deshalb recht oft antreffen. Leider müssen viele von ihnen aus dem gleichen Grund auf den Landstraßen sterben. Die Igel der gemäßigten und kalten Zone halten Winterschlaf, der in Mitteleuropa zum Beispiel von Oktober bis April dauert. In dieser Zeit sinkt ihre Körpertemperatur bis auf 4 °C ab. Die Weibchen werfen zweimal im Jahr Junge. Diese kommen mit geschlossenen Augen und nackt zur Welt. Erst nach einigen Tagen stülpen sich auf dem Rücken ihre weichen Stacheln aus (2). Die Trächtigkeitsdauer beträgt 5—6 Wochen, und ein Wurf enthält 4—6 Junge. Diese verlassen nach 3 Wochen das Nest und begleiten noch ungefähr 14 Tage die Mutter. Bei Gefahr rollen sich die Igel zu einer stachligen Kugel zusammen. Dieses Zusammenziehen geschieht mit Hilfe eines Ringmuskels, der unter der Haut den gesamten Körper umspannt (3). Die Nahrung des Igels besteht vor allem aus verschiedenen Arten von Insekten, Weichtieren, Würmern und manchmal auch aus Eiern und Jungen aus den Nestern von Vögeln. Gelegentlich nehmen Igel auch Pflanzennahrung zu sich.
Der **Braunbrust-** oder **Westigel** (*Erinaceus europaeus*- **1**) ist von Großbritannien und Irland östlich bis nach Norwegen, Schweden, Finnland und die nordwestlichen Teile der UdSSR verbreitet. In Mitteleuropa stößt er mit dem Weißbrust- oder Ostigel (*E. concolor*) zusammen: Zwischen der Ostsee und der Adria besteht eine bis zu 200 km breite Zone, in der beide Arten gemeinsam vorkommen. Der Westigel ist ein typischer Bewohner der europäischen Waldlandschaft. Er hält sich meistens in Laub- und Mischwäldern auf, ist recht anpassungsfähig, und man kann ihn auch in der offenen Landschaft, in Parks und Gärten antreffen. Der Igel drückt in der Vorder- (**6**) und Hinterspur (**7**) den gesamten Fuß mit den langen Zehen und schmalen Pfötchen ab.
Der **Weißbrust-** oder **Ostigel** (**4**) ist ursprünglich ein Tier der Steppen und Baumsteppen und meidet deshalb zusammenhängende Waldbestände. Er bewohnt Kultursteppen und wärmere und trockene Orte in der offenen Landschaft. Beide Arten treffen wir auch in Dörfern und Städten an. In Nordafrika, auf den Kanarischen Inseln und den Balearen, in Spanien und Südost- und Südwestfrankreich lebt der **Algerische** oder **Weiße Igel** (*Aethechinus algirus* — **5**).
Von Nordlibyen und Ägypten aus ist der **Ohrenigel** *(Hemiechinus auritus)* bis nach Kleinasien und Cypern verbreitet. In Europa reicht er bis in das Gebiet der Wolga- und Donsteppen.
Die Ansicht, die Igel seien gegen Schlangengift gefeit, ist nicht berechtigt. Sie ertragen zwar eine stärkere Dosis als andere gleich große Tierarten, von einer Immunität kann aber keine Rede sein. Hauptursache für den Erfolg der Igel im Kampf mit Schlangen ist ihre ausgezeichnete Taktik. Sie wehren die Bisse mit den Stacheln auf dem Kopf ab, greifen schließlich überraschend schnell an, durchbeißen der Schlange das Rückgrat und überwältigen diese so, ohne selbst gebissen zu werden. Auch die Fabel, daß der Igel mit seinen Stacheln Äpfel und Birnen aufspießt und diese in seine Höhle trägt, ist unwahr.

	LC (mm)	LCd (mm)	G (g)
Erinaceus europaeus	225—295	20—35	500—1 200
E. concolor	226—295	20—35	500— 850
Aethechinus algirus	200—250	20—40	400— 850
Hemiechinus auritus	225—300	20—40	550—1 200

Spitzmäuse

Ordnung: Insektenfresser, *Insectivora*   Familie: Spitzmäuse, *Soricidae*

Die Menschen verwechseln die Spitzmaus oft mit den echten Mäusen. Wenn wir jedoch die lange, rüsselartige, sehr bewegliche Schnauze betrachten, die mit langen Tastborsten versehen ist und weit über die Schneidezähne übersteht, können wir uns auch auf den ersten Blick nicht täuschen. Tast- und Geruchssinn sind bei den Spitzmäusen ausgezeichnet, die Augen sind schwach. Das Fell ist dicht und kurz und überdeckt die Ohrmuscheln fast ganz. An der Körperseite befinden sich Duftdrüsen, die vor allem zur Paarungszeit bei der Kommunikation zwischen den Partnern und zur Markierung des Territoriums benutzt werden. Alle Spitzmausarten ähneln sich sehr, und wir müssen zur genauen Bestimmung oft die Zähne untersuchen und die Körpermaße vergleichen. Die Tiere halten keinen Winterschlaf und suchen ihre Nahrung auch unter dem Schnee. Sie sind tags und nachts aktiv, und die Perioden starker Aktivität wechseln regelmäßig mit kurzen Schlafperioden, die sie in ihren Nestern und Höhlen unter der Rinde, in Baumstümpfen, Grasbüscheln u. ä. verbringen. Die Spitzmäuse machen sich oft mit pfeifenden und zirpenden Tönen bemerkbar und verraten so ihre sonst recht verborgene Anwesenheit. Bei einigen Arten konnte nachgewiesen werden, daß sie Ultraschall ausstoßen und sich in der Dunkelheit wie Fledermäuse am Echo orientieren. Die Nahrung der Spitzmäuse besteht überwiegend aus Insekten, Würmern, Schnecken und auch aus kleinen Wirbeltieren. Sie werfen 2—4mal jährlich, wobei die Frühjahrswürfe mehr Junge zählen als die Herbstwürfe. Die Trächtigkeitsdauer beträgt 19—21 Tage, verlängert sich bei stillenden Weibchen aber bis auf 27 Tage, so daß ein Muttertier immer nur einen Wurf füttert. Spitzmäuse sind kurzlebig und werden ungefähr nur 1 $^1/_2$ Jahre alt. Die Spitzmäuse der Gattung *Sorex* haben im ganzen 32 Zähne mit rotbraunen Spitzen (2 — *S. araneus* 3 — *S. alpinus*, 4 — *S. minutus*). Die Biologie aller Arten der Gattung ist sehr ähnlich. Wir finden die Tiere vor allem in feuchteren Biotopen und an dicht bewachsenen Stellen. Einige Arten steigen in den Bergen bis zur Baumgrenze auf.

Die **Waldspitzmaus** (*Sorex araneus* — **1**) ist mit Ausnahme von Island, Irland, der Iberischen Halbinsel und den Mittelmeerinseln über ganz Europa verbreitet. Sie ist ein typischer Waldbewohner, taucht aber auch in Gärten und auf Wiesen auf und dringt in Gebäude ein. Die **Alpenspitzmaus** (*S. alpinus* — **5**) tritt nur in den Gebirgen Mitteleuropas, in den Alpen, Karpaten, Pyrenäen und auf dem Balkan auf. Die **Zwergspitzmaus** (*S. minutus* — **6**) bewohnt ein ähnliches Verbreitungsgebiet wie die Waldspitzmaus, und beide Arten kommen oft gemeinsam vor. Außerhalb des Waldes treffen wir sie nur selten an. Die **Knirpsspitzmaus** (*S. minutissimus* — **7**) ist in den Fichtenwäldern der nordeuropäischen und nordasiatischen Tundren bis nach Japan verbreitet. Sie sucht hier vor allem trockenere Orte auf. Die **Maskenspitzmaus** (*S. caecutiens* — **8**) kommt in ähnlichen Biotopen vor und reicht bis in die Taiga. Sie lebt in einem Gebiet, das von Skandinavien über Sibirien bis nach Sachalin und Japan reicht, und taucht als Relikt inselartig zum Beispiel auch in Nordpolen auf. Das Fangen von Spitzmäusen und ihre Zucht in der Gefangenschaft ist schwierig. Ihr Stoffwechsel verläuft sehr rasch, und sie verklammen deshalb in den Fallen schnell. Die Spitzmaus benötigt täglich eine Nahrungsmenge, die größer ist als ihr Körpergewicht. Auch in anderer Richtung sind diese Tiere empfindlich. Werden sie zum Beispiel in die Hand genommen, sterben sie in wenigen Augenblicken an einem Nervenschock.

	LC (mm)	LCd (mm)	G (g)
Sorex araneus	55—85	34—50	5,5—14
S. alpinus	60—75	60—75	6,5—12
S. minutus	40—60	30—45	2,5—7
S. minutissimus	33—45	23—29	1,8—4
S. caecutiens	48—70	30—45	3—8

1

2

5

3

6

4

7

8

Spitzmäuse
Ordnung: Insektenfresser, *Insectivora*   Familie: Spitzmäuse, *Soricidae*

Die Spitzmäuse der Gattung *Neomys* haben wie die Vertreter der Gattung *Sorex* Zähne mit schwarzbraunen Spitzen. Im Oberkiefer befinden sich aber anstatt der fünf nur vier einspitzige Zähne, so daß das Gebiß im ganzen 30 Zähne enthält (2 — *N. fodiens*, 3 — *N. anomalus*). Die **Wasserspitzmaus** (*Neomys fodiens* — **1**) ist außer in Irland, Spanien und der Türkei in ganz Europa und weiter bis zum Baikal und im Süden bis zum Kaukasus und dem Tienschan-Gebirge verbreitet, sie lebt isoliert auch im Gebiet der Amurmündung und auf Sachalin. Die Wasserspitzmaus bewohnt die Ufer stehender und fließender Gewässer, soweit diese ausreichend mit Vegetation bedeckt sind. Sie wird auch an feuchten Stellen, weit von Gewässern entfernt, im Wald und auf Wiesen angetroffen. Sie schwimmt gut (**4**) und taucht auch, sie kann bis zu 20 Sekunden unter der Wasseroberfläche verweilen. Dieses Tier ist dem Leben im Wasser ausgezeichnet angepaßt. An der Unterseite des Schwanzes bilden harte Borsten einen Kiel, der zur Steuerung dient. Ähnliche Borsten verbreitern auch die Fläche der Hinterpfoten und sind beim Rudern behilflich (**7**). Beim Schwimmen benutzt die Wasserspitzmaus alle vier Gliedmaßen und bewegt sie dabei wie beim Laufen. Sie ist auch in der Nacht aktiv und sucht ihre Nahrung vor allem im Wasser, aber auch auf dem Lande. Die Nahrung besteht aus Insekten, deren Larven, Weich- und Schalentieren, Fröschen und kleinen Fischen. Bei Überfluß legt das Tier kurzzeitige Reserven an. Sie sucht das Wasser in kurzen Abständen auf. Auf dem Lande putzt sie sich oft und verteilt das Sekret ihrer Fettdrüsen über das feine dichte Fell. Beim Tauchen verfangen sich viele kleine Luftblasen im Fell, die ausgezeichnet isolieren und dem Tier das Aussehen einer silbernen Walze verleihen. Die Wasserspitzmäuse graben im Ufer Höhlen mit ovalem Querschnitt, und ein Ausgang führt gewöhnlich direkt ins Wasser. Das Weibchen bringt die Jungen im unterirdischen Nest zur Welt. Es wirft von April bis Oktober gewöhnlich zweimal, jeweils 5—9 Junge. Die Trächtigkeit dauert 24 Tage, die Säugezeit bis zu 37 Tagen. Das Weibchen hat 5 Paar Zitzen. Die Rückenfarbe der Wasserspitzmaus ist immer fast schwarz, der Bauch ist in der Regel weiß, gelblich rostfarben (**5**) oder auch ganz schwarz.

Die **Sumpfspitzmaus** (*N. anomalus* — **6**) ist ebenfalls schwarzweiß gefärbt und oft silbrig überhaucht. Sie ist inselartig in Mitteleuropa, Spanien und auf der Balkanhalbinsel verbreitet und reicht bis in den Süden der UdSSR. Sie ist weniger stark an das Wasser gebunden als die vorangehende Art, und wir finden sie eher in Sumpf- und Morastgebieten. Diese Art hält sich weniger oft im Wasser auf, und die Borsten an der Schwanzunterseite und den hinteren Pfötchen sind schwächer entwickelt. Auch gräbt sich diese Spitzmaus seltener eigene Gänge und Höhlen. Die Nahrung besteht vor allem aus Insekten, Weichtieren und Würmern. Da es sich um eine recht seltene und im Verborgenen lebende Art handelt, wissen wir nicht viel über ihre Fortpflanzung, nehmen jedoch an, daß hier keine großen Unterschiede zur Wasserspitzmaus bestehen. Es wird angegeben, daß ein Wurf 3—11 Junge enthält. Das Weibchen besitzt in der Regel 6 Paar Zitzen. Wie alle Spitzmäuse haben auch die beiden angeführten Arten an den Hüften Duftdrüsen, die vor allem während der Fortpflanzungszeit einen starken Moschusgeruch absondern. Deshalb lassen Raubtiere oft die erjagten Spitzmäuse liegen und fressen sie nicht. Es wird sogar angeführt, daß das Fleisch der Tiere in einer bestimmten Periode giftig sein kann. Bei der Wasserspitzmaus enthält die Absonderung der unter dem Kiefer befindlichen Speicheldrüse eine giftige Komponente, die in ihrer chemischen Zusammensetzung an das Gift der Kobra erinnert. Bei der Sumpfspitzmaus konnte dieses Gift nicht festgestellt werden.

	LC (mm)	LCd (mm)	G (g)	LTp (mm)
Neomys fodiens	70—90	60—70	10,5—20	18—21
N. anomalus	65—90	45—61	13,0—20	15—17

Spitzmäuse
Ordnung: Insektenfresser, *Insectivora* Familie: Spitzmäuse, *Soricidae*

Die Spitzmäuse der Gattungen *Crocidura* und *Suncus* besitzen rein weiße Zähne ohne braune Spitzen. Bei der Gattung *Crocidura* befinden sich im Oberkiefer drei einspitzige Zähne (**2** — *C. leucodon*, **3** — *C. suaveolens*, **4** — *C. russula*), bei der Gattung *Suncus* sind es vier. Aus dem anliegenden Schwanzfell stehen seitlich lange, wimpernartige Haare hervor. Die Ohrmuscheln sind größer und überragen das Fell deutlich. Diese Spitzmäuse sind wärmeliebend und vor allem in den warmen Gebieten Europas, Afrikas und Südasiens zuhause, sie sind viel weniger aggressiv als die übrigen Arten, und es vertragen sich auch mehrere Einzeltiere miteinander besser. Die Arten, die in kälteren Gebieten leben, siedeln im Winter in menschliche Behausungen, Schober u. ä. um. Die **Feldspitzmaus** (*Crocidura leucodon* — **1**) lebt in Süd- und Mitteleuropa. Sie fehlt in Südfrankreich, Spanien, Süditalien und dem westlichen Teil der Balkanhalbinsel. Im Osten reicht sie über Kleinasien bis nach Mittelsibirien. Sie meidet zusammenhängende Waldgebiete und Gebirge. Ihr Biotop sind ausschließlich warme und trockene Orte mit Steppencharakter. Sie bevorzugt Gebiete mit niedriger und lockerer Vegetation und tritt auch auf Feldern auf. Die Feldspitzmaus klettert gut. Das Weibchen wirft von April bis September gewöhnlich zweimal Junge. Die Trächtigkeit dauert 31—33 Tage. Ein Wurf enthält 3—9 Tiere. Die Außenseiten des Nestes, das aus Gras und Blättern errichtet wird, sind mit Schlamm verklebt.

Die **Gartenspitzmaus** (*C. suaveolens* — **5**) ist von Spanien über Mittel- und Südeuropa bis nach Kleinasien, in die Südgebiete der UdSSR und in Afrika in Algerien, Marokko, Tunesien und Ägypten verbreitet. Sie hält sich im nördlichen Teil ihres Areals überwiegend in menschlichen Ansiedlungen auf und bevorzugt sonst warme Stellen mit Steppencharakter. Wir treffen sie auch in Waldgebieten und in den Bergen bis zu Höhen vom 1 000 m ü. d. M. an. Vermehrung wie bei der vorigen Art, die Trächtigkeitszeit beträgt 26—27 Tage, der Wurf enthält meistens 4—5 Junge.

Die **Hausspitzmaus** (*C. russula* — **6**) ist ein Bewohner Westeuropas und reicht im Osten bis nach Sachsen. Sie lebt auch in Kleinasien, Nordafrika und der gesamten gemäßigten Zone Asiens. Im Gegensatz zu den erwähnten Arten bevorzugt sie dichter verwachsene Lokalitäten mit stärkerer Feuchtigkeit, Gärten, Waldränder und Täler. Die Fortpflanzungsperiode fällt in die Zeit von Februar bis November. Im übrigen verläuft sie wie bei der Feldspitzmaus. In der Natur überlebt diese Art manchmal zwei Winter, ist also langlebiger als die anderen.

Die **Etruskerspitzmaus** (*Suncus etruscus* — **7**) gehört gemeinsam mit der Knirpsspitzmaus (*Sorex minutissimus*) zu den kleinsten Säugetieren der Erde. Sie lebt in Südeuropa, Kleinasien und Nordafrika, weiter in Südasien und Ost- und Südafrika. Diese kleinen Spitzmäuse treffen wir meistens in Gärten und auf Feldern in der Nähe menschlicher Behausungen an und können sie, wenn der Boden dort nicht zu feucht ist, auch in lichten Wäldern sehen. Sie ernährt sich vor allem von Spinnen und Kleininsekten. In Kälteperioden oder bei Nahrungsmangel verfällt die Etruskerspitzmaus in einen Starrezustand, bei dem die Körpertemperatur absinkt. Sie kann in diesem Zustand mehrere Stunden verharren und erwacht dann bei ansteigender Temperatur zu neuer Aktivität. Diese Art hat jährlich 5—6 Würfe mit meist 4 Jungen. Die Trächtigkeit dauert ungefähr 28 Tage.

Alle Weibchen der Gattungen *Crocidura* und *Suncus* führen ihre Jungen nach Verlassen des Nests in einer Reihe hinter sich her. Diese halten sich mit den Zähnen gegenseitig an der Schwanzwurzel fest und bilden eine sog. Karawane (**8**).

	LC (mm)	LCd (mm)	G (g)
Crocidura leucodon	65—85	30—40	7—13
C. suaveolens	55—78	30—43	6—9,5
C. russula	65—95	35—50	6—14
Suncus etruscus	35—45	25—28	1,5—2

1

6

5

7

8

2

3

4

Desman, Almizilero, Elefantenspitzmaus

Ordnung: Insektenfresser, *Insectivora* Familie: Maulwürfe, *Talpidae*
Familie: Rüsselspringer, *Macroscelididae*

Die Wychuchols gehören zu den eigenartigsten Insektenfressern. Sie sind ausgezeichnet an das Leben im Wasser angepaßt. Ihre Hinterbeine sind viel größer als die Vorderbeine, tragen zwischen den Fingern Schwimmhäute und sind mit Borsten versehen, die die Fläche der Pfoten verbreitern. Ihre lange und stark bewegliche Schnauze verwenden die Wychuchols beim Einatmen, damit sie nicht über die Wasseroberfläche auftauchen müssen. Ihr Fell ist dicht und glänzt metallisch. Auf der Körperunterseite befindet sich an der Schwanzwurzel eine Geruchsstoffdrüse, deren Sekret stark nach Moschus riecht.

Der **Wychuchol** oder **Desman (1)** *(Desmana moschata)* lebt an den Unterläufen von Wolga, Don und Ural und auch in den Flüssen Mius und Sambek, die in das Asowsche Meer münden. Er ist ein Tragtier. Da er aber die meiste aktive Zeit unter der Wasseroberfläche oder in seiner Höhle verbringt, können wir ihn nur selten beobachten. Er bewohnt vor allem stille, dicht verwachsene Flußbuchten und tote Flußarme, die nicht tiefer als 1—2 m sind. Hier gräbt er in den trockenen, nicht zu steilen Ufern seine Höhlen. Die zeitweilig genutzten Höhlen sind einfach und kurz, die dauerhaften Nisthöhlen können bis zu 10 m lang sein und schließen mit einer geräumigen Nistkammer ab, die mit Gras und Laub ausgepolstert ist **(3)**. In dieser Höhle können 4 oder 5 Tiere gemeinsam wohnen. Der Wychuchol pflanzt sich zweimal jährlich, im Frühling und im Herbst, fort. Die Trächtigkeit dauert 45—50 Tage, das Weibchen bringt 1—5 Junge zur Welt. Die Nahrung der Wychuchols besteht aus Wasserweichtieren, Egeln, Insekten und zum Teil, vor allem im Winter, aus Pflanzen. Früher wurde der Wychuchol wegen seines prächtigen Pelzes, der unter der Bezeichnung „Silber-Bisam" auf den Markt kam, gejagt. Seit 1920 ist die Jagd verboten.

Der **Almizilero** (*Galemys pyrenaicus* — **2**) lebt in Nordportugal, Spanien und Südwestfrankreich. Er ist ein Bewohner der Forellenbäche in den Bergen mit Höhen von 300—1 200 m und dringt auch in Sümpfe vor, soweit diese von einem Bach durchflossen werden. Er ist im Gegensatz zum Wychuchol ein nachtaktives Tier und sucht seine Nahrung nicht nur im Wasser, sondern auch auf dem Trockenen. Der überwiegende Teil seiner Nahrung besteht aus Insekten und deren Larven. Die Paarungszeit erstreckt sich von Januar bis Juni, und die Jungen werden nach ungefähr 50 Tagen von März bis Juli geboren. Ein Wurf enthält meistens 4 Tiere.

Die **Elefantenspitzmaus** oder der **Große Rüsselspringer** (*Elephantulus roseti* — **4**) ist der Vertreter einer besonderen, ausschließlich afrikanischen Insektenfresserfamilie, der Rüsselspringer *(Macroscelididae)*. Sie ist im Gebiet der Halbwüsten Nordwestafrikas von Südwestmarokko bis Westlibyen verbreitet. Die Rüsselspringer bewegen sich normalerweise auf allen vier Gliedmaßen fort. Bei raschem Ortswechsel, zum Beispiel bei Gefahr, springen sie jedoch wie Känguruhs nur auf den langen Hinterbeinen. Sie sind Tagtiere, leben entweder allein oder in Paaren und fressen verschiedene Insekten, wie zum Beispiel Ameisen, Käfer und Heuschrecken. Sie trinken nicht. Das Weibchen bringt nach 8 Wochen Trächtigkeit zwei Junge zur Welt, die schon nach 5 Wochen erwachsen sind. Das Weibchen wirft in seinem Leben nur dreimal.

	LC (mm)	LCd (mm)	G (g)
Desmana moschata	180—215	170—220	300—400
Galemys pyrenaicus	110—135	130—155	50—80
Elephantulus roseti	130—140	110—115	70—130

1

2

3

4

Maulwürfe

Ordnung: Insektenfresser, *Insectivora* Familie: Maulwürfe, *Talpidae*

Die Maulwürfe kennt jeder vor allem wegen der Spuren ihrer Tätigkeit, der Erdhaufen, die sie aus ihren Gängen an die Oberfläche drücken. Es sind Insektenfresser, die dem Leben im Boden stark angepaßt sind. Das Fell ist sehr kurz und dicht ohne deutlichen Haarstrich, die Augen sind verkümmert oder überhaupt mit einer Haut überzogen, die Ohrmuscheln fehlen, der Schwanz ist kurz. Die Vorderbeine sind zum Graben umgebildet, sie sind kräftig, breit schaufelförmig und an der Körperseite angebracht. Wir können die einzelnen Arten an den äußeren Merkmalen nur schwer unterscheiden, denn auch die Größe schwankt entsprechend der ökologischen Faktoren, wie zum Beispiel dem Klima und dem Nahrungsangebot. Die besten Bestimmungsmerkmale finden wir am Schädel, vor allem an der Nasenpartie und den Zähnen (**2** — *T. caeca*, **3** — *T. europaea*, **4** — *T. romana*). Der gewöhnliche **Europäische Maulwurf** (*Talpa europaea* — **1**) lebt von England (in Irland fehlt er) über Südschweden östlich bis zum Ob und von Spanien über Norditalien und den Norden der Balkanhalbinsel bis zum Kaukasus und dem Kaspischen Meer. Der **Blindmaulwurf** (*T. caeca* — **5**) bewohnt die Pyrenäenhalbinsel, Südfrankreich und Norditalien und ist von hier aus entlang der Adriaküste über den gesamten Süden der Balkanhalbinsel und Kleinasien bis zum Kaukasus verbreitet. Der **Römische Maulwurf** (*T. romana*), der in Süditalien und auf Sizilien und der Balkanhalbinsel lebt, ist auf Berglagen beschränkt.

Die Biologie aller drei Arten ist fast gleich. Sie verbringen den größten Teil ihres Lebens in Erdlöchern. Das Nest ist unter einem großen Maulwurfshügel verborgen, der gewöhnlich mit einem Ringsystem von Gängen versehen ist **(6)**. Maulwürfe sind strenge Einsiedler, und jedes Gangsystem wird nur von einem einzigen Tier bewohnt. Nur zur Paarung verbringen die Tiere eine kurze Zeit gemeinsam. Das gleiche gilt für das Weibchen bei der Aufzucht der Jungen. Die Maulwürfe sind am Tage und in der Nacht aktiv. Die aktiven Perioden dauern ungefähr 4 $1/2$ Stunden und die dazwischen liegenden Ruhepausen 3 $1/2$ Stunden. Die Paarungszeit ist sehr kurz und dauert von Ende Februar bis Mai. Das Weibchen gebiert in der Regel jedes Jahr nur einmal, selten zweimal. Die Tragzeit beträgt 4—6 Wochen, und ein Wurf enthält 4—6 Junge, die 4—5 Wochen gesäugt werden. Die Maulwürfe werden bis zur nächsten Saison geschlechtsreif und leben 3—4 Jahre.

Die Nahrung der Maulwürfe besteht aus wirbellosen, im Boden lebenden Tieren, vor allem aus Regenwürmern, aber auch aus Insekten und Schnecken. Sie fressen aber auch kleine Wirbeltiere, die sie in ihren Höhlen antreffen. In Zeiten des Überflusses können sich Maulwürfe kurzzeitige Reserven anlegen: Sie lähmen die Regenwürmer mit einem Biß in den vorderen Teil des Körpers und lagern sie in einen besonderen „Speicher" ein. Maulwürfe finden wir vor allem dort, wo der Boden locker ist, also auf Wiesen, Weiden, Feldern, in Gärten und auch Laubwäldern. Entsprechend der Bodenstruktur liegen die Erdlöcher in einer Tiefe von 20—40 cm. Im Winter graben sich die Tiere tiefer ein. Die Jungen arbeiten, nachdem sie das Nest verlassen haben, gewöhnlich flachere Höhlen aus, und wir treffen sie auch öfter über dem Boden an.

In manchen Gebieten ihres Vorkommens, zum Beispiel in der UdSSR, werden die Maulwürfe ihrer Pelze wegen gejagt.

	LC (mm)	LCd (mm)	LTp (mm)	G (g)	Augen
Talpa europaea	125—150	30—40	17—20,5	60—115	sichtbar
T. caeca	100—130	22—40	14—18	30—65	mit Haut überzogen
T. romana	110—140	26—36	17—19	65—120	mit Haut überzogen

1

2   3   4

6   5

Fledermäuse
Ordnung: Flattertiere, *Chiroptera*   Familie: Hufeisennasen, *Rhinolophidae*

Die Hufeisennasen unterscheiden sich von den Glattnasen durch auffällige häutige
Auswüchse auf der Nase. Diese Auswüchse sind für die Ausrichtung der durch die
Nase ausgestoßenen Ultraschalltöne, mit denen sich diese Fledermäuse in der Dunkelheit orientieren, von Bedeutung. Die Hufeisennasen bewegen den ganzen Kopf
und senden dabei einen schmalen Strahl langer Signale aus, deren Frequenz 80 bis
100 kHz beträgt. Jedes Signal dauert ungefähr $^1/_{10}$ Sekunde, das heißt, daß die
Schallwellen, die von einem bis zu 15 m entfernten Gegenstand reflektiert werden,
noch vor Ausklingen des Signals zurückkehren. Es handelt sich hier um ein regel-
rechtes akustisches „Abtasten" des Raumes. Die Nasenauswüchse sind sehr charakteristisch, und die einzelnen Arten werden nach ihnen bestimmt (**2** — *R. ferrumequinum*, **3** — *R.hipposideros*). Bei der Echoortung stellen die Hufeisennasen viel
feinere Hindernisse fest als die Glattnasen. Ein weiteres charakteristisches Merkmal
dieser Tiere sind besondere Haftwarzen der Weibchen. Sie befinden sich in der Nähe der Geschlechtsöffnung auf der Bauchseite. Hier halten sich die flugunfähigen
Jungen mit dem Mäulchen fest, wenn die Mutter ausfliegt und manchmal auch in
der Ruhelage. Hufeisennasen kriechen nie in Spalten, sondern hängen, immer in ihre Flughäute eingehüllt, frei an der Decke von Höhlen. Ihre Flügel sind breit und abgerundet, und die Tiere fliegen niedrig und flatternd. Die Biologie aller Arten ist
recht ähnlich. Im Sommer versammeln sie sich in Höhlen oder auf Dachböden (vor
allem die Kleine Hufeisennase) zu oft recht umfangreichen Kolonien. Im Winter suchen sie unterirdische Räume auf, wo die Temperatur bei 6—10 °C liegt. Die Paarung erfolgt gewöhnlich im September und Oktober, also vor dem Überwintern. Die
Spermien werden in den Geschlechtswegen des Weibchens bis zum nächsten
Frühjahr aufbewahrt, und es kommt erst dann zur Befruchtung. Nach 2—3 Monaten
werden 1, seltener 2 Junge geboren. Die Nahrung der Hufeisennasen besteht aus
Nachtinsekten. Diese Fledermäuse sind verhältnismäßig langlebig. Das Alter beträgt im Durchschnitt 3—5 Jahre, das höchste nachgewiesene Alter beträgt jedoch
18 und bei der Großen Hufeisennase sogar 26 Jahre.
Die **Große Hufeisennase** (*Rhinolophus ferrumequinum* — **1**) bewohnt Süd- und
Westeuropa, Nordafrika und Kleinasien und reicht bis nach China und Japan. In
Mitteleuropa taucht sie an klimatisch günstigen Stellen nur inselartig auf. Die **Kleine Hufeisennase** (*R.hipposideros* — **4**) tritt in Europa annähernd bis zum 52. Brei-
tengrad häufig auf und lebt auch in Afrika und Südwestasien. Sie bevorzugt
Jagdgründe mit lockerem Baumbestand. Die **Mittelmeer-Hufeisennase** (*R. euryale*
— **5**) ist in Südeuropa, Nordafrika und Südwestasien beheimatet. Sie verbirgt sich
das ganze Jahr ausschließlich in Höhlen und anderen unterirdischen Räumen. Diese
Hufeisennase schlägt sich beim Aufhängen im Unterschied zu den anderen Arten
nicht vollkommen in ihre Flughäute ein. Die **Blasius-Hufeisennase** (*R. blasii* — **6**)
lebt in Italien, entlang der östlichen Adriaküste bis nach Griechenland und Zypern,
in Kleinasien und Nordafrika und reicht bis nach Südafrika.
In den letzten Jahren wurde in Europa eine rasche Verringerung der Hufeisenna-
sen-Bestände festgestellt. Das hängt zum einen mit der Vernichtung der Biotope,
in denen sie leben, und mit Störungen in den Räumen, in denen sie überwintern, zusammen, zum anderen mit dem Rückgang der Insekten, die mit Insektiziden mas-
senhaft vernichtet werden, Die Hufeisennasen gehören heute in Europa zu den am
stärksten gefährdeten Säugetierarten.

	LC (mm)	LAt (mm)	G (g)
Rhinolophus ferrumequinum	56—75	50—61	16—28
R. hipposideros	40—45	34—41	3,5—10
R. euryale	43—58	43—50	10—17,5
R. blasii	44—56	45—48	10—18

Fledermäuse
Ordnung: Flattertiere, *Chiroptera* Familie: Glattnasen, *Vespertilionidae*

Die Familie der Glattnasen ist überaus zahlreich und von den Flattertieren am weitesten verbreitet. Im Unterschied zu den Hufeisennasen besitzen die Glattnasen keine häutigen Auswüchse auf der Nase, sondern in den Ohren. Hier befindet sich ein sogenannter Tragus, ein Lid (Klappe). Die Signale für die Echoortung werden durch das Maul ausgestoßen, sie sind kurz und in der Frequenz während des „Sendens" veränderlich. Sie bilden Sommer- und Winterkolonien, vermögen gut an Wänden und auf dem Boden zu kriechen und hüllen sich beim Überwintern nicht in die Flughäute ein **(8)**. Diese Fledermäuse jagen ihre Nahrung, Nachtinsekten, meistens fliegend, einige Arten sind aber auch in der Lage, die Insekten, zum Beispiel Käfer, von Bäumen und vom Erdboden zu sammeln. Alle Fledermäuse trinken regelmäßig, meistens während des Flugs, an der Wasseroberfläche.

Das **Große Mausohr** (*Myotis myotis* — **1, 2**) ist eine zahlreiche Art, die mit Ausnahme der Britischen Inseln in ganz Europa lebt und östlich bis nach Kleinasien reicht. Es bevorzugt offene, ebene Landschaften. Die Sommerkolonien dieser Art befinden sich in der Regel auf Dachböden. Hier wohnen die Weibchen mit den Jungen zusammen, die Männchen leben im Sommer einzeln. Im Herbst suchen beide Geschlechter Höhlen und Grotten auf. Die Paarung erfolgt am Ende des Sommers und im Herbst. Die Spermien bleiben jedoch inaktiv, und die Weibchen werden erst nach Beendigung des Winterschlafes trächtig. Gewöhnlich wird ein Junges geboren. Die Tragzeit hängt von der Temperatur in den Unterschlüpfen ab. Wenn das Weibchen zur Jagd ausfliegt, läßt sie das Junge im Versteck.

Die **Kleine Bartfledermaus** (*M. mystacinus* — **3**) ist in ganz Europa und in Asien bis nach Japan und Indonesien verbreitet und lebt auch in Nordwestafrika. Sie bewohnt Wälder und Gebiete mit feuchterem Klima. Im Sommer finden wir sie in Höhlungen und auf Dachböden. Sie überwintert aber nie in größerer Anzahl in Grotten.

Die **Große Bartfledermaus** oder **Brandtfledermaus** (*M. brandti* — **6**) ist der vorangehenden Art sehr ähnlich. Zuverlässige Unterscheidungsmerkmale finden wir zum Beispiel am Schädel und an den Zähnen. Die Verbreitung und auch die Biologie sind ebenfalls ähnlich (**4** — *M. brandti*, **5** — *M. mystacinus*).

Die **Wasserfledermaus** (*M. daubentoni* — **7**) ist vom Westeuropa bis nach Ostasien verbreitet, in vielen Gebieten Südeuropas aber selten. Wir finden sie meistens dort, wo genügend Wald mit hohlen Bäumen und größere Wasserflächen vorhanden sind. Diese Art jagt vor allem über dem Wasserspiegel, wo sie Mücken und Köcherfliegen fängt. Die Paarung erfolgt wie bei den anderen Fledermäusen meistens im Herbst, oft aber auch während des Überwinterns. Das Weibchen bringt dann Ende Juni ein Junges zur Welt.

Die Fledermäuse der Gattung *Myotis* gehören zu den Fledermäusen, die im Sommer und im Winter verschiedene Räume bewohnen. Die Winterplätze, vor allem Stollen und Grotten, werden von den Fledermäusen einer Population regelmäßig aufgesucht. Das kann oft auch über einige hundert Jahre geschehen. Die Tiere versammeln sich hier in beachtlicher Anzahl, und Störungen am Winterplatz können ihre Existenz ernsthaft bedrohen. Wenn wir die Fledermäuse aufwecken, beschleunigen sich ihre Lebensvorgänge durchgreifend, und die Fettreserven, die das erfolgreiche Überstehen der ungünstigen Periode sichern sollen, werden schnell abgebaut. Die Sicherung und der Schutz von Winterplätzen der Fledermäuse ist ein sehr wichtiger Bestandteil ihrer Erhaltung.

	LC (mm)	LAt (mm)	G (g)
Myotis myotis	70—83	56—67	18—45
M. mystacinus	35—48	30—37	3,1—6,6
M. brandti	40—51	32—38	4,3—8,3
M. daubentoni	36—60	33—40	6,5—10

Fledermäuse
Ordnung: Flattertiere, *Chiroptera*   Familie: Glattnasen, *Vespertilionidae*

Die Gattung *Pipistrellus* ist in der Alten und auch Neuen Welt sehr weit verbreitet. Zu ihr gehören kleine Fledermausarten mit kleinen, abgerundeten Ohren und einem abgerundeten Tragus. Alle Arten sind einander sehr ähnlich, und zur genauen Bestimmung ist es meistens nötig, die Merkmale auf den Zähnen zu beachten (**2** — *P. pipistrellus*, **3** — *P. kuhli*).

Die **Zwergfledermaus** (*Pipistrellus pipistrellus* — **1**) ist in Europa, Asien und Nordafrika weit verbreitet. In Europa gehört sie stellenweise zu den zahlreichsten Arten. Im Sommer finden wir sie vor allem in Gebäuden, weniger in hohlen Bäumen. Diese Art sucht Spalten auf und befindet sich oft zwischen Balken, unter der Dachdeckung, hinter den Bilderrahmen in Kirchen u.ä. Zur Zeit des Überfliegens, meistens im August und September, treten diese Fledermäuse oft in großer Zahl an recht ungewöhnlichen Stellen auf, sie fliegen auch in Wohnungen ein und verbergen sich hier hinter Bildern, zwischen Fenstern, in Lampen und anderen engen Räumen. Diese Erscheinung wird Invasion genannt und hängt mit der Zeit zusammen, in der die Sommerkolonien zerfallen; sie ist bisher aber noch nicht zufriedenstellend erklärt worden. In den südlichen Gebieten des Areals überwintert die Zwergfledermaus in Grotten, die nördlichen Populationen suchen für diese Zeit Mauerspalten, Türme, Kirchenbilder u.ä. auf.

Die **Weißrand-Fledermaus** (*P. kuhli* — **4**) bewohnt Südeuropa und Asien bis nach Pakistan, in Afrika lebt sie, mit Ausnahme des Urwaldgebietes, vom Mittelmeer bis nach Kapland. Es ist eine der kleinen Arten, die wir leicht bestimmen können, denn ihre Flughaut ist am Hinterrand weiß gesäumt. Die **Alpenfledermaus** (*P. savii* — **5**) ist in Südeuropa, dem größten Teil Asiens und in Nordwestafrika beheimatet. Sie bevorzugt felsige Gegenden und fliegt in den Gebirgen bis über die Waldgrenze auf. In den Alpen wurde sie in Höhen über 2 000 m ü.d.M. festgestellt. Die **Rauhhautfledermaus** (*P. nathusii* — **6**) lebt außer in Großbritannien in Europa und dann weiter bis zum Ural und Kaukasus. Sie kommt in Westeuropa jedoch nur inselartig vor und ist auch in der Türkei bekannt. Diese Art ist an vor allem in Wassernähe befindliche Laubwälder gebunden. Sie hält sich das ganze Jahr überwiegend in Baumhöhlen und Spalten von Gebäuden auf. Die Beobachtung mehrerer Populationen ergab, daß die Rauhhautfledermaus ein Wandertier ist. Bei den Zügen zu den Winterplätzen überwindet sie oft erhebliche Entfernungen. Die Population aus Mittelrußland fliegt bis zum Balkan und in die Türkei, also 600—1 600 km weit.

Die Biologie aller Arten der Gattung *Pipistrellus* ist ähnlich. Sie fliegen in mittleren Höhen, bewegen sich schnell und wenden dabei oft und heftig. Sie verlassen ihren Unterschlupf gewöhnlich eine halbe Stunde vor Sonnenuntergang und jagen kleine Insekten, auch Mücken. Die Winterplätze suchen sie verhältnismäßig spät auf, in Europa oft erst im Dezember. Wenn wir an warmen Wintertagen eine Fledermaus im Freien fliegen sehen, handelt es sich sicher um eine Zwergfledermaus. Die Weibchen der Gattung *Pipistrellus* gebären in der Regel zwei Junge. Das Alter dieser kleinen Arten kann erstaunlich hoch sein, (bis zu 15 Jahren), durchschnittlich leben sie 3 Jahre.

	LC (mm)	LAt (mm)	G (g)
Pipistrellus pipistrellus	32—52	27—34	3—8
P. kuhli	40—47	32—35	5—8,5
P. savii	43—48	32—38˙	5,2—10
P. nathusii	40—58	31—35	5—9

Fledermäuse
Ordnung: Flattertiere, *Chiroptera*   Familie: Glattnasen, *Vespertilionidae*

Die Fledermäuse der Gattung *Nyctalus* sind Waldarten, deren Vorkommen an alte hohle Bäume gebunden ist. Der **Abendsegler** (*Nyctalus noctula* — 1) ist von Großbritannien über ganz Europa und Kleinasien bis nach Burma verbreitet. Er paßt sich dort, wo der Mensch seine Lebensbedingungen geändert und die Wälder in Kulturlandschaft umgewandelt hat, verhältnismäßig gut an, und wir finden ihn (besonders in der Zeit des Überfliegens) auch in Siedlungen vor. Er fliegt schon am Spätnachmittag oder zeitig am Abend aus und jagt im raschen Flug über den Baumkronen Insekten. Wir erkennen den Abendsegler an seinen schmalen Flügeln und dem langen Schwanz **(2)**. Die Sommerkolonien enthalten 20—100, die Winterkolonien gegen 600 Tiere. Die Sommerkolonien befinden sich in geräumigen Hohlräumen in Bäumen, vor allem in solchen, die auf den Dämmen von Teichen wachsen. Die Ränder des Fluglochs sind gewöhnlich schwärzlich, und unter der Höhle befindet sich auf der Rinde ein dunkler, von Urin und Kot der Tiere verursachter Streifen. Die Öffnung wird von Fliegen umschwärmt. Außerdem können wir diese Fledermaus vor allem an warmen Nachmittagen schon von weitem an ihren lauten, schrillen Schreien erkennen. Im Herbst schließen sich die Abendsegler manchmal zu kleinen Paarungsgruppen von 2—7 Exemplaren zusammen. Über die Winterplätze wissen wir nicht viel. Sie befinden sich in bis unter die Erde reichenden Baumhöhlen, schwer zugängigen Räumen in Bauwerken und in Felsklüften. Das Weibchen bringt im Juni gewöhnlich zwei Junge zur Welt, die oft noch im gleichen Jahr heranwachsen.
Der **Großabendsegler** (*N. lasiopterus* — 3) ähnelt dem Abendsegler, ist jedoch viel größer. Er ist eine seltene Art, über deren Verbreitung wir nicht genau Bescheid wissen, und wurde zum Beispiel in Spanien, Italien, Frankreich, der Schweiz, auf dem Balkan, in der Türkei und in Nordafrika beobachtet. Die nördliche Grenze seines Areals erstreckt sich wahrscheinlich von Südpolen bis zum Ural.
Der **Kleinabendsegler** (*N. leisleri* — 4) ist von Irland und Portugal bis nach Kleinasien verbreitet. Er ist auch von den Azoren, Madeira und Nordafrika her bekannt. In Irland kommt er häufig vor, taucht sonst aber in Laub- und Mischwäldern in verhältnismäßig geringerer Zahl auf. In seiner Biologie unterscheidet er sich nicht vom Abendsegler, das Weibchen wirft jedoch nur ein einziges Junge.
Die **Breitflügelfledermaus** (*Eptesicus serotinus* — 5) ist eine recht häufige Art, die von Südengland über ganz Europa und Asien auch in Nordafrika vorkommt. Sie taucht oft auch in Städten auf, fliegt zeitig am Abend auf die Jagd und fängt in niedriger Höhe Käfer und Nachtfalter. Manchmal landet sie auf Bäumen, um hier die auf den Ästen sitzenden Insekten zu sammeln. Die Sommerkolonien umfassen 10—50 Exemplare und befinden sich gewöhnlich in Dachböden. Das Weibchen bringt hier im Juni ein Junges zur Welt. Im Winter finden wir diese Tiere nur selten in unterirdischen Räumen, sie überwintern eher in den Spalten von Bauwerken und Felsen. Die **Nordische Fledermaus** (*E. nilssoni*) lebt östlich von Frankreich und Norwegen über ganz Asien. Sie reicht im Norden als einzige Fledermaus bis zum Polarkreis und bewohnt südlicher überwiegend die Gebirge, wo sie oft bis zu 2 000 m ü.d.M. aufsteigt. Wir finden sie vor allem in den Nadel- und Mischwäldern der Berge und können sie meistens gleich nach Einbruch der Dunkelheit in der Umgebung von Gewässern und feuchten Stellen in den Wäldern auf der Jagd beobachten.

	LC (mm)	LAt (mm)	G (g)
Nyctalus noctula	65—84	46—55	20—40
N. lasiopterus	78—104	62—69	41—76
N. leisleri	53—66	35—46	12—20
Eptesicus serotinus	62—80	48—57	13—32
E. nilssoni	45—54	37—46	8—13

2

5

1

3

4

Fledermäuse

Ordnung: Flattertiere, *Chiroptera*   Familie: Glattnasen, *Vespertilionidae*

Die Fledermäuse der Gattung *Plecotus* erkennen wir leicht an den riesigen Ohrmuscheln, die mit ihren Rändern an der Stirn verwachsen. Während des Winterschlafs
falten die Tiere diese Ohren unter den Flügeln zusammen, so daß nur der Tragus
hervorsteht.
Das **Braune Langohr** (*Plecotus auritus*) (**1, 2**) lebt in fast ganz Europa und Nordasien. Es bevorzugt Waldgebiete mit feuchterem Klima. Im Sommer verbirgt es sich
in hohlen Bäumen, Nistkästen und auch Bauwerken, es überwintert in unterirdischen Räumen, in Felshöhlen, Bergwerksstollen und Kellern. Sein Flug ist langsam
und flatterig, und es jagt vor allem Eulenfalter und in geringerem Maße auch Käfer
und zweiflügige Insekten. Oft sammelt es wie ein Falke an einem Ort rüttelnd die Insekten von den Blättern und Zweigen der Bäume. Auf die gleiche Weise trinkt es auch
an der Wasseroberfläche. Das Braune Langohr fliegt erst nach Einbruch der Dunkelheit auf die Jagd. Es frißt seine Beute meistens erst im Schlupfwinkel. Das Weibchen bringt im Juni oder Juli ein bis zwei Junge zur Welt, die es wie die übrigen
Glattnasen ablegt (die Jungen bleiben an einer Wand oder Decke hängen — **3**) und
nur zum Stillen anfliegt. Die Jungen sind ungefähr nach zwei Monaten vollkommen
ausgewachsen, erreichen die Geschlechtsreife aber erst im zweiten Lebensjahr. Die
Weibchen verbinden sich gewöhnlich zu kleineren Kolonien, die Männchen verbergen sich einzeln. Die Braunen Langohren überwintern einzeln, also nicht in Kolonien, und hängen sich oft in verschiedenen Spalten ab. Die Ohrmuscheln dieser Fledermäuse sind mit 14—22 Quermuskelpaaren ausgestattet und können von den Tieren im Ruhezustand harmonikaartig zusammengefaltet werden. An den Seiten der
verhältnismäßig breiten Schnauze befinden sich große Drüsen, die vor allem in der
Zeit des Überfliegens ein stark riechendes, öliges Sekret ausscheiden. Die Fledermäuse reiben damit ihr Fell ein und kennzeichnen ihre Standorte.
Das **Graue Langohr** (*P. austriacus* — **4**) ist der vorangehenden Art sehr ähnlich und
wurde bis vor kurzem mit dieser verwechselt (die Unterschiede sind auf Bild 5 zu
sehen). In einem großen Teil des Verbreitungsgebietes leben beide Arten gemeinsam, das Areal des Grauen Langohrs dehnt sich aber weiter nach Süden, über
Nordafrika bis nach Senegal und auch nach Klein- und Mittelasien aus. Das Graue
Langohr sucht Felsspalten und kleinere Höhlen, in der Kulturlandschaft aber vor allem menschliche Behausungen auf. Es überwintert in unterirdischen Räumen, hängt
dann mehr als das Braune Langohr frei an den Wänden und sucht kaum Mauerspalten auf. In ihrer Biologie unterscheiden sich beide Arten kaum
Das Populationsgebiet, also die Zone, in der sich eine Population sowohl im Winter
als auch im Sommer aufhält, ist bei beiden Arten verhältnismäßig klein. Ende März
oder Anfang April erwachen die Fledermäuse der Gattung *Plecotus* und siedeln in
die Sommerkolonien um. Die Winterquartiere werden Ende Oktober oder Anfang
November aufgesucht. Im August und September, wenn die Sommerkolonien auf-
gelöst werden, dringen einige Jungtiere manchmal auch in Wohnungen ein, und es
kann sogar zu ähnlichen Invasionen wie bei den Zwergfledermäusen kommen. Die
Braunen und Grauen Langohren sind äußerst störungsempfindlich. Werden sie auf-
gescheucht, übersiedelt gewöhnlich die ganze Kolonie an einen anderen, oft kilo-
meterweit entfernten Schlupfwinkel.

	LC (mm)	LAt (mm)	Pa (mm)	G (g)
Plecotus auritus	40—50	34—42	über 6	5—10
P. austriacus	41—60	37—43	unter 6	5—12

Fledermäuse

Ordnung: Flattertiere, *Chiroptera*   Familie: Glattnasen, *Vespertilionidae*

Die **Mopsfledermaus** (*Barbastella barbastellus* — 1) ist so typisch, daß sie mit keiner anderen Art verwechselt werden kann. Die kurze Schnauze und die auf der Stirn verwachsenen Ohrmuscheln verleihen dieser Art das charakteristische Aussehen eines kleinen Mopses. Sie bewohnt Mittel- und Südeuropa, auch Marokko und wird in Vorder- und Mittelasien von der dunkelbraunen, sehr ähnlichen Art *B. leucomelas* vertreten. In Mitteleuropa ist die Mopsfledermaus sehr zahlreich, wir kennen sie aber vor allem von den Winterplätzen her. Diese befinden sich in unterirdischen Räumen, und wir finden hier oft Kolonien, die viele Hunderte oder sogar Tausende Exemplare umfassen. Die Männchen sind dabei stark in der Überzahl, und wir können deshalb annehmen, daß die Weibchen an anderen Stellen, vielleicht in hohlen Bäumen oder Felsspalten, überwintern. Die Mopsfledermaus ist eine kälteresistente Art und fliegt die Winterquartiere spät, erst im Dezember, an. Sie überwintert bei Temperaturen von 0—5 °C. Diese Quartiere verläßt sie meistens schon im März. Im Sommer treffen wir die Mopsfledermaus einzeln in verschiedenen Spalten, Baumhöhlen, unter der Rinde u. ä. an. Sie jagt kleinere Nachtfalterarten, Käfer und Zweiflügler. Das Weibchen wirft gewöhnlich 2 Junge. Wir wissen jedoch über das Leben der Mopsfledermäuse in der aktiven Sommerperiode noch recht wenig.

Die **Langflügelfledermaus** (*Miniopterus schreibersi* — 2, 3) ist eine weitere, sehr charakteristische Art. Die Schnauze ist kurz, der Kopf kugelförmig und die Stirn auffallend gewölbt. Die Ohrmuscheln sind fast ganz im Fell verborgen. Dieses ist auf dem Kopf fast samtig und unterscheidet sich in seiner Struktur deutlich vom Fell der übrigen Körperpartien. Das 2. Glied des dritten Flügelfingers ist fast dreimal so lang wie das erste Glied des gleichen Fingers. Bei den anderen Glattnasen ist dieses Glied nur zweimal so lang. Die Langflügelfledermaus ist von Portugal über ganz Südeuropa verbreitet. Die nördliche Grenze ihres Areals läuft über Südfrankreich, Bayern und Österreich. Es handelt sich um eine Höhlenart, die sich in großen Kolonien versammelt. In dem riesigen Populationsgebiet, das sich über 40 000 km² erstrecken kann, besiedelt sie jedoch nur einige sehr geeignete Gebiete und überfliegt auch große Entfernungen, oft über 200 km. Die Langflügelfledermaus verläßt ihre Schlupfwinkel schon bald nach Einbruch der Dunkelheit, fliegt schnell und jagt vor allem Schmetterlinge. Sie unterscheidet sich von den anderen Fledermäusen auch durch die Biologie der Fortpflanzung. Das Ei wird sofort nach der Paarung im Herbst befruchtet, dann tritt aber eine Zeit der Latenz (verborgene Trächtigkeit) ein, während der der Keimling sich nicht weiter entwickelt. Die ein oder seltener zwei Jungen werden wie bei anderen Fledermäusen im Juni oder Juli geboren.

Die **Bulldoggfledermaus** (*Tadarida teniotis* — 4) ist eine weitere auffällige und unverwechselbare Art. Wir ordnen sie in die besondere Familie *Molossidae* ein, deren Angehörige vor allem in den Tropen der Alten und Neuen Welt weit verbreitet sind. Ein Merkmal dieser Familie ist der lange, frei aus der Flughaut hervorstehende Schwanz. Diese Tiere bevorzugen gegliedertes, felsiges Gelände, leben aber auch in Städten. Sie verlassen ihre Schlupfwinkel noch vor Einbruch der Dunkelheit und fliegen recht hoch, oft in der Gesellschaft von Mauerseglern. Im Mittelmeerraum finden wir sie nur in den wärmsten Gebieten, sie wurden aber auch in der Schweiz entdeckt. Die Bulldoggfledermaus lebt auch in Nordafrika und im Nahen Osten. Über ihre Biologie ist nicht viel bekannt, wir wissen nur, daß das Weibchen gewöhnlich im Juni ein Junges zur Welt bringt.

	LC (mm)	LAt (mm)	G (g)
Barbastella barbastellus	44—59	35—42	6—10
Miniopterus schreibersi	48—63	42—48	8—17
Tadarida teniotis	82—87	58—64	20—50

1

2

3

4

Magot

Ordnung: Primaten, *Primates*   Familie: Tieraffen, *Cercopithecidae*

Der **Magot** (*Macaca sylvanus* — **1**) wird als einziger Affe angesehen, der auch in Europa vorkommt, denn er lebt auf den Felsen von Gibraltar. Wir wissen aber nicht genau, ob er hier ursprünglich beheimatet ist oder, was annehmbarer erscheint, angesiedelt wurde. Auf jeden Fall wurde die Population auf Gibraltar viel Male mit in Nordafrika gefangenen Tieren ergänzt. Heute leben auf Gibraltar in zwei Horden ungefähr 40 Magots. Die eine Horde bewohnt die Felsen der Festung, die andere das Gebiet zwischen den Felsen und der Stadt. Die Affen werden täglich gefüttert, denn es bestehen Bedenken, daß sie sonst in die Stadt eindringen würden. In Nordafrika leben die Magots in den algerischen Departements Alger und Constantine und in Marokko im Jelababergland und in den mittleren und oberen Lagen des Atlasgebirges. Sie suchen felsige, mit Buschwerk und lichtem Wald bewachsene Gegenden auf, an denen sich Quellen oder beständige Wassertümpel befinden. Die Magots bewegen sich meistens am Boden und klettern nur zum Schlafen oder bei Gefahr auf Bäume. Oft übernachten sie auch unter Felsvorsprüngen oder in Höhlen. Die Magots leben in Horden von 12—30 Mitgliedern. Jede Horde wird von einem erwachsenen Männchen angeführt. Die Territorien der einzelnen Gruppen überschneiden sich, und es kommt dann bei Begegnungen zu weniger gefährlichen Scharmützeln.

Der Geschlechtszyklus der Magotweibchen beträgt 27—33 Tage. Während der Brunftperiode schwillt die Umgebung der Geschlechtsorgane an. Die maximale Schwellung liegt zwischen dem 9. und 11. Tag. Die Tragzeit dauert ungefähr 200 Tage, und das Weibchen bringt in der Regel ein Junges zur Welt (**2**).

Wie alle Primaten, zeigen auch die Magots eine sehr charakteristische Art mimischer Verständigung, sie treten untereinander auch, jedoch in geringerem Maße, mit Lautäußerungen in Verbindung. Eine auffallende Geste ist das Drohen, wobei die Tiere das Maul aufreißen und die Eckzähne entblößen (**3**). Eine wichtige Verständigungsfunktion haben auch die Augenlider. Wir können oft beobachten, wie ein Magot dem anderen das Fell durchwühlt (**4**). Diese gegenseitige Pflege hat eine wichtige soziale Bedeutung und ist einer der bestimmenden Faktoren in der Rangstruktur der Horde.

Der Magot gehört heute zu den vom Aussterben bedrohten Arten. Er war einst im ganzen Gebiet von Nordwestafrika sehr zahlreich und kommt heute noch inselförmig vor. Im ganzen leben in Algerien und Marokko ungefähr 25 000 Exemplare, ihre Bestände gehen aber verhältnismäßig rasch zurück. Die Ursache hierfür ist die Vernichtung ihrer Biotope und die Jagd und der Fang für Handelszwecke. In Westeuropa, in der BRD und in Frankreich hat man einige Reservationen angelegt und Magots ausgesetzt. Am bekanntesten sind die Reservate „La Montagne des Singes" in den Vogesen, in Salem am Bodensee und bei Rocamadur in Südfrankreich. Die Magots vermehren sich hier gut und können an zoologische Gärten geliefert werden. Es ist also nicht nötig, die in freier Wildbahn lebende Population durch Abfangen zu stören und zu gefährden.

	LC (cm)	AC (cm)	G (kg)
Macaca sylvanus	60—75	45—50	5—15/20

Marder

Ordnung: Raubtiere, *Carnivora*   Familie: Marder, *Mustelidae*

Auch wenn das **Hermelin** (*Mustela erminea* — **1, 2**) zu den am häufigsten vorkommenden Raubtieren gehört, kennen es die meisten Menschen nur nach dem Pelz, aus dem Königsmäntel und Fürstenhüte gefertigt wurden. Hier handelt es sich natürlich um das Winterfell des Tieres. Das Hermelin ist nämlich bis auf wenige Ausnahmen im Sommer (**1**) anders gefärbt als im Winter (**2**), und gerade der dichte, weiße Pelz mit der schwarzen Schwanzspitze ist von alters her sehr geschätzt. Das Hermelin lebt mit Ausnahme des Mittelmeergebiets in ganz Europa und Nordasien. Am häufigsten tritt es in offenen Landschaftstypen mit Buschbeständen auf und bevorzugt feuchtes Milieu. Es klettert und schwimmt gut. Seine Nahrung besteht aus verschiedenen Nagetieren, aber auch aus Vögeln, Wirbellosen und sogar pflanzlichem Material, zum Beispiel Waldfrüchten. Die Ranz verläuft von Juli bis September und von Februar bis März. Bei Weibchen, die im Winter befruchtet wurden, entwickelt sich der Embryo normal, und die Tragzeit beträgt ungefähr 10 Wochen. Bei Weibchen, die im Herbst befruchtet wurden, wird die Keimentwicklung eingestellt (es kommt zur verborgenen Schwangerschaft), und die Jungen kommen erst nach 8 Monaten zu Welt. Es sind gewöhnlich 3—9 Junge, und sie werden von beiden Partnern gepflegt.

Das **Mauswiesel** (*M. nivalis* — **3**) ist mit Ausnahme von Irland in Europa weit verbreitet und bewohnt ganz Asien und Nordwestafrika. Die nördlichen und im Hochgebirge (zum Beispiel den Alpen) beheimateten Populationen färben sich im Winter in ein weißes Kleid um. Die Schwanzspitze ist dann aber nicht schwarz (Bild 3 zeigt das Übergangskleid). Im größten Teil des Areals aber sind die Wiesel im Sommer und im Winter braun. Die Größe der Tiere schwankt erheblich. Im Norden befinden sich die kleinsten, im Süden, vor allem im Mittelmeerraum, wo das Hermelin fehlt, die größten Unterarten. Außerdem bestehen auch deutliche Geschlechtsunterschiede (Sexualdimorphismus). Die Weibchen sind gewöhnlich viel kleiner als die Männchen. Das Mauswiesel lebt in ähnlichen Gebieten wie das Hermelin, meidet aber feuchtere Stellen. Seine Nahrung besteht vor allem aus Mäusen, Wühlern, die es bis in deren Höhlen verfolgt. Die größeren Männchen jagen meistens über dem Erdboden, und ihre Beute sind auch Ziesel, einige Vogelarten u. ä. Die Hauptzeit der Ranz liegt im Februar und März, es scheint aber, daß sich das Mauswiesel während des ganzen Jahres fortpflanzen kann. Die Trächtigkeit dauert 33—35 Tage. Die Anzahl der Jungen hängt vom Nahrungsangebot ab. Wenn sich die Wühlmäuse übervermehren, kann ein Wurf bis zu 12 Jungtiere enthalten, meistens sind es jedoch 3—7. Die Abdrücke der Vorder- (**5**) und Hinterpfote (**6**) des Hermelins und der Vorder- (**7**) und Hinterpfote (**8**) des Mauswiesels zeigen immer die Zehen mit den Krallen.

Das **Sibirische Wiesel**, der **Kolinsky** (*M. sibirica*) ist vor allem ein Bewohner Asiens. Es lebt im Ural und reicht westlich davon bis nach Kirow und Kuibyschew. Diese Art ist ein typischer Waldbewohner und weicht auch sehr feuchten Stellen nicht aus. Ihre Hauptnahrung sind Nagetiere. Die Ranz dauert von Februar bis März, die Tragzeit 28—30 Tage. Der Wurf enthält 2—10 Junge, die anfangs graugelb gefärbt sind. Der Pelz des Sibirischen Wiesels ist gelborange und sehr geschätzt. Er wird unter der Bezeichnung „Kolinsky-Nerz" gehandelt.

	LC (mm)	LCd (mm)	G (g)
Mustela erminea	170—320	50—120	150—300
M. nivalis	110—260	12—87	30—160
M. sibirica	250—390	133—210	360—820

Marder

Ordnung: Raubtiere, *Carnivora*   Familie: Marder, *Mustelidae*

Der **Europäische Nerz** (*Lutreola lutreola* — **1**) war einst zahlreich in West-, Mittel- und Nordeuropa verbreitet. Er bewohnte vor allem dicht bewachsene Ufer, wurde aber um die Jahrhundertwende fast ganz ausgerottet, und seine Bestände nahmen stark ab. Der Hauptgrund hierfür war wahrscheinlich die Veränderung des Biotops, es kam aber auch zur Verminderung der Populationen dort, wo der Nerz vom Menschen kaum gestört wurde, wie zum Beispiel in den Wäldern Osteuropas. Heute finden wir den Nerz noch in Finnland, sehr selten in Polen und Rumänien und in sehr geringer Zahl auch in Westfrankreich.
Die Nahrung des Europäischen Nerzes besteht aus allen Tieren, die er an den Ufern von Gewässern und im Wasser findet. Er kann gut tauchen und bis zu zwei Minuten unter der Wasseroberfläche verweilen. Die Höhlen, die das Tier in den Uferböschungen gräbt, haben gewöhnlich zwei Ausgänge. Einer davon liegt nahe an der Wasserfläche, der andere mündet steil am Ufer. Die Ranzzeit liegt gewöhnlich im Februar, kann sich aber manchmal bis in den April hinziehen. Die Trächtigkeit dauert 35—42 Tage, und das Weibchen bringt 2 bis 7 Junge zur Welt. Die Jungen sind bei der Geburt aschgrau und verfärben sich erst nach ungefähr einem Monat dunkel. Erwachsene Nerze sind überwiegend dunkel, dunkel- bis schwarzbraun. Nach der Größe könnten wir sie mit den Iltissen verwechseln. Diese sind aber nicht so gleichmäßig gefärbt und auf dem Kopf weißer.
Der amerikanische Nerz, der **Mink** (*L. vison* — **2**) ist in den Laubwaldgebieten Nordamerikas zuhause, wird aber seines Pelzes wegen schon über hundert Jahre in Farmen gezüchtet. Die heutige jährliche Weltproduktion beträgt ungefähr 24 Millionen Nerzpelze. Auch in Europa entstand eine ganze Reihe von Farmen, aus denen von Zeit zu Zeit Minks ausrissen und so die Grundlage zu verwilderten Populationen legten. An manchen Stellen wurde der Mink auch planmäßig ausgesetzt. In der UdSSR wurden zum Beispiel an 50 Orten 3700 Exemplare angesiedelt. Dort, wo der Mink mit dem Europäischen Nerz zusammentrifft, verdrängt er ihn und trägt so zu dessen Verschwinden bei.
Die Ranz des Minks beginnt etwa um einen Monat früher als die des Europäischen Nerzes. Die Tragzeit schwankt zwischen 36 und 75 Tagen (in manchen Fällen tritt nämlich eine kurze Latenz ein).
Seit den dreißiger Jahren treten in den Farmzuchten des Minks farbige Mutationen auf, von denen einige sehr geschätzt werden. Die farbigen Nerze werden entsprechend dem Farbton in Gruppen-Reihen unterteilt.
Das sind die blaue (**3**), braune (**4**), beige und weiße rezessive Reihe und die Gruppe der dominanten farbigen Nerze (**5**). Die Standardnerze (d. h. in ursprünglicher Färbung) werden nach der Farbsattheit in „dark", „extra dark" und „extra extra dark" eingeteilt. Hier ist bestimmend, wie weit sich die Deckhaare dem Schwarz nähern und die Wollhaare ihre Brauntöne verlieren. Der Pelz ist aber nicht das einzige Produkt, das die Nerze den Farmern liefern. Wenn das Fell von den toten Tieren abgezogen ist, wird das Unterhautfett gesammelt. Es wird zur Herstellung sehr guter kosmetischer Cremes verwendet.

	LC (mm)	LCd (mm)	G (g)
Lutreola lutreola	280—430	120—190	550—800
L. vison	300—600	158—194	600—800 (in der Natur)
			800—2 500 (in Farmen)

1

3

5

2

4

Marder

Ordnung: Raubtiere, *Carnivora*   Familie: Marder, *Mustelidae*

Der **Iltis** (*Putorius putorius* — **1**) ist mit Ausnahme von Irland, Nordskandinavien, der Adriaküste und dem Süden der Balkanhalbinsel über ganz Europa verbreitet. Die östliche Grenze seines Areals sind Wolga, Don und Ural. In Afrika tritt er im Nordwesten Marokkos auf. Er lebt vor allem in Feldern, an Gewässern und an Waldrändern, sehr oft treffen wir ihn auch am Rand von Ansiedlungen an. Der Iltis führt ein überwiegend nächtliches Leben, und seine Nahrung reicht von Insekten bis zu kleineren Säugern. Ausnahmsweise frißt er auch Früchte und anderes Pflanzenmaterial. Er kann gut klettern und schwimmen. Sein Unterschlupf befindet sich meistens über dem Erdboden in Schuppen, Holzhaufen u. ä. Die Ranz verläuft von Februar bis Mai. Das Weibchen ist 40—43 Tage trächtig und wirft 3—8 Junge. Diese sind anfangs hell und erhalten erst nach 4—5 Wochen ihre dunkle Färbung. Sie bleiben oft bis zu einem Alter von 5 Monaten mit der Mutter zusammen. Die Abdrücke der Vorder- (**4**) und Hinterpfoten (**5**) ähneln denen des Marders, sind aber entsprechend kleiner. Wir finden sie meistens am Wasser im Schlamm. Der Kot (**6**) ist dünn und in der Regel länger als 5 cm.

Der **Steppeniltis** (*Putorius eversmanni* — **2**) bewohnt Südosteuropa und reicht östlich bis nach Nordasien und Nordindien. Im Westen dringt er bis nach Österreich, in die Tschechoslowakei und die östlichen Teile der DDR vor. Er lebt in der offenen Landschaft, in Steppen und Kultursteppen, also immer in trockenen Biotopen. Seine Lebensweise ähnelt der des Iltis, er verbirgt sich jedoch oft in Höhlen, vor allem in den Löchern der Ziesel und Maulwürfe. Die Paarungszeit erstreckt sich von Februar bis März. Das Weibchen ist 36—43 Tage trächtig. Die Zahl der Jungen ist beim Steppeniltis größer als beim gewöhnlichen Iltis, und ein Wurf kann über 10 Tiere enthalten. Die Nahrung besteht überwiegend aus Nagetieren, vor allem aus Zieseln. Wir können beide Iltisarten gut an der Färbung unterscheiden. Der Steppeniltis ist im ganzen, besonders aber in der Mittelpartie des Körpers heller und trägt ein dunkles Schwanzende. Die Gesichtsmaske ist wenig ausgeprägt.

Der **Tigeriltis** (*Vormela peregusna* — **3**) bewohnt vor allem Asien und lebt von Kleinasien bis zur Mongolei. In Europa treffen wir ihn in den östlichen Gebieten der Balkanhalbinsel und an der Küste des Schwarzen Meeres, selten auch in Südjugoslawien an. Im europäischen Teil seines Areals wird der Tigeriltis aber immer seltener und verschwindet. Er lebt in Steppen, Halbwüsten und Wüsten und jagt vor allem Nagetiere. Die Ranzzeit liegt am Winterende, das Weibchen ist ungefähr 2 Monate trächtig und wirft 4—8 Junge. Die Biologie dieser Art ist nur unzureichend bekannt. Es scheint, daß sich auch das Männchen an der Pflege der Jungen beteiligt.

Alle marderartigen Raubtiere besitzen gut ausgebildete Duftdrüsen, die auf beiden Seiten des Afters liegen. Diese Analdrüsen dienen vor allem zur Markierung mit dem Sekret, sie sind aber bei Iltis und Steppeniltis besonders groß und dienen gegebenenfalls auch zur Abwehr. Das Tier kann den gesamten Inhalt auf einmal entleeren (zum Beispiel wenn es erschrickt) und seine Umgebung so mit Gestank verpesten, daß der Feind von weiteren Belästigungen absieht.

	LC (mm)	LCd (mm)	G (g)
Putorius putorius	310—480	110—210	500—2 000
P. eversmanni	320—560	80—180	480—2 000
Vormela peregusna	270—350	120—205	370— 715

3

1

4

5

6

2

Marder

Ordnung: Raubtiere, *Carnivora*   Familie: Marder, *Mustelidae*

Der **Steinmarder** (*Martes foina* — **1**) ist in ganz Europa südlich der Ostsee bis zu den Mittelmeerinseln und über Kleinasien bis nach Mittelasien verbreitet. Wir treffen ihn an Waldrändern, in gegliedertem Gelände mit genügend Schlupfwinkeln und auch innerhalb menschlicher Ansiedlungen einschließlich der Großstädte. Er geht tagsüber und nachts auf Jagd, dort, wo er gestört wird, verlegt er sich aber auf ein ausgesprochen nächtliches Leben. Der Steinmarder ernährt sich von Nagetieren (in menschlichen Ansiedlungen machen Wanderratten 80 % seiner Nahrung aus), kleineren Vogelarten und nimmt auch Nester aus. Er frißt zum Teil auch Früchte und Obst. Die Ranzzeit liegt im Juli und August. Weibchen, die in dieser Zeit nicht befruchtet werden, ranzen im Februar oder März erneut. Die Jungen werden von März bis Mai geboren. Bei den im Sommer befruchteten Weibchen kommt es nämlich zu einer vorübergehenden Einstellung der Embryonalentwicklung, so daß die verlängerte oder verheimlichte Trächtigkeit 8 Monate dauert, während die im Frühling befruchteten Weibchen nur 2 Monate trächtig sind. Der Brustlatz des Steinmarders ist fast weiß und reicht bis auf die Vorderbeine (mit Ausnahme des auf Kreta lebenden Marders — *Martes foina cretica* — **4**).

Der **Baummarder** (*M. martes* — **2**) lebt von den Pyrenäen über ganz Europa bis zur nördlichen Waldgrenze, auf dem Balkan bis nach Mazedonien und dann über Kleinasien annähernd bis 80° ö. L. Der Kehlfleck ist gelblich bis dotterfarben-orange und in Form und Größe unregelmäßig. Er verjüngt sich auf der Brust keilförmig und erreicht die Vorderbeine nicht. Der Baummarder ist ein typischer Bewohner der Waldgebiete, in den Waldsteppen und Steppen fehlt er. Er jagt überwiegend in der Dämmerung und nachts, klettert ausgezeichnet, kann sich auf dünnen Astspitzen bewegen und ist in der Lage, bis zu 3,5 m weit von Baum zu Baum zu springen. Seine Nahrung besteht vor allem aus Nagetieren. Sehr oft fängt er Eichhörnchen, aus Hohlräumen auch Fledermäuse und Vögel, die sich auf den Bäumen aufhalten. Im Herbst ergänzt er seinen Speisezettel mit Waldfrüchten von Bäumen und Sträuchern. Die Ranz findet im Juli und August statt. Die Marder melden sich in dieser Zeit oft mit lauten Schreien. In der Keimentwicklung tritt eine Ruhepause, eine Latenz ein, so daß die gesamte Tragezeit 8—9 Monate dauert und die Jungen im April oder Mai geboren werden. Sie verbleiben noch bis zum Alter von 7 Wochen im Nest, das sich gewöhnlich in einem hohlen Baum befindet. Nach dem Verlassen des Nestes halten sie sich noch während des Sommers in der Nähe der Mutter auf. Die Trittspuren (**5**) zeigen 5 Zehen mit Krallen. Sie können bei beiden Arten nur schwer unterschieden werden. Der Kot ist kürzer als 4 cm, spitz ausgezogen und enthält oft Kerne und Samen.

Der **Zobel** (*M. zibellina* — **3**) bewohnt die Taiga und gegebenenfalls auch Nadelwälder. Er siedelte einst in den nördlichen Gebieten Europas, verschwand dank der intensiven Jagd auf seinen herrlichen Pelz aber schon im 10. Jahrhundert aus Skandinavien und Finnland. Noch vor 300 Jahren lebten Zobel in Litauen, Weißrußland und der Gegend von Smolensk. Heute sind sie in ganz Europa ausgerottet und gehen auch in den anderen Teilen des Areals, das sich über ganz Nordasien bis nach Japan erstreckt, zurück. Während des 20. Jahrhunderts haben sich die Zobelbestände auf ungefähr ein Hundertstel verringert. Dort, wo der Zobel mit dem Baummarder zusammentrifft, kam es deshalb aus sexueller Not zur Paarung zwischen beiden Arten, und es entstanden Bastarde. Die Nahrung des Zobels besteht vor allem aus im Boden lebenden Nagetieren. Die Ranz verläuft im Juli und August. Der Embryo wird jedoch erst im Februar oder März plazentiert. Die Jungen werden von März bis Mai geboren.

	LC (cm)	LCd (cm)	G (g)
Martes foina	38—60	23—32	950—2 100
M. martes	38—59	18—28	800—1 750
M. zibellina	32—46	14—28	900—1 800

Dachs

Ordnung: Raubtiere, *Carnivora*   Familie: Marder, *Mustelidae*

Der **Dachs** (*Meles meles* — **1, 2**) ist mit Ausnahme von Skandinavien in ganz Europa verbreitet, er lebt auch auf Kreta, in Kleinasien und von hier bis in den Fernen Osten. In diesem Areal bildet er drei deutlich voneinander abweichende Gruppen von Unterarten, die sich sowohl in der Färbung wie auch in der Größe unterscheiden. Für das in diesem Buch behandelte Gebiet kommen zwei Kreise in Frage, deren Grenze die Wolga ist. Die im Westen lebenden „europäischen" Dachse sind größer, silbergrau gefärbt und mit einer markanten Maske ausgestattet. Im Osten und in den Steppen des Wolga-Ural-Gebiets leben „Sand"-Dachse (**3**). Sie sind kleiner, graugelb gefärbt und tragen eine kleine Maske. Die „europäischen" Dachse bewohnen die Waldzone, die „Sand"-Dachse die Steppenzone. Ihre meiste Zeit verbringen die Dachse unter der Erde. Wenn sie keine geeigneten natürlichen Schlupfwinkel in Felsen finden, graben sie sich ausgedehnte unterirdische Höhlensysteme, die mehrere Dutzend Meter lang sein und in Tiefen bis zu 3 m führen können. Die Tiere verlassen den Bau erst in der Dämmerung, sonnen sich aber auch gern an gedeckten Stellen des Territoriums. Wir können den Dachs als Allesfresser bezeichnen, obwohl die tierische Nahrung überwiegt. Er ist bei der Nahrungssuche nicht wählerisch und verzehrt neben verschiedenen Lebewesen (Insekten, Schnecken, Regenwürmer, Kleinsäuger, Frösche und Jungvögel) auch Aas, Vogeleier, Früchte und Wurzeln von Waldpflanzen. In Hinblick auf dieses Sortiment ist das Areal der Tiere nicht besonders groß, sie entfernen sich höchstens 1 bis 5 km vom Bau. Sie suchen die Nahrung mit dem Geruchssinn und fauchen und grunzen dabei oft laut. Im Herbst werden die Dachse feist, sie legen unter der Haut erhebliche Fettreserven an und fallen dann von Oktober bis Februar in den Winterschlaf, der recht oft von kurzen aktiven Perioden unterbrochen wird. Diese Erscheinung nennen wir unechten Winterschlaf. Bei warmer Witterung und in Gebieten mit mildem Klima halten die Dachse keine Ruhe. Die Paarung erfolgt von Juli bis September, was jedoch in den einzelnen Gebieten des Areals verschieden ist, und sie kann jederzeit von Januar bis Oktober stattfinden. Bei einigen Weibchen kommt es zur verlängerten Tragzeit (mit Latenzzeit in der Keimentwicklung), bei anderen entwickelt sich der Keimling normal. Dementsprechend dauert die Trächtigkeit 7 bis 15 Monate. Ein Wurf enthält 1 bis 5 Junge, die 2 bis 3 Monate von der Mutter gestillt werden. Die Dachse kommen blind und locker mit weißen Haaren bewachsen zur Welt. Nach ungefähr 30 Tagen öffnen sich die Augen, und die Zähne dringen durch. Am Sommerende werden die Tiere selbständig, verbleiben aber oft noch während des ganzen Winters bei der Mutter (**4**). Dachse sind keine Einsiedler. In einem Bau leben oft mehrere Familien, die einzelnen Familien besuchen sich gegenseitig häufig. Die Paare bleiben sich in der Regel während des ganzen Lebens treu. In der Spur drückt der Dachs gewöhnlich nur den vorderen Teil des Fußes, 5 gestreckte Zehen und die kräftigen Krallen ab. Wenn er mit dem ganzen Fuß auftritt, ist die Spur bis 11 cm lang (**5** — Vorder-, **6** — Hinterpfote). Die Fußstapfen sind mit den Spitzen nach innen gerichtet, und die hintere Spur überdeckt teilweise immer die vordere. Der Dachskot (**7**) schließt stumpf ab und enthält Flügeldecken von Käfern und oft auch Kerne und Spelzen von Früchten.

	LC (cm)	LCd (cm) (g)	G
Meles meles	60—90	11—24	7—24

Vielfraß

Ordnung: Raubtiere, *Carnivora* Familie: Marder, *Mustelidae*

Der **Vielfraß** (*Gulo gulo* — **1, 2**) lebt heute selten noch in Norwegen, Schweden, Nordfinnland und in der gesamten Zone der Taiga und Tundra Europas, Asiens und Nordamerikas. Noch in den dreißiger Jahren unseres Jahrhunderts kam er am Finnischen Meerbusen vor, bewohnte zu Beginn des Jahrhunderts den Urwald von Bjelowesch und die Pripjetsümpfe in Polen und reichte am Ende des 18. Jahrhunderts bis in das Gebiet von Kiew. Die Populationen des Vielfraßes sind sehr locker, die Territorien der einzelnen Tiere riesig, sie erstrecken sich von 200 bis 1 600 km². Die Größe des Jagdreviers hängt von vielen Umständen ab, zum Beispiel von der Gliederung des Geländes, der überwiegenden Nahrungsart und von den klimatischen Verhältnissen. Die Territorien der Männchen sind 2—3 mal größer als die der Weibchen. Die Grenze des Territoriums wird vom Vielfraß mit dem Sekret der Analdrüsen gekennzeichnet (**3**). Der Vielfraß ist meist ein Nachttier, jagt aber in den Gebieten mit langer Polarnacht vor allem zu den helleren Tageszeiten. Im Frühling besteht der Hauptteil der Nahrung des Vielfraßes aus den Eiern der am Boden nistenden Vögel und den Vögeln selbst. Wenn die Waldfrüchte reifen, sammelt er Himbeeren, Heidelbeeren, Rauschbeeren u. ä., er gräbt auch Wespennester aus und frißt die Larven und Puppen und jagt Schneehasen. Im Winter fallen dem Vielfraß auf dem Schnee immer mehr größere und große Säugetierarten zum Opfer. Er jagt Rehe, aber auch Hirsche und Rentiere und verfolgt sogar Füchse, selten nur Wölfe. Oft vertreibt er andere Raubtiere von ihrer Beute, die er sich dann aneignet. Ein großer Teil der Nahrung des Vielfraßes besteht aus Aas. In manchen Gegenden zieht er dieses der Jagd auf lebende Beute vor. Der Vielfraß hat ein kräftiges Gebiß und einen massiven Schädel mit einem großen Kamm (**4**). Im Winter hat der Vielfraß keine feste Behausung. Wir finden ihn oft unter verschneiten, tief hängenden Ästen von Fichten und Tannen, manchmal gräbt er sich im Schnee eine Höhle. Für die Aufzucht der Jungen gräbt der Vielfraß im Erdreich oder im Schnee tiefere Höhlen, die er mit Moos und trockenem Gras auspolstert. Die Länge eines solchen Nestbaus beträgt bis zu 20 m. Die Paarung ist von April bis Juni, es scheint aber, daß die Weibchen in manchen Gebieten auch zu anderen Jahreszeiten befruchtet werden können. Die eigentliche Tragzeit beträgt ungefähr 2 Monate, in der Keimentwicklung tritt eine Ruhezeit auf. In der Regel werden die Jungen von Februar bis März geboren. Ein Wurf enthält 2—3 Tiere, die bis zum nächsten Frühling mit der Mutter zusammenbleiben. Die Jungen sind bei der Geburt ziemlich wenig entwickelt, ihr Gewicht beträgt 300—600 g, ihre Augen öffnen sich erst nach fünf Wochen, und sie werden 3 Monate gesäugt. Bis zum Alter von 7—8 Wochen haben die Vielfraßjungen ein helles, graugelbes Fell. Es wird dann durch einen einfarbigen dunkelbraunen Pelz ersetzt, den die Tiere bis zum Alter von einem Jahr tragen. Dann verfärben sie sich in das Kleid der Erwachsenen.
Mit dem Vielfraß ist eine ganze Reihe von Mythen verbunden, die bei Lappländern, Eskimos, Indianern und Mongolen in den Grundzügen übereinstimmen. Der Vielfraß wird als Verkörperung des Teufels, als ein in ein Tier verwandelter Verbrecher oder als „schwarzer Jäger" angesehen. Es ist besser, ihn überhaupt nicht zu erwähnen. Aber auch moderne Jäger bestätigen, daß der Vielfraß ein seltsames Tier ist, das man nicht so leicht antrifft und das gewöhnlich aus jeder Falle entwischt.

	LC (cm)	LCd (cm)	G (kg)
Gulo gulo	70—105	13—23	15—45

2

3

1

4

Fischotter

Ordnung: Raubtiere, *Carnivora*   Familie: Marder, *Mustelidae*

Der **Fischotter** (*Lutra lutra* — **1, 2**) bewohnt außer den nördlichsten Gebieten ganz Europa und Asien und das indo-malaiische Gebiet bis Java. In Nordafrika lebt er in Algerien und Marokko. Er kommt an Gewässern vor und bevorzugt dabei sauberes Wasser, gleich ob es steht oder fließt, und gegliederte Ufer mit genügend Schlupfwinkeln. Der Otter gräbt im Ufer seinen Bau, dessen Ausgang unter dem Wasserspiegel mündet. Neben dem Hauptbau legt er noch einige flachere Nebenhöhlen an. Er ist ein ausgezeichneter Schwimmer (**3**) und Taucher, der bis zu vier Minuten unter der Wasseroberfläche verweilen kann. Der zylindrische Körper stellt dem Wasser nur geringen Widerstand entgegen, der Schwanz dient als Steuer, die kurzen, kräftigen Beine mit den Schwimmhäuten zwischen den Zehen werden als Ruder verwendet. Die Nasen- und Ohrenöffnungen sind bei der Bewegung unter Wasser mit einer Hautfalte verschlossen. Die Orientierung im trüben Wasser und beim Durchkriechen der Höhlen wird den Fischottern durch die langen Tasthaare an der Schnauze ermöglicht. Seine Hauptnahrung besteht aus Fischen. Außerdem jagt der Otter auch Krebse, verschiedene Nagetiere, Vögel, Frösche und auch Insekten. Die Jagd erfolgt meistens nachts. Der Otter frißt seine Beute am Ufer oder auf Steinen, die über das Wasser herausragen (**4**). An diesen Stellen bleiben dann Beutereste liegen. Ähnlich verrät das Tier seine Anwesenheit auch mit der Spur (**5** — Vorder-, **6** — Hinterpfote) und dem Kot, den es als optische und Geruchsmarkierung an auffallenden Stellen ablegt (**7**). Der Fischotter ist ein ziemlich großes Tier und benötigt täglich ungefähr 700 g Nahrung. Sein Jagdrevier ist deshalb recht groß und erstreckt sich manchmal bis zu 30 km entlang dem Gewässer. Das ist auch ein Grund dafür, daß diese Art verhältnismäßig verstreut und nirgends zahlreich vorkommt. Die Paarungszeit liegt in der ersten Jahreshälfte, die Tiere ranzen von Februar bis Juni, können sich offensichtlich aber während des ganzen Jahres befruchten, denn die Jungen tauchen in jedem beliebigen Monat auf. Die Keimentwicklung dauert etwa 63 Tage, es kann aber manchmal zur Verzögerung der Tragzeit kommen, die sich dann auf 9 bis 10 Monate ausdehnt. Ein Wurf enthält meist 2—4 Junge. Ihre Augen öffnen sich zwischen dem 31. und 34. Tag. Das Wasser suchen die Jungen nach 10 Wochen zum ersten Mal auf. Sie bleiben fast das ganze erste Jahr bei der Mutter. Anfangs kümmert sich auch das Männchen um den Nachwuchs. Im Alter von zwei bis drei Jahren sind die Tiere geschlechtsreif. In der Zeit, in der sie ihr Jagdrevier suchen, unternehmen sie lange Streifzüge; man kann sie aber auch weit vom Wasser entfernt antreffen.

Der Fischotterpelz ist sehr dicht und dauerhaft. Das Tier wurde deshalb schon seit alters her gejagt und in vielen Gebieten völlig ausgerottet. In letzter Zeit wird sein Aussterben (vor allem in Europa) auch durch die Verunreinigung und die Regulation der Wasserläufe beschleunigt. Der Fischotter gelangte so auf die Liste der bedrohten Tiere, und die meisten Staaten ergriffen Maßnahmen für seinen Schutz. Es ist interessant, daß dort, wo die Wasserläufe gereinigt wurden, sich auch die Fischotterbestände wieder erholten. Die Rettung dieses Tieres liegt in Europa also ganz in der Hand des Menschen. In der Natur spielen die Jungtiere gern und richten sich an den steilen Ufern Rutschbahnen ein, auf denen sie sich dann tummeln. In menschlicher Pflege werden sie leicht zahm.

	LC (cm)	LCd (cm)	G (kg)
Lutra lutra	57—90	30—55	4—16

1

2

3

4

5

6

7

Braunbär
Ordnung: Raubtiere, *Carnivora*   Familie: Bären, Ursidae

Der **Braunbär** (*Ursus arctos* — **1**) bewohnte einst fast ganz Europa, das gesamte nördliche Gebiet Asiens und Nordamerikas. Die Zivilisation und die Veränderung der ursprünglichen Natur in Kulturlandschaften ist natürlich mit der Existenz großer Raubtiere unvereinbar, und der Bär lebt deshalb heute nur noch dort, wo er dem Menschen erfolgreich ausweichen kann. Das ist vor allem in Gebirgen, ausgedehnten Waldkomplexen und abgelegenen Landschaften möglich. Trotzdem sind die Bärenbestände in Europa niedrig. Entsprechend den Angaben, die der Internationalen Union zum Schutz der Natur und natürlicher Quellen zur Verfügung stehen, gibt es die meisten Bären in Rumänien und Jugoslawien, in geringer Anzahl leben sie auch in Bulgarien, der Tschechoslowakei, in Finnland, Frankreich, Griechenland, Italien, Norwegen, Polen, Schweden und Spanien. In der UdSSR kommt der Bär noch verhältnismäßig oft vor. Dort, wo er nicht verfolgt und gestört wird, ist er auch tagsüber aktiv, hat sich aber unter dem Einfluß des Menschen meistens völlig auf das Nachtleben umgestellt. Die Bären leben einzeln, und wir finden nur zur Paarungszeit und während des Nachwuchses mehrere Tiere zusammen. Der Winterschlaf der Bären ist nicht echt, sie erwachen in dieser Zeit recht oft und gehen auf Nahrungssuche.

Der Bär ist ein Allesfresser und verzehrt außer Fleischnahrung aller Art, einschließlich des Aases, auch Waldfrüchte und Obst und besucht auch Felder, wo er seine Nahrung mit Maiskolben u. ä. bereichert. Die Paarung findet von April bis Juli statt. Die eigentliche Embryonalentwicklung dauert nur 8—10 Wochen, da aber eine Latenzzeit eintritt, verlängert sich die gesamte Trächtigkeit auf 7—9 Monate. Das Weibchen bringt die Jungen während der Winterruhe zur Welt. Sie sind nur wenig entwickelt, ungefähr 20 cm groß und etwa 500 g schwer. Sie können ungefähr 4 Wochen nicht sehen und verbleiben 1/4 Jahr im Bau. Die Mutter stillt etwa 4 Monate (**2**). Die Jungbären leben zwei bis drei Jahre mit der Mutter zusammen. Die herangewachseneren Bären sind sehr lebhaft und klettern gewandt (**3**). Ein Wurf enthält meistens zwei Junge. Ihre Geschlechtsreife erreichen die Tiere frühestens im vierten Lebensjahr.

In Syrien, Kleinasien, dem Iran und im Kaukasus lebt eine deutlich unterschiedene Bärenrasse, der *Ursus arctos syriacus* (**4**). Dieser Bär ist kleiner als die in Europa lebenden Tiere und gelbbraun bis falb gefärbt, auch die Fußkrallen sind hell. Die Existenz dieses Bären ist stark gefährdet, und er stellt eine der Unterarten dar, die im „Red Data Book" als eine vom Aussterben bedrohte Form eingetragen ist. In Nordwestafrika, in Marokko, lebte der Bär vielleicht noch zu Beginn der historischen Zeit. Er wurde hier jedoch ausgerottet, und wir haben von ihm nur durch subfossile Funde Kenntnis.

Die Reviere der einzelnen Bären sind groß und erreichen einige Tausend Hektar. Der Bär durchstreift dieses Gebiet ständig und markiert es einmal mit seinem Kothaufen, zum anderen damit, daß er von einigen Bäumen die Rinde bis zu 2 m Höhe abschält und sich an diesen Stellen den Rücken reibt. Dadurch hinterläßt er außer den Spuren seiner Tatzen auch die Geruchsspuren seines Körpers. Der Schädel des Bären ist massiv, die Reißzähne sind nicht unterschieden, in der hinteren Hirnschale befinden sich kräftige Kämme (**5**). Die Vordertatzen (**7**) drücken sich gewöhnlich nur mit den Zehen und Krallen und einem kleinen Teil des Fußes ab, die Hintertatzen (**6**) erscheinen vollständig in der Spur.

	LC (cm)	LCd (cm)	G (kg)
Ursus arctos	150—250	6—14	120—400

1

5

4

3

7

6

2

Eisbär

Ordnung: Raubtiere, *Carnivora*   Familie: Bären, *Ursidae*

Heimat der **Eisbären** (*Thalarctos maritimus* — **1**, **5** — Schädel) sind die nördlichen Polargebiete. Ein Teil der Population lebt auf Eisschollen, durch deren Bewegung die Bären bis zum Nordpol gelangen, der andere Teil der Population lebt aber ständig auf dem Festland. Die Eisbären von Spitzbergen schwimmen zur norwegischen Küste, die von Grönland nach Island. Eisbären sind ausgezeichnete Schwimmer, und wir können einzelne Exemplare auch sehr weit auf dem offenen Meer antreffen. Die Eisbären sind Streuner, sie unternehmen lange Reisen, wobei sie sich aktiv bewegen oder passiv auf Eisschollen schwimmen. Nur die Weibchen sind zur Zeit, in der sie die Jungen aufziehen, seßhaft. Das Meer ist jedoch die ständige Heimat der Bären, und sie entfernen sich nie weiter als 1—2 km vom Wasser. Die Nahrung der Eisbären besteht vor allem aus Wassersäugetieren und Fischen, im Sommer auch aus Vögeln und deren Eiern. Landsäugetiere werden vom Eisbären kaum gejagt. Fast 70 % der Beute sind Robben—Seehunde und Walrosse —, ungefähr 30 % sind Fische, und den kleinen Rest machen andere Lebewesen und selten auch Pflanzen, Meeresalgen und Moose aus. Die harten Bedingungen in der Arktis machen den Eisbären die Jagd oft unmöglich, und die Tiere sind dann gezwungen, längere Zeit zu hungern. Sie können aber, wenn genügend Nahrung vorhanden ist, unwahrscheinliche Mengen auf einmal fressen. Auf Franz-Josef-Land wurde im Magen eines erlegten Eisbären 41 kg! Fleisch gefunden. Das ist jedoch eine Ausnahme, und der Eisbär frißt unter normalen Umständen 6—8 kg Fleisch.
Die Fortpflanzungszeit beginnt entsprechend den einzelnen Verbreitungsgebieten verschieden am Frühlingsende oder zu Beginn des Sommers. Die Bärin ist ungefähr 8 Monate (230—250 Tage) trächtig und bringt dann die Jungen in einem Lager zur Welt, das sie im Schnee oder Eis gegraben hat (**2**). Dieses Lager ist ungefähr 160—180 cm lang und 100—120 cm hoch. Seine Länge wächst aber bei Weibchen mit mehreren Jungen bis auf 260 cm an. Die Höhle ist mit der Außenwelt durch einen Lüftungsgang verbunden, im Lager selbst herrscht eine Temperatur von 20 °C und mehr. Erstgebärende Weibchen haben nur ein Junges, ältere Tiere zwei, seltener drei oder sogar vier Nachkommen. Die Jungen sind sehr schwach entwickelt, sind blind und fast nackt. Ihr Gewicht beträgt gegen 500 g. Die Augen öffnen sich erst nach einem Monat. Nach 1 1/2 bis 2 Monaten stoßen die Milchzähne durch (Schneide- und Eckzähne). Werden die kleinen Bären getragen, rollen sie sich nicht zusammen, sondern hängen starr und bewegungslos (**3**). Die jungen Bären verbleiben 2 Jahre bei der Mutter und wachsen innerhalb von 3—4 Jahren zur Geschlechtsreife heran. Die Weibchen gebären jedes zweite Jahr. Kommen sie aber auf irgendeine Art um ihr Junges, werden sie erneut brünstig und können zweimal hintereinander trächtig sein. Die Fortpflanzungsrate der Eisbären ist also gering. In den arktischen Gebieten wurden die Eisbären seit alters her von den Eskimos gejagt. Diese Jagd konnte die Existenz der Tiere aber nicht gefährden. Im 17. und 18. Jahrhundert begannen Jäger, Walfänger und Pelzhändler in das Polargebiet vorzudringen und die Eisbärenjagd zu intensivieren. In den dreißiger Jahren des vergangenen Jahrhunderts wurden jährlich über 2 000 Tiere erlegt. Erst 1965 wurden Maßnahmen zur Erhaltung dieser Art getroffen, und heute ist die Jagd auf Eisbären verboten.

	LC (cm)	LCd (cm)	G (kg)
Thalarctos maritimus	160—250	8—10	400—450

3

4

1

5

2

Schleichkatzen
Ordnung: Raubtiere, *Carnivora*   Familie: Schleichkatzen, *Viverridae*

Die **Ginsterkatzen** (*Genetta genetta* — 1) sind kleine, bunt gefärbte Raubtiere, die wir in der Natur nur selten antreffen. Sie sind ausschließlich nachtaktiv und leben darüber hinaus sehr verborgen. In Europa kommen sie in Spanien, Südfrankreich, auf den Balearen und seltener auch in Süddeutschland, der Schweiz und Belgien vor. Im Mittelmeerraum leben sie in Nordafrika von Marokko bis Ägypten, in Kleinasien, Palästina und Arabien. Nach Süden hin bewohnt die Ginsterkatze mit Ausnahme der Sahara ganz Afrika. Ihr Lebensraum sind Wälder und trockene Savannen. Sie verbirgt sich im dichten Pflanzenwuchs, in Felsen und in verlassenen Gebäuden. Da sie sehr gut klettert, finden wir sie auch in Baumhöhlen. Sie frißt kleine Nagetiere, Vögel, Kriechtiere, Insekten und sammelt in geringem Maße auch verschiedene Früchte und Obst.
Die Ginsterkatze lebt als Einzelgänger und kommt nur während der Fortpflanzungszeit paarweise vor. In dieser Zeit meldet sie sich mit miauenden Lauten. Die Tragzeit beträgt 70 bis 80 Tage, ein Wurf enthält 2 bis 5 Junge. Die meisten Weibchen gebären einmal und nur ausnahmsweise zweimal jährlich. Die Jungen kommen blind und nur mit kurzen Flaumhaaren bedeckt zur Welt. Diese Behaarung zeigt aber schon deutlich die typischen Flecken. Nach ungefähr drei Wochen verlassen die Jungen das Nest und streichen noch einige Zeit mit der Mutter umher.
Ein weiterer Vertreter der Familie Schleichkatzen ist der **Ichneumon** (*Herpestes ichneumon* — 2). Er bewohnt den südwestlichen Teil der Pyrenäenhalbinsel, ganz Nordafrika und den Nahen Osten. Nach Süden ist er mit Ausnahme der Urwälder über ganz Afrika verbreitet. Er wurde in Jugoslawien auf der Insel Mljet ausgesetzt. Der Ichneumon bevorzugt dichte Pflanzenbestände und hält sich gern in der Umgebung von Gewässern auf. In seiner Nahrung überwiegen wirbellose Tiere und verschiedene Früchte, er jagt aber auch verschiedene Landwirbeltiere und Fische. Die Ichneumons sind Tagtiere, sie sind jedoch auch in klaren Mondnächten aktiv. Sie leben meistens als Einzelgänger und nur manchmal als Paare. Als Unterschlupf dienen den Tieren Steinhaufen, felsige Stellen und die verlassenen Höhlen verschiedener Tiere. Eigene Unterkünfte graben sie sich nur selten. Es scheint, daß die Paarung zu jeder Zeit im Jahr stattfinden kann. Das Weibchen ist 55 bis 65 Tage trächtig und wirft in der Regel 2—4 Junge. Es ist gegen Störungen überaus empfindlich und siedelt bei dem geringsten Verdacht mit dem gesamten Wurf an eine andere Stelle um. Der Schädel des Ichneumons (5) hat im Gegensatz zum Schädel der Ginsterkatze (4) geschlossene Augenhöhlen, eine lang eiförmige Hirnschale und eine verhältnismäßig breite Verengung zwischen den Augenhöhlen.
Ungefähr 1960 wurde in Italien der **Mungo** (*Herpestes edwardsi* — 3) ausgesetzt. Diese Art ist in Südwestasien verbreitet und reicht von hier über Afghanistan und den Irak bis in den Iran. Der Mungo ist durch seine Jagd auf sehr giftige Schlangen, zum Beispiel die Kobra, populär. Er ist jedoch gegen Schlangengift nicht immun, verträgt aber eine sechsmal stärkere Dosis als zum Beispiel ein Kaninchen. In seiner Biologie unterscheidet sich der Mungo nicht vom Ichneumon.

	LC (cm)	LCd (cm)	G (kg)
Genetta genetta	40—55	40—50	1,3—2,25
Herpestes ichneumon	45—60	35—60	1,9—4,0
H. edwardsi	35—45	35—40	1,2—1,5

Hyäne, Hunde

Ordnung: Raubtiere, *Carnivora*   Familie: Hyänen, *Hyaenidae*
Familie: Hunde, *Canidae*

Die **Streifenhyäne** (*Hyaena hyaena* — 1) lebt in ganz Nordafrika und reicht über Arabien nach Vorder- und Kleinasien. Im Osten ist sie über die ganze Indische Halbinsel verbreitet. Im Norden liegt die Grenze ihres Areals im südlichen Teil Mittelasiens. In Afrika lebt die Streifenhyäne im gesamten Gebiet der Sudansavanne bis nach Ostafrika, wo ihr Areal in Tanganjika endet. Wir finden sie in den Gebieten trockener Savannen, Halbwüsten und Wüsten. Sie ist ein Nachttier, das sich tagsüber in Löchern, Höhlen oder im Dickicht verbirgt. Die Hauptnahrung der Hyäne besteht aus Aas. Ihr kräftiges Gebiß (2) gestattet es, auch starke Knochen zu zermalmen und das Mark daraus zu fressen. Manchmal jagt die Hyäne auch lebende Beute, vor allem die Jungen von Huftieren. Ein Teil der Nahrung bilden verschiedene Früchte, wie zum Beispiel Melonen, die in Oasen und Gärten wachsen. Die Streifenhyäne ist ein stilles Geschöpf, das sich nur selten mit seinem langgezogenen Heulen hören läßt. Die Brunft liegt im Januar und Februar, wiederholt sich aber wahrscheinlich mehrmals im Jahr. Die Trächtigkeit dauert ungefähr 90 Tage, und das Weibchen bringt in der Regel zwei blinde Junge mit grauweißem, typisch gestreiftem Fell zur Welt. Nach ungefähr einer Woche öffnen sich die Augen. Das Muttertier stillt die Jungen 2 Monate, und erst dann bekommen sie Fleisch, das beide Elternteile heranschaffen. Die ganze Familie bleibt dann noch lange zusammen und schläft auch gemeinsam in einer Höhle.

Die Hyänen werden oft mit dem **Hyänenhund** (*Lycaon pictus* — 3) verwechselt, obwohl dieser auf den ersten Blick eine ganz andere Gestalt und Zeichnung aufweist und zu den hundeartigen Raubtieren *(Canidae)* gehört. Die Hyänenhunde leben häufig in Afrika südlich der Sahara und tauchen in Südalgerien nur sehr selten auf. Dieses Raubtier ist äußerst beweglich und das Jagdrevier eines Rudels groß. Erbeutet werden meistens kleine Säugetier-Arten. Der Hyänenhund jagt tagsüber, und zwar immer im Rudel, das meistens von den Familienangehörigen gebildet wird. Es sind sehr gefräßige Raubtiere, die ihre Beute verschlingen, sobald sie sie gerissen haben, oft noch lebend und an Ort und Stelle. Das soziale Leben des Rudels ist sehr interessant. Das Verhältnis der Alttiere zu den Jungen ist beispielhaft für die Pflege der Nachkommen. Die Paarungszeit ist nicht begrenzt. Die Trächtigkeit dauert 69—72 Tage, und das Weibchen bringt 2—6 Junge zur Welt. Es sind aber auch Würfe mit 12 bis 18 Tieren bekannt.

Im Saharagebiet können wir noch zwei interessante hundeartige Raubtiere antreffen, den **Fennek** oder **Wüstenfuchs** (*Fennecus zerda* — 4) und den **Sandfuchs** (*Vulpes rueppelli* — 5). Der Fennek ist das kleinste hundeartige Raubtier. Er ist ein nächtlicher Jäger, dessen Beute aus kleinen Nagetieren, Kriechtieren und Insekten besteht. Tagsüber verbirgt er sich in Höhlen. Er hält sich in Rudeln auf, aber jedes Tier jagt für sich allein. Die Fenneks paaren sich im zeitigen Frühling, und die Jungen kommen nach 50 Tagen im März und April zur Welt. Ein Wurf enthält gewöhnlich zwei Tiere. Nur ein wenig größer als der Fennek ist der Sandfuchs mit einer ähnlichen Lebensweise. Wir erkennen ihn leicht an der weißen Schwanzspitze.

	LC (cm)	LCd (cm)	G (kg)
Hyaena hyaena	110—120	30—35	30—40
Lycaon pictus	110—110	35—40	25—37
Fennecus zerda	30—40	20—24	1,5—2,3
Vulpes rueppelli	40—50	25—30	2,5—3

1

2

3

4

5

Wolf, Schakal
Ordnung: Raubtiere, *Carnivora*   Familie: Hunde, *Canidae*

Einst lebte der **Wolf** (*Canis lupus* — **1**) in ganz Europa, einschließlich der Britischen Inseln. Die Zivilisation hat ihn aber aus der Kulturlandschaft verdrängt, und er ist heute in vielen Gebieten Westeuropas ganz ausgerottet. Bis jetzt lebt er dort noch auf der Pyrenäenhalbinsel, in Italien und auf Sizilien. Sein Verbreitungsgebiet liegt östlich der zusammenhängenden Grenze, die sich von Nordskandinavien über die baltischen Republiken, Polen, die Karpaten und die Balkanhalbinsel zieht. Der Wolf lebt auch auf dem gesamten asiatischen Kontinent. In Nordamerika ist er von Alaska bis nach Mexiko verbreitet. Er bewohnt die verschiedensten Biotope, von dichten Wäldern bis zu Steppen und Halbwüsten, von den Subtropen bis in die Polarzone. Innerhalb eines so riesigen Areals hat sich natürlich eine ganze Reihe von Unterarten herausgebildet, die sich nicht nur in der Färbung, sondern auch in der Größe unterscheiden. Die angegebenen Maße gelten für die europäischen Wölfe. Die Wölfe leben in Sippen, zu denen neben den Eltern und den im entsprechenden Jahr Neugeborenen auch die noch nicht geschlechtsreifen Jungtiere, die im Vorjahr geboren wurden, gehören. Im Winter schließen sich manchmal mehrere Sippen zu größeren Rudeln zusammen. Die Mitglieder des Rudels werden durch Heulen zusammengerufen **(2)**. Die Nahrung ist im Winter und Sommer verschieden. Sie besteht im Sommer vor allem aus kleinen Säugetierarten und teilweise auch aus pflanzlichem Material, im Winter überwiegen große Huftiere, vor allem Hirschartige. Das Jagdrevier eines Rudels erstreckt sich ungefähr über 50 km². Die Paarung der Wölfe erfolgt in den ersten Monaten des Jahres. Das Rudel zerfällt für einige Zeit, das Weibchen gräbt eine Höhle, in der es nach 62—75 Tagen Tragzeit 1—14 blinde Junge zur Welt bringt **(3)**. An der Fütterung und Pflege der Jungen beteiligt sich auch das Männchen. Die Jungtiere sind im Alter von 2—3 Jahren geschlechtsreif.
Südeuropa ist bis nach Ungarn und Jugoslawien die Heimat des **Goldschakals** (*Canis aureus* — **4**). Er lebt auch in Vorder- und ganz Südasien und Nord- und Ostafrika. Der Goldschakal bevorzugt Biotope, die genügend Schlupfwinkel, Dickichte, Felsen, Röhrichte u. ä. aufweisen. Der offenen Steppenlandschaft weicht er aus. Der Schakal ist überwiegend ein Nachttier. Er lebt in Paaren, jagt kleinere Säuger und Vögel und verschmäht auch Aas und die Abfälle am Rand menschlicher Siedlungen nicht. Ein Teil seiner Nahrung besteht auch aus Pflanzenmaterial, zum Beispiel aus verschiedenen Früchten. Abends melden sich die Schakale mit langgezogenem Heulen, das von bellenden Lauten unterbrochen wird. Die Paarung erfolgt im Januar und Februar. Das Weibchen ist 58—65 Tage trächtig und bringt in einem Bau, den beide Partner ausgraben, gewöhnlich 3—8 Junge zur Welt. Die Jungen trinken 6—8 Wochen Muttermilch, werden aber schon nach 3 Wochen von den Eltern mit vorverdautem Fleisch gefüttert. Die Jungtiere beginnen schon im Alter von zwei Monaten selbständig zu jagen und verlassen im Herbst die Eltern. Die Schakale erreichen ihre geschlechtliche Reife sehr bald, die Weibchen oft schon im zehnten Monat, die Männchen ungefähr nach 1 1/2 Jahren, oft aber auch eher.
Der Wolf ist der Urvorfahre des Haushundes, und nach Meinung einiger Wissenschaftler hat sich in manchen Gebieten Afrikas auch der Goldschakal an der Entwicklung des Haushundes beteiligt. Der Domestizierungsprozeß des Hundes spielte sich vor ungefähr sechs- bis zehntausend Jahren ab.
Wolf **(5)** und Schakal **(6)** haben einen charakteristisch langgezogenen Schädel mit verlängerter Kieferpartie. Die Hirnschale der Wolfsschädel trägt einen markanten sagittalen Kamm.

	LC (cm)	LCd (cm)	G (kg)
Canis lupus	105—160	35—60	30—60
C. aureus	71— 85	20—30	7—15

Fuchs
Ordnung: Raubtiere, *Carnivora*   Familie: Hunde, *Canidae*

Der **Rotfuchs** (*Vulpes vulpes* — **1**) bewohnt ganz Europa (fehlt auf Island), den größten Teil Asiens, Nordafrika und Nordamerika. Wir treffen ihn in allen Biotopen von den Niederungen bis in die Berge, in Wäldern, Steppen und in der Kulturlandschaft auch in Feldern an. Er weicht auch den menschlichen Ansiedlungen nicht aus und entgeht dank seiner verborgenen Lebensweise sogar in Parks und an brachliegenden Stellen von Großstädten der Aufmerksamkeit. Die Variabilität der Art ist sehr groß. So sind zum Beispiel die Füchse der Steppengebiete in der Ukraine kleiner und heller als die Füchse der europäischen Wälder. Füchse sind aber ohne Berücksichtigung der geographischen Variabilität in der Färbung individuell sehr verschieden. Wir finden in den Populationen des Rotfuchses verhältnismäßig oft helle, gleichsam verblichene Exemplare, bei denen die Gelbtöne überwiegen, oder einzelne Tiere mit einem dunklen Rückenstreifen und einem dunklen Streifen über den Schultern, einer sogenannten Kreuzzeichnung (**2**). Es kommen auch Füchse mit dunkler Körperunterseite vor. In Amerika und einigen Gebieten Sibiriens tauchen manchmal Füchse auf, deren Grundfärbung schwarz ist (sogenannte Silberfüchse — **3**). Wenn wir ein solches Tier in Europa antreffen, handelt es sich ganz bestimmt um ein Exemplar, das aus einer Farm entflohen ist. Die Füchse sind Einsiedler und vor allem dort, wo sie verfolgt werden, nachtaktiv. Ihre Nahrung besteht überwiegend aus kleinen Nagetieren und verschiedenen wirbellosen Lebewesen. Gelegentlich jagt der Fuchs auch Kaninchen, Vögel u.ä. und bereichert seinen Speisezettel auch mit den Früchten von Waldsträuchern und Obst. Die Paarung der Füchse erfolgt im Januar und Februar, der eigentliche Akt findet in der Regel im Bau statt. Die Tragzeit beträgt 51—53 Tage, und das Weibchen bringt 3—6, selten auch 10 Junge zur Welt. Die Mutter stillt 6 Wochen, füttert aber schon nach einem Monat mit ausgewürgtem Fleisch nach. Die Jungtiere werden ungefähr nach 3 Monaten selbständig. Die Spuren der Füchse sind (wie bei allen Hundearten) vierfingerig mit gut abgedrückten Krallen (**6** — Vorder-, **7** — Hinterspur).

Das Polargebiet und der hohe Norden Europas, Asiens und Amerikas sind die Heimat des **Polar**- oder **Weißfuchses** *(Alopex lagopus)*. Er zeichnet sich durch große Unterschiede in der Winter- und Sommerbehaarung aus. Das Sommerfell ist kurz, das Winterfell langhaarig und dicht. Einige Exemplare verfärben sich im Winter vollkommen weiß (**5**), einige graublau (**4**). Die Polarfüchse wechseln mit der Jahreszeit auch ihren Lebensraum. Im Frühling und Sommer, also zur Zeit der Paarung und Fortpflanzung, leben sie in der Tundra, im Winter ziehen sie nach Norden auf die Eisfelder des Nördlichen Eismeers und gelangen mit den treibenden Schollen bis in das Gebiet des Nordpols. Manche Polarfüchse ziehen im Winter aber südwärts und gelangen entlang der Flußtälern oder über die Gebirgskämme verhältnismäßig weit bis in das Gebiet von Leningrad und Kaliningrad. Die Hauptnahrung der Polarfüchse sind Nagetiere, vor allem Lemminge, sie fressen aber auch Vögel und deren Eier und im Winter alles, was das Meer auswirft. Das Weibchen ist 49—56 Tage trächtig und bringt 3—12 Junge zur Welt. Die Größe des Wurfs hängt im wesentlichen vom Nahrungsangebot und der Kondition des Muttertieres ab. Der Winterpelz des Polarfuchses wird hoch geschätzt. Heute kommen die meisten Pelze aus der Zucht in Farmen.

	LC (cm)	LCd (cm)	G (kg)
Vulpes vulpes	50—80	30—50	3—10
Alopex lagopus	45—75	24—30	2—6

Marderhund, Waschbär

Ordnung: Raubtiere, *Carnivora* Familie: Hunde, *Canidae*
Familie: Kleinbären, *Procyonidae*

Der **Marderhund** (*Nyctereutes procyonoides* — 1) ist ein asiatisches Raubtier, dessen Heimat der Ferne Osten und Japan sind. Er lebt an feuchten Stellen, in Wäldern und Röhrichten und geht nachts auf Nahrungssuche. Die Nahrung ist äußerst vielfältig, denn der Marderhund ist ein Allesfresser. Er wird gejagt und wurde als Pelztier schon 1934 in verschiedenen Gebieten des europäischen Teils der UdSSR ausgesetzt. Von hier aus hat er sich nach Westen verbreitet. Heute finden wir ihn in fast allen europäischen Ländern. Im Norden treffen wir ihn in Finnland und Schweden, westlich reicht er bis nach Holland und im Süden bis in die Schweiz.
Der Marderhund ist das einzige hundeartige Raubtier, das Winterschlaf hält. Dieser ist zwar nicht echt, er dauert von Dezember bis April, und das Tier verläßt an lauen Tagen seinen Bau. Wir können dann seine Spuren auch im Schnee finden (2, 3). Die Paarung erfolgt in der Zeit von Februar bis April. Die Tragzeit dauert 58 bis 65 Tage, und das Weibchen wirft 3 bis 15 Junge. An der Pflege der Nachkommen beteiligt sich auch das Männchen. Die Familie bleibt bis Ende August zusammen. Die Jungen sind sehr bald, mit acht bis zehn Monaten, erwachsen.
Ein anderer Fremdling, den das menschliche Interesse an Pelzen nach Europa brachte, ist der **Waschbär** (*Procyon lotor* — 4), ein Vertreter der Familie Kleinbären *(Procyonidae)*. Seine ursprüngliche Heimat sind Nord- und Mittelamerika, wo er in den Wäldern und Buschlandschaften gewöhnlich in der Nähe von Gewässern lebt. Der Waschbär ist aber eine sehr anpassungsfähige Art, und wir treffen ihn heute auch in der offenen Landschaft an. Er ist Einzelgänger und geht nachts auf die Jagd. Der Waschbär kann ausgezeichnet klettern und schwimmen, und so ist auch sein Speisezettel sehr vielfältig. Daß er seine Nahrung „wäscht", daher der Name (Waschbär, Raton laveur), ist nur eine falsche Interpretation des Verhaltens dieses Raubtiers, das in der Gefangenschaft beobachtet wurde. In der Natur suchen die Waschbären ihre Nahrung zum einen auf dem Trockenen, zum andern im Wasser, wo sie sie mit den Vorderpfoten auffangen (5). In der Gefangenschaft wird dem Tier das gesamte Futter auf dem Trockenen vorgelegt, da aber das angeborene Verhaltensschema beim Nahrungserwerb ablaufen muß, werfen die Tiere einen Teil des Futters ins Wasser und „suchen" es dann dort. Heute gibt es in Europa mehrere Waschbärpopulationen. An ihrer Entwicklung beteiligen sich zum einen die aus den Pelztierfarmen ausgebrochenen Exemplare, zum anderen die in einigen Gebieten Deutschlands und der UdSSR planmäßig ausgesetzten Tiere. Beständige Populationen leben vor allem in Hessen, Nordrhein-Westfalen, Thüringen, Holland und in der westlichen UdSSR. Die Paarungszeit der Waschbären liegt im Januar und Februar. Jedes Männchen befruchtet mehrere Weibchen, die dann ihre Familie allein gründen. Ein Wurf enthält 3—4 Junge, die nach 60—70 tägiger Tragzeit von April bis Juni geboren werden. Sie kommen schon behaart und mit der typischen Gesichtsmaske, jedoch blind zur Welt. Die Augen der Jungen öffnen sich nach ungefähr 18 Tagen. Nach 10 Wochen verlassen die Tiere das Nest.
Auf dem Unterkiefer des Waschbären fällt unter einem schwach ausgeprägten, winkligen Vorsprung ein Einschnitt auf (6). Der Schädel des Tieres hat eine verhältnismäßig kurze Gesichtspartie und erinnert ein wenig an die Marderarten (7). Die Reißzähne beider Arten sind fast nicht zu unterscheiden.

	LC (cm)	LCd (cm)	G (kg)
Nyctereutes procyonoides	65—80	15—25	4—12
Procyon lotor	50—60	20—30	3,5—10

Katzen

Ordnung: Raubtiere, *Carnivora*   Familie: Echte Katzen *Felidae*

Die **Wildkatze** (*Felis silvestris* — 1) war einst ein sehr häufig vorkommendes Raubtier in Europa. Mit dem Verschwinden ihres Lebensraumes, der Abholzung der Wälder und der Umwandlung in Kulturlandschaften, haben sich auch die Bestände der Wildkatzen verringert, oder die Tiere wurden an vielen Stellen völlig ausgerottet. Dort, wo sich die Wildkatze behaupten konnte, also vor allem in den warmen Laubwäldern des Hügellands, führt sie ein verborgenes Leben und entgeht so der Aufmerksamkeit leicht. Ständige Populationen finden wir in Schottland, Portugal, Spanien, Frankreich, Belgien und Deutschland. In einigen Gebieten Südeuropas und im Osten Mitteleuropas kommt sie recht zahlreich vor. Die Verbreitung der Wildkatze endet im Osten im Kaukasus und in den Wäldern am unteren Dnjepr und Dnjestr, im Südosten in Kleinasien.
In Nordafrika (und dann weiter nach dem Süden Afrikas) und in Vorderasien bis in den Norden von Mesopotamien lebt eine Wildkatze mit kürzerem Fell, weniger markanter Körperzeichnung und ohne Rückenstreifen. Das ist die **Falbkatze** (*Felis lybica* — 2). Weiter nach Osten, von Südmesopotamien bis nach Mittelasien und westlich bis in das Gebiet von Astrachan lebt die **Steppenkatze** (*Felis ornata* — 7), die anstelle der Körperstreifen Flecken aufweist. Alle drei Arten haben eine ähnliche Biologie, die sich nur dadurch unterscheidet, daß Falb- und Steppenkatze an die offene Landschaft gebunden sind. Die Nahrung der drei Arten besteht vor allem aus Nagetieren. Größere Säugetiere, zum Beispiel Hasen, werden von Wildkatzen nur ausnahmsweise erbeutet. Die Paarung erfolgt Anfang des Jahres, bei den afrikanischen Falbkatzen kann sie entsprechend den klimatischen Bedingungen abweichen. Die Tragzeit schwankt zwischen 63 und 68 Tagen. Die Katze bringt in einem Nest, das in Felsnischen, Baumhöhlen, Fuchsbauen u. ä. angelegt ist, 2—4, selten auch 6 Junge zur Welt. Die Augen der Kätzchen öffnen sich erst nach 9—11 Tagen. Die Katze säugt ungefähr 6 Wochen. Die weiblichen Jungtiere werden nach 10 Monaten erwachsen, die Kater oft erst im dritten Jahr. Alle drei Katzenarten beteiligten sich an der Entwicklung der Hauskatze (*Felis catus*). Hier überwiegt jedoch der Anteil der nordafrikanischen Falbkatze, die im Gegensatz zur europäischen Wildkatze und der Steppenkatze dem Menschen nicht ausweicht. Wir treffen sie oft in Siedlungsgebieten an. Die Unterscheidung der Wildkatze von der „wild" gefärbten Hauskatze ist oft recht schwierig. Das bekannteste Unterscheidungsmerkmal ist die Form des Schwanzes (4) und die Farbe der Unterseite der Hinterpfoten, die nur am Ende dunkel ist, während die Hauskatzen völlig dunkle Pfoten und einen schlanken, spitzen Schwanz aufweisen (5).
Das Gebiet der Sandwüsten und benachbarten Stachelgewächssavannen Nordafrikas, Arabiens, Südwestasiens und das kaspische Areal sind die Heimat der seltenen **Wüstenkatze** (*Felis margarita* — 3). Ihre Nahrung besteht fast ausschließlich aus kleinen Nagetieren, die sie in der Nacht jagt. Über die Biologie der Wüstenkatze wissen wir nicht viel. Die Paarung erfolgt am Beginn des Jahres, und die Katze wirft Anfang April 2—4 Junge. Diese sind natürlich blind. Ihre Augen öffnen sich im Vergleich mit den anderen Katzenarten recht spät, erst nach 16 Tagen. Auch beste Nahrung beginnen die Kätzchen erst später als die Jungen anderer Arten aufzunehmen. Die Sandwüsten bieten dieser Katze nur wenig Unterschlupf, und sie gräbt sich deshalb selbst einen flachen Bau, was sie ebenfalls von den anderen Katzenarten unterscheidet. Der Schädel der Katzenraubtiere ist abgerundet, die Gesichtspartie ist stark verkürzt, der Jochbogen kräftig ausgebildet, der Sagittalkamm klein (6).

	LC (cm)	LCd (cm)	G (kg)
Felis silvestris	45—60	23—35	2 —13
F. lybica	43—60	23—40	1,5—6
F. ornata	55—75	23—33	2,5—8
F. margarita	46—5⁷	29—34	1,5—3

Luchse, Leopard
Ordnung: Raubtiere, *Carnivora*   Familie: Echte Katzen, *Felidae*

Der **Luchs** (*Lynx lynx* — **1**) bewohnte einst alle Wälder Europas, Nordasiens und Nordamerikas. Heute lebt er nur noch in Skandinavien, den Karpaten und dem Balkangebirge; von Polen aus reicht er östlich über die nördlichen Gebiete der UdSSR und kommt auch in Nordamerika vor. 1970 wurde der Luchs erneut in Jugoslawien, der Schweiz und in Österreich ausgesetzt. Der Luchs ist ein Einzelgänger, er bevorzugt Wälder mit dichtem Unterholz oder felsige Biotope. Seine Beute sind vor allem Huftiere, also Reh- und Hirschwild, und gelegentlich auch Wildschweine. Im Sommer jagt er auch Hasen, verschiedene Nagetiere, Vögel und wirbellose Tiere. Der Luchs schleicht sich an seine Beute an oder überfällt sie von oben her aus dem Hinterhalt. Die Luchse paaren sich im Februar und März. Die Katze ist 70—75 Tage trächtig und wirft dann an einem verborgenen Ort, unter einem entwurzelten Baum oder im Felsgestein 2—4 Junge. Die Augen der Jungtiere öffnen sich nach ungefähr 16 Tagen. Die Mutter stillt 3 Monate, die jungen Luchse bleiben bis zur nächsten Paarungszeit mit ihr zusammen, dann zerfällt die Familie. Die Geschlechtsreife erreichen die Jungen mit 2—3 Jahren. Die Spur des Luchses ist auffallend abgerundet, die Krallen drücken sich nicht ab (**4** — Vorder-, **5** — Hinterpfote).

Auf der Pyrenäenhalbinsel lebt der **Pardelluchs** (*Lynx pardina* — **2**). Zu Beginn unseres Jahrhunderts begannen die Bestände stark abzusinken, in den fünfziger und sechziger Jahren verzeichnete man alarmierende Zahlen, denn die Art war an vielen Stellen schon völlig ausgerottet. Der Pardelluchs ist ein Bewohner lichter Buschlandschaften und Wälder mit geringerem Unterholz und stark an das Vorkommen von Kaninchen gebunden. Die Viruskrankheit Myxomatose, die gerade in dieser Zeit die Kaninchen besonders heimsuchte, wurde auch dem Pardelluchs zum Verhängnis. Die Biologie dieses Tieres unterscheidet sich nicht von der des gewöhnlichen Luchses.

Der **Leopard** oder Panther (*Panthera pardus* — **3**) ist allgemein als Raubtier der afrikanischen und asiatischen Tropen bekannt, und nur wenige wissen, daß er auch in Nordafrika, Vorderasien und sogar in der Türkei lebt. Die Population im Atlasgebiet umfaßt ungefähr 100 Tiere, von denen die meisten in Marokko leben. Sehr selten taucht der Leopard auch in Syrien, Israel, der Türkei und Westanatolien auf. Hier leben heute ungefähr 20 Exemplare. Einst bewohnte dieser Panther auch das Kaukasus- und Kubangebiet, wurde dort aber ausgerottet. Die Leoparden siedeln in den verschiedensten Biotopen, bevorzugen aber Landschaften mit genügend Schlupfwinkeln, Buschwerk, Felsen u. ä. Sie ernähren sich vor allem von Huftieren. Dort, wo es an dieser Beute mangelt, jagen sie auch Kleinsäuger, Vögel und sogar Kriechtiere. Die Brunftzeit liegt nicht genau fest, verläuft meistens aber von Februar bis Juni. Die Trächtigkeit dauert 90—105 Tage, dann werden 1—4, selten auch bis zu 6 Junge geboren. Wenn die Jungtiere das Nest verlassen, bleiben sie noch lange, manchmal mehr als ein Jahr, mit der Mutter zusammen. Der Leopard ist ein Katzenraubtier, das vom Aussterben bedroht und mit Ausnahme von Nigeria, Südafrika und Namibia überall geschützt ist.

	LC (cm)	LCd (cm)	G (kg)
Lynx lynx	80—130	15— 25	15—36
L. pardina	80—110	12— 14	14—25
Panthera pardus	100—160	75—110	30—80

4

5

1

3

2

Robben

Ordnung: Robbenverwandte, *Pinnipedia*   Familie: Hundsrobben, *Phocidae*

Der **Seehund** (*Phoca vitulina* — **1**) bewohnt die Küsten und Küstengewässer auf beiden Seiten des Atlantischen und Stillen Ozeans. An der europäischen Küste lebt er von Finnland bis nach Portugal. Am zahlreichsten kommt er an der Nordsee vor und taucht von der Ostsee nördlich bis Stockholm auf, fehlt jedoch im Finnischen und Bottnischen Meerbusen. Der Seehund bevorzugt flache Gewässer mit sandigen Ufern und wandert recht oft stromaufwärts weit in das Binnenland hinein, wie zum Beispiel in der Elbe bis in den Süden der DDR oder in der Themse bis nach Teddington. Zur Paarungszeit versammeln sich die Tiere in Kolonien im Gebiet der Shetland- und Orkney-Inseln und an der nord- und westbritischen Küste bis zum Bristol-Kanal. Sie stellen sich auch am nordirischen Ufer ein. Der Seehund lebt vor allem von Fischen, zum Teil auch von Schalen- und Weichtieren. Bei den Jungen sind, wenn sie aufhören zu saugen, Krevetten sehr beliebt. Der Seehund hält sich an flachen und anderen geeigneten Stellen des Ufers oft in Gruppen auf, die auch mehrere hundert Exemplare umfassen können. Die Jungen werden von Mai bis Juni geboren, sie wiegen ungefähr 12 kg. Die Mutter stillt auf dem Land. Erneute Paarung erfolgt sofort nach der Geburt oder kurz darauf. Die Tragzeit beträgt 11 Monate.

Die **Ringelrobbe** (*Pusa hispida* — **2**) ist die am zahlreichsten vorkommende Robbe der Arktis. In Europa reicht sie bis nach Island und lebt auch im Bottnischen und Finnischen Meerbusen und in einigen Seen, wie zum Beispiel dem Ladoga-See (UdSSR) und dem Saima-See (Finnland). Manchmal verirren sich einige Exemplare bis an die Küste von Deutschland, Holland, Irland und England. Die in der Arktis lebenden Ringelrobben gebären auf treibenden Eisschollen oder auf dem Eis in der Nähe des Pols. Wie alle anderen Robben bringt auch das Weibchen dieser Art nur ein Junges zur Welt. Die Geburt erfolgt im März oder April, und das Junge wiegt ungefähr 5 kg. Die Weibchen graben für die Geburt gewöhnlich eine Höhle im Schnee oder suchen im Eis eine andere natürliche, geschützte Stelle. Nach der Befruchtung entwickelt sich das Ei nicht sofort. Es nistet sich erst nach 3 ¹/₂ Monaten in der Gebärmutter ein. Die eigentliche Tragzeit beträgt also ungefähr acht Monate, verlängert sich aber durch die Latenz auf 11—11 ¹/₂ Monate. Im Unterschied zum Seehund überwiegen in der Nahrung der Ringelrobben die Schalentiere, sie jagen nur kleine Fische bis zu einer Größe von 15 cm.

An der Nordküste Schwedens und Finnlands und im Weißen Meer tauchen noch zwei Robbenarten auf, die den nördlichen Atlantik bewohnen, es sind die **Sattelrobben** (*Pagophilus groenlandicus* — **3**) und die **Bartrobben** (*Erignathus barbatus* — **4**). Beide Arten verirren sich manchmal bis in die Nordsee und an die Küste Schottlands und Nordenglands. Die Sattelrobbe ist ein Bewohner des offenen Meeres und der treibenden Eisschollen, die Bartrobbe hält sich in Ufernähe auf. Bei beiden Arten wurde in der Eientwicklung eine Latenz von ungefähr 11 Wochen festgestellt. Bei der Bewegung im Schnee hinterlassen die Robben eine charakteristische Spur (**5**).

	LC (cm)	G (kg)
Phoca vitulina	160—200	50—150
Pusa hispida	130—150	35—125
Pagophilus groenlandicus	150—220	140—160
Erignathus barbatus	190—250	225—350

1

2

4

5

♂   3

♀

Robben

Ordnung: Robbenverwandte, *Pinnipedia*   Familie: Hundsrobben, *Phocidae*

Die felsigen Küsten auf beiden Seiten des Atlantischen Ozeans sind die Heimat der
Kegelrobbe (*Halichoerus grypus* — **1, 2**). Von hier aus ist sie nach Süden hin ent-
lang der europäischen Küste bis in den Norden der Pyrenäenhalbinsel verbreitet.
Sie taucht auch in der Ostsee und dem Bottnischen Meerbusen auf. Die größten
Kolonien sind während der Paarungszeit von den Orkney-Inseln und dem Norden
der Britischen Inseln bekannt. Zu diesen Gruppenbildungen kommt es auch an der
Küste bei Murmansk und im Bottnischen Meerbusen. Die Population im Atlantik
bringt gewöhnlich ihre Jungen im Herbst, die in der Ostsee im Frühling zur Welt.
Die Trächtigkeit dauert ungefähr 11 1/2 Monate, wobei die Keimentwicklung durch
eine etwa dreimonatige Latenz verzögert wird. Die Nahrung der Kegelrobben besteht aus Fischen, vor allem aus Arten, die im freien Wasser leben; sie wird zum Teil
auch durch die Fauna auf dem Meeresgrund und einige Arten von Schalen- und
Weichtieren ergänzt. Bei der Jagd tauchen diese Robben in Tiefen bis über 100 m.
Die **Mönchsrobbe** (*Monachus monachus* — **3**) war einst im Mittelmeer und im Süden des Schwarzen Meeres recht zahlreich, ist heute aber verhältnismäßig selten
und taucht an manchen Stellen überhaupt nicht mehr auf. Ursachen hierfür sind der
starke Schiffsverkehr und die Besiedlung der Ufer. Dort, wo sich früher die Mönchsrobben in der Paarungszeit versammelten, befinden sich heute mit Touristen über-
füllte Strände, wie zum Beispiel auf dem Kap Kaliakra in Bulgarien. Heute kommt
diese Art häufiger noch zum Beispiel auf Korsika, im Golf von Saloniki, auf Rhodos
und an der türkischen Küste vor. Außerhalb des Mittelmeerraums lebt die Mönchsrobbe auch entlang der Nordwestküste Afrikas bis zum Kap Blanc. Die Jungen werden im Oktober und November geboren. Die erneute Paarung erfolgt ungefähr
2 Monate nach dieser Geburt. Die Mönchsrobbe ernährt sich fast ausschließlich
von Fischen, wobei Schollen überwiegen.
An der Nordküste Islands und der vom Weißen Meer bis Mittelnorwegen reichenden Küste Skandinaviens taucht die **Klappmütze** (*Cystophora cristata*) auf. Sie ist
ein Bewohner des Nordatlantiks und des Arktischen Meeres und eine der interessantesten Robben. Das Männchen (**4**) trägt auf dem Kopf einen häutigen Sack, der
sich von der Nase bis zum Scheitel hinzieht und mit der Nasenhöhle verbunden ist.
Bei Erregung bläst das Tier diesen Sack auf, und auf dem Kopf bildet sich ein ungefähr 20 cm hoher und fast 30 cm langer Kamm. Junge Männchen bis zum Alter von
4 Jahren besitzen diesen Sack nicht. Die Klappmützen sind Einzelgänger, und wir
treffen Männchen, Weibchen und Junge nur zur Paarungszeit im März und April gemeinsam an. Die Mutter stillt ihr Junges nur 2 Wochen. Dieses entwickelt sich sehr
schnell. Am Ende der Stillzeit paaren sich die Tiere erneut und begeben sich auf das
Meer. Die Jungen verbleiben noch 14 Tage am Ufer. Die Nahrung der Klappmützen
besteht aus Kopffüßern und verschiedenen Fischarten. Im Magen der Tiere wurden
aber auch die Reste von Weichtieren und Seesternen gefunden, was darauf hin-
weist, daß die Klappmützen ihre Beute auch auf dem Meeresgrund jagen.
Mit Ausnahme der Mönchsrobben besteht bei allen genannten Arten ein stark aus-
geprägter Geschlechtsdimorphismus. Die Männchen sind wesentlich größer als die
Weibchen.

	LC (cm)		G (kg)	
	Männchen	Weibchen	Männchen	Weibchen
Halichoerus grypus	250—300	180—250	180—320	130—230
Monachus monachus	230—280		250—300	
Cystophora cristata	210—250	180—200	260—300	145—160

4 ♂

1 ♂

2

♀

3

Eichhörnchen, Grauhörnchen

Ordnung: Nagetiere, *Rodentia* Familie: Hörnchen, *Sciuridae*

Das **Eichhörnchen** (*Sciurus vulgaris* — **1, 2**) ist über ganz Europa und die nördlichen Gebiete Asiens verbreitet. Es lebt in allen Waldtypen, bevorzugt aber Nadelholzbestände und hat sich auch ausgezeichnet an die Gegenwart des Menschen gewöhnt, so daß wir es in Parks und Gärten antreffen. Die Bestände der Eichhörnchen schwanken. Ein Grund hierfür sind die unterschiedlichen Samenerträge in den einzelnen Jahren, denn Samen bilden den Hauptbestandteil ihrer Nahrung. Das Eichhörnchen frißt aber auch verschiedene Früchte, Knospen, Baumrinde, vor allem junge Triebe, Pilze und gelegentlich Insekten. Es nimmt manchmal auch Vogelnester aus. Es sucht seine Nahrung überwiegend auf Bäumen und nur im geringen Maß auf dem Boden. In diesem Fall trägt es die gefundene Nahrung auf einen Baum oder wenigstens an eine erhöhte Stelle (zum Beispiel auf einen Baumstumpf), um sie dort zu verzehren. Für den Winter legen sich die Tiere in Baumhöhlen Vorräte an oder vergraben diese im Boden; oft finden sie diese Reserven aber später nicht mehr. Die Eichhörnchen bauen zwei Nesttypen. Der erste[*] Typ, die sogenannten Sommernester, sind in der Regel im Geäst angebracht und bestehen aus frischen, beblätterten Zweigen. Jedes Tier errichtet mehrere solcher Nester. Sie befinden sich gewöhnlich am Rand des Territoriums und dienen als Rastplätze und auch zum Übernachten. Sie haben darüber hinaus für die Markierung des Reviers Bedeutung. Zum Überwintern und für die Pflege der Jungen bauen die Eichhörnchen solide Nester (Kobel) an den Stämmen der Bäume. Ein solches Nest hat in der Regel einen Durchmesser von 30—40 cm und einen (**3**) oder mehrere Ausgänge (**4**) und ist manchmal durch eine Zwischenwand in zwei Abteilungen geteilt. Die Eichhörnchen pflanzen sich zweimal jährlich fort, gewöhnlich im Februar und März und dann im Mai und Juni. Das Weibchen ist 35—40 Tage trächtig, ein Wurf enthält 3—7 Junge. Diese kommen blind zur Welt, und ihre Augen öffnen sich erst nach ungefähr 1 Monat. Im Alter von etwa 8 Wochen verlassen sie die Mutter. Die Eichhörnchen sind sehr verschieden gefärbt. Wir finden hell rostfarbene, braunrote (**2**) und schwarze (**1**) Tiere, bei denen das Weiß der Bauchseite verschieden weit ausgebreitet ist. Das kurze Sommerfell (**2**) ist in der Regel heller als das längere Winterfell (**1**). Im Winter tragen die Eichhörnchen außerdem lange Ohrpinselchen und einen viel zottigeren Schwanz. Die Eichhörnchen, die in England und Irland leben, sind rotbraun, haben einen weißen Schwanz und weiße Ohrpinsel. Im Winter sind sie dann graurostfarben (**5**).

In England und Irland lebt auch das **Grauhörnchen** (*Sciurus carolinensis*, **6** — im Sommer -, **7** — im Winterfell). Es ist ursprünglich ein Bewohner der Wälder Nordamerikas und wurde im vergangenen Jahrhundert nach England eingeführt. Es verbreitete sich vor allem in Südengland von Kent nach Dorset und Cornwall und im Norden bis zur schottischen Grenze. Das Grauhörnchen verdrängt das weniger aggressive Eichhörnchen aus seinen Biotopen und wird heute als unerwünschter Eindringling verfolgt. Sein Speisezettel ist viel reichhaltiger als der des Eichhörnchens. Es frißt oft die Knospen der Bäume, schält die Rinde von jungen Trieben und verursacht somit an manchen Stellen großen forstwirtschaftlichen Schaden.

Die Fortpflanzungszeit des Grauhörnchens erstreckt sich von Dezember bis Juni. Es wirft gewöhnlich zweimal jährlich 1—7 Junge, die es dann 2 Monate stillt. Öfter als das Eichhörnchen legt das Grauhörnchen sein Nest in Baumhöhlen und Nistkästen an. Junge, vom Menschen gepflegte Eichhörnchen werden sehr zahm.

	LC (mm)	LCd (mm)	G (g)
Sciurus vulgaris	180—270	140—200	200—400
S. carolinensis	230—300	200—250	500—570

Murmeltier, Bobak

Ordnung: Nagetiere, *Rodentia*   Familie: Hörnchen, *Sciuridae*

Das **Alpenmurmeltier** (*Marmota marmota* — **1**) ist ein Bewohner der Alpen und Karpaten und wurde auch in den Pyrenäen und einigen Gebieten Jugoslawiens ausgesetzt. Es siedelt auf grasigen Hängen und Geröllfeldern über der Waldgrenze bis in Höhen von ungefähr 2500 m. Wir treffen es nur ausnahmsweise in niedrigeren Lagen oder in Höhen über 3000 m ü. d. M. an. Es lebt in Familien oder kleineren Kolonien. Jede Kolonie bewohnt ein Gebiet von 1—3 Hektar Größe, dessen Grenze von den Tieren mit einem Sekret der Wangendrüsen, das sie an den Steinen abstreichen, markiert wird. Die Murmeltiere graben zwischen den Steinen tiefe Höhlen, die sie für den Winter mit trockenem Gras auspolstern (**2**). Der Eingang des Baus wird dann mit Rasen, Erde und Steinen verstopft, und die Tiere verfallen von Oktober bis April in den Winterschlaf, den im allgemeinen die ganze Familie oder wenigstens mehrere Exemplare gemeinsam halten. Die Murmeltiere erwachen entsprechend der Witterung Ende April oder erst Anfang Mai. Ungefähr 14 Tage später beginnt die Zeit der Brunst und Paarung, die von Kämpfen der Männchen und Werbungszeremonien begleitet wird (**3**). Das Weibchen ist 35—42 Tage trächtig und bringt in einer Höhle, die gewöhnlich flacher und kürzer als der Winterbau ist, in der Regel 2 bis 6 Junge zur Welt. Diese sind erst nach 5 Wochen sehfähig, und es dauert fast zwei Monate, bis sie die Höhle verlassen. Auch dann bleiben sie bis zum nächsten Sommer mit der Mutter zusammen.

Das Murmeltier ist ein typisches Tagtier und entfernt sich in der Regel nicht sehr weit von seiner Höhle. Ein Mitglied der Kolonie hält Wache und warnt bei jeder drohenden Gefahr die anderen Tiere mit schrillem Pfeifen. Das Murmeltier ist ein Pflanzenfresser und verzehrt vor allem verschiedene Gräser und Kräuter und gräbt auch Wurzeln aus. Gelegentlich bereichert es seinen Speisezettel mit tierischem Material, zum Beispiel mit Vogeleiern.

Der **Bobak** (*Marmota bobac* — **4**) ist ein Steppenbewohner und lebte noch im vergangenen Jahrhundert in Osteuropa bis zum Flusse Pruth und in den Steppen der Westukraine. Durch die intensive Nutzung dieser Flächen wurde der Bobak weiter nach Osten verdrängt, und sein Verbreitungsgebiet erreicht heute Europa nur im Gebiet von Woronesh, Charkow und Rostow, wo die Tiere isoliert in kleinen Kolonien die letzten geschützten Reste der ehemaligen Steppe bewohnen. In Mittelasien kommt der Bobak bis nach Westchina und südlich bis nach Nordindien noch häufig vor.

Der Bau des Bobaks (**5**) ist sehr charakteristisch und unterscheidet sich von dem aller anderen Arten. Die Erde, die das Tier aus der Höhle gräbt, wird im Umkreis von 20—25 m festgetrampelt, an der Mitte, an der Mündung der Höhle, beträgt die Erdschicht 0,5 bis 1 m. Die Umgebung der Höhle wird kahl, also ohne Pflanzenwuchs erhalten. Die Bobakkolonie nimmt damit eine große Bodenfläche ein, die brachliegt. Der Winterschlaf dieser Tiere dauert 6—7 Monate. Sie erwachen gewöhnlich Anfang April, säubern den Bau und graben Erde aus der Höhle. Diese Arbeit wird im Juli wiederholt. Die Paarung erfolgt sofort nach dem Verlassen des Baus im Frühling und manchmal noch in der Höhle. In diesem Fall verläßt das Weibchen seine Wohnstätte erst nach dem Werfen. Die Tragzeit dauert annähernd einen Monat. Ein Wurf enthält gewöhnlich 4 bis 5 Junge. Da aber die Sterblichkeit sehr groß ist, überlebt nur ungefähr die Hälfte der Nachkommen bis zum Herbst. Trotzdem kommt es von Zeit zu Zeit in einer bestimmten Population zur Übervermehrung der Bobaks. In diesem Fall pflanzen sich die Weibchen nur einmal innerhalb von zwei bis drei Jahren fort, und das Gleichgewicht stellt sich wieder ein.

	LC (cm)	LCd (cm)	G (kg)
Marmota marmota	40—60	13—20	3—8
M. bobac	49—57	11—14	3—7

1

4

2

3

5

Ziesel

Ordnung: Nagetiere, *Rodentia*   Familie: Hörnchen, *Sciuridae*

Mittel- und Südosteuropa und Klein- und Vorderasien sind die Heimat des **Ziesels**
(*Citellus citellus* — **1**). Im Westen bildet das Erzgebirge, im Osten der Kaukasus die
Grenze des Verbreitungsgebietes. Der Ziesel bewohnt Steppen, Wiesen und Weiden und hat sich in der Kulturlandschaft auch in den Kultursteppen, den Feldern angesiedelt. Im gesamten Gebiet des westlichen Teils seines Verbreitungsgebietes
gehen die Bestände der Tiere in den letzten Jahren stark zurück, und sie sind an vielen Stellen schon völlig ausgerottet. Das wird vor allem durch die gegenwärtig an-
gewendeten Methoden zur Bearbeitung der landwirtschaftlichen Flächen, die dem
Ziesel die Lebensbedingungen sichern, verursacht.
Der Ziesel lebt in Kolonien. Er gräbt seine Höhlen selbst aus. Dabei verwendet er
zwei verschiedene Bautypen. Zum einen handelt es sich um dauerhafte Anlagen mit
einer Nistkammer und einem schrägen und einem senkrechten Ausgang (**2**), zum
anderen um einfache, zeitweilig genutzte Gänge. In den dauerhaften Höhlen überwintert der Ziesel auch. Ältere Tiere fallen gewöhnlich im August, manchmal auch
schon Ende Juli, in den Winterschlaf, jüngere Artgenossen wintern sich erst später,
in der Regel im September, ein. Die Öffnungen des Baus werden mit Gras und Erde
verschlossen. In Abhängigkeit von der Witterung erwachen die Tiere im März oder
April wieder. Ziesel sind tagaktiv und vor allem in den Mittags- und frühen Nachmit-
tagsstunden rege. Sie fressen die grünen Teile von Pflanzen, Samen, fangen auch
Insekten und nehmen Vogelnester aus. Im April und Mai erfolgt die Paarung. Nach
25 bis 28 Tagen wirft das Weibchen 3—8 Junge, selten auch mehr. Die Augen der
Jungen öffnen sich erst nach einem Monat. Das Muttertier stillt 6 Wochen, also
noch in einer Zeit, in der die Jungen schon selbständig in der Kolonie umherstreu-
nen.
In den Steppen zwischen Wolga und Don und westlich bis nach Polen und Rumänien lebt der herrliche **Perlziesel** (*Citellus suslicus* — **3**). Seine Biologie unterscheidet sich nicht besonders von der des Ziesels. Er dringt aber oft in Getreidefelder vor
und gräbt längere, verzweigtere Höhlen. Im nördlichen Teil des Areals finden wir oft
Perlziesel, die einzeln in verstreut angelegten Höhlen leben. Der Winterschlaf dieser
Art beginnt im August, September, in Weißrußland sogar erst im Oktober und endet im März oder Anfang April, wenn die Tiere ihren Bau verlassen. Bald darauf paaren sie sich. Das Weibchen ist 24—27 Tage trächtig, ein Wurf enthält 2—12 Junge.
Der **Zwergziesel** (*Citellus pygmaeus* — **4**) ist vom Balchaschsee bis zum Dnjepr
verbreitet. Er wandert oft und drang in historischer Zeit nach Westen vor. Die Umstände, auf die wir schon beim Ziesel hingewiesen haben, verhinderten offenbar eine weitere Ausbreitung dieser Art. Der Zwergziesel stößt auch in die Halbwüsten vor und besiedelt die Randzonen der Baumsteppen. Dort, wo er dem Perlziesel
begegnet, verdrängt er ihn. Eine Ursache hierfür ist auch, daß der Zwergziesel bei
niedrigeren Temperaturen aktiv wird und viel anpassungsfähiger ist. Die Dauer des
Winterschlafes deckt sich ungefähr mit der anderer Arten. Der Zwergziesel verfällt
in der heißen Jahreszeit manchmal in eine Art Sommerschlaf, die Ästivation, an den
sich in einigen Fällen der tiefere Winterschlaf anschließt. Die Paarung erfolgt kurz
nach dem Erwachen im Frühling. Das Weibchen ist 25—26 Tage trächtig. Ein Wurf
enthält gewöhnlich 3—6 Junge.

	LC (mm)	LCd (mm)	G (g)
Citellus citellus	175—240	40—80	200—340
C. suslicus	180—230	30—45	170—340
C. pygmaeus	180—210	30—40	170—320

1

4

2

3

Hörnchen, Stachelschwein
Ordnung: Nagetiere, *Rodentia* Familie: Hörnchen, *Sciuridae*
Familie: Erdstachelschweine, *Hystricidae*

Von Finnland und den baltischen Staaten bis annähernd zur Linie Rjasan — Kasan
erstreckt sich die westliche Grenze des Verbreitungsgebietes des **Flughörnchens**
(*Pteromys volans* — **1**). Es lebt nach Osten weiter über Sibirien bis nach Japan und
bewohnt Mischwälder, vor allem dort, wo Birken und Erlen überwiegen. Das Flughörnchen ist ein typisches Nachttier und lebt darüber hinaus noch sehr verborgen.
Es tritt nirgends sehr häufig auf und ist im westlichen, dem europäischen Teil seines Areals in den letzten Jahren äußerst selten geworden. Es verbirgt sich in
Baumhöhlen und seltener auch in alten Eichhörnchennestern. Ein eigenes Nest errichtet es nicht, und es klettert kaum einmal von den Bäumen auf den Boden hinab.
Eine freie Hautfalte, die sich an den Körperseiten befindet, ermöglicht es dem Tier,
sich im Gleitflug bis zu 40 m Entfernung zu bewegen (**2**). Die Flugrichtung kann
durch die Gliedmaßen und die Steuerung mit dem Schwanz korrigiert werden. Die
Nahrung des Flughörnchens besteht vor allem aus den Knospen verschiedener Bäume, zum Beispiel von Ahorn, Birke und Erle. Es benagt aber auch die jungen Triebe
von Laub- und Nadelbäumen. Im Sommer verzehrt es verschiedene Früchte und
legt für den Winter große Vorräte von Knospen, vor allem von Birken- und Erlen-
knospen an. Über die Fortpflanzungsbiologie des Flughörnchens ist nicht viel bekannt. Die Paarung erfolgt wahrscheinlich im März und April. Das Weibchen ist ungefähr einen Monat trächtig und gebiert 2—4 Junge. Diese sind nackt und blind.
Ihre Augen öffnen sich erst nach 10 Tagen, und dann bekommen sie auch ein länge-
res Fell.
Der **Burunduk** oder das **Eurasische Erdhörnchen** (*Eutamias sibiricus* — **3**) ist ein
Bewohner der sibirischen Taiga. Er wurde aber auch in einigen Gebieten Mittel- und
Westeuropas ausgesetzt oder entwich hier aus der Gefangenschaft und wurde heimisch. Er ist ein sehr lebhaftes Tagtier, das zwar ausgezeichnet klettern kann, sich
aber überwiegend auf dem Boden aufhält. Seine Nahrung sind vor allem Samen. Im
August beginnt der Burunduk Vorräte zu sammeln, die er in seinen kleinen Backen-
taschen zusammenträgt. Diese Reserven werden in erheblichen Mengen von
3—4 kg angelegt. Obgleich das Tier keinen ununterbrochenen Winterschlaf hält, ist
seine Aktivität doch gedämpft, und es verläßt den Bau nicht. In einer Höhle überwintert gewöhnlich ein Paar gemeinsam. Im Frühling verlassen die Burunduks im
März ihren Bau, zur gleichen Zeit beginnt die Brunst. Nach 35—40 Tagen bringt das
Weibchen 4—10 Junge zur Welt.
Sehr interessante Nagetiere sind die Stachelschweine, die Vertreter der selbständi-
gen Familie Erdstachelschweine *(Hystricidae)*. Das gewöhnliche **Stachelschwein**
(*Hystrix cristata* — **4**) lebt in Nordafrika. Es hat eine helle Halsmähne, dunkle Stacheln an der Schwanzwurzel und kommt auch in Süditalien und auf Sizilien vor.
Hier wurde es aber wahrscheinlich schon im Altertum ausgesetzt. Die Stachelschweine sind Nachttiere und bewohnen lichte Wälder und Baumsteppen. Tagsüber verbergen sie sich in weiträumigen Höhlen. Ihre Nahrung besteht vor allem
aus den Wurzeln und Zwiebeln verschiedener Pflanzen, aus der Rinde von Bäumen
und Sträuchern, und auch aus Tieren wie zum Beispiel Insekten. Die Fortpflanzung
erfolgt von Mai bis Oktober, und das Weibchen wirft 1—3 mal jährlich gewöhnlich 2
Junge. Die Trächtigkeitsdauer ist nicht genau bekannt. Die kürzeste Zeit wird mit 65
Tagen, die längste mit 112 Tagen angegeben.

	LC (mm)	LCd (mm)	G (g)
Pteromys volans	140—200	90—140	90—170
Eutamias sibiricus	120—170	80—115	50—120
Hystrix cristata	600—800	50—90	15—30 kg

Biber, Nutria

Ordnung: Nagetiere, *Rodentia*   Familie: Biber, *Castoridae*
Familie: Biberratten, *Myocastoridae*

Der europäische **Biber** (*Castor fiber* — **1**) war einst in ganz Europa und Nordasien
sehr zahlreich, heute ist er an vielen Stellen ausgerottet. Der Biberpelz war nämlich
sehr begehrt, und die Tiere wurden deshalb intensiv gejagt. Vor ungefähr 150 Jahren verschwand der Biber im größten Teil Europas und blieb nur dank strenger
Schutzmaßnahmen in einigen Gebieten an der Elbe und Rhône und in Nordpolen erhalten. In Schweden, Norwegen, den baltischen Republiken der UdSSR und
am Oberlauf der Donau wurden die Biber mit Erfolg erneut ausgesetzt. Der Biber ist
eng an das Wasser gebunden. Seine Ohren sind klein und wie Nüstern verschließ-
bar, das Fell ist dicht, zwischen den Zehen der Hinterfüße befinden sich Schwimmhäute. Zwei gespaltene Krallen an der zweiten Zehe des Hinterfußes dienen zum
Durchkämmen des Fells. Hierbei wird auch ein öliges Sekret über den Pelz verteilt.
Sehr charakteristisch ist der Schwanz ausgebildet, er ist flach und mit einer schuppigen Haut bedeckt. Er wird beim Schwimmen als Ruder und Steuer verwendet (**2**).
Die Biber leben in lockeren Familienkolonien von 12—15 Tieren. Die Grundlage der
Familie ist ein für das gesamte Leben zusammenlebendes Paar, um das sich die
Jungen des jeweiligen Jahres und die des Vorjahres scharen. Wenn die Kolonie zu
stark anwächst, wandert das älteste Paar in der Regel ab und gründet eine neue Kolonie. An Stellen, an denen die Biber nicht gestört werden, bleiben die Kolonien
auch über einige hundert Jahre bestehen. Außer den Höhlen in den Ufern errichten
die Biber aus Ästen, Schilf und Schlamm sogenannte Burgen (**4**). Die einzelnen
Haufen können 1,5 m hoch sein. Der Eingang in die Burg liegt unter dem Wasser.
Durch den Bau von Dämmen aus gefällten Bäumen sichern sich die Biber einen
gleichmäßigen Wasserstand. Die einzelnen Wasserbecken sind durch 30—60 cm
tiefe Kanäle miteinander verbunden. Für neue Anlagen benötigen die Tiere sehr viel
Holz. Mit den ungewöhnlich kräftigen Schneidezähnen gelingt es den Bibern, auch
Bäume mit einem Durchmesser von 70 cm zu fällen. Meistens durchnagen die Tiere
Bäume aus weichem Holz, wie Erlen, Pappeln und Weiden. Ihre Arbeitsweise ist dabei sehr charakteristisch (**3**). Im Winter schlafen die Biber nicht, ihre Aktivität ist jedoch gedämpft, und sie bleiben auch mehrere Wochen in den Burgen, wo sie sich
von dem angehäuften Holz und der Rinde der Äste ernähren, die sie zum Bau verwendet haben. Die Paarung erfolgt im Januar und Februar. Das Weibchen ist
65—128 Tage trächtig, gebiert 2—8 vollkommen behaarte und sehende Junge und
säugt diese ungefähr 6 Wochen lang. Die Jungen nehmen aber schon nach einem
Monat feste Nahrung auf.
In Finnland wurde mit Erfolg der **Kanadabiber** (*Castor canadensis*) ausgesetzt. Er
hat einen schmaleren Kopf und ein kürzeres Gesicht (**5** — Vorderteil des Schädels
von oben bei *C. fiber*, **6** — bei *C. canadensis*).
Die **Nutria** oder **Sumpfbiber** (*Myocastor coypus* — **7**), ein Vertreter der Familie Biberratten (*Myocastoridae*), ist ursprünglich ein Bewohner der außertropischen Gebiete Südamerikas. Als wertvolles Pelztier wird er zum einen in großer Anzahl in vielen Ländern Europas in Farmen gezüchtet, zum anderen planmäßig akklimatisiert,
wie zum Beispiel in England, Frankreich, der UdSSR und in Japan. Von Zeit zu Zeit
entweichen Tiere aus den Farmen und bilden frei lebende Kolonien, die manchmal
einige Jahre überdauern. Die Sumpfbiber verzehren Wurzeln und die oberirdischen
Teile der Pflanzen im und am Wasser. Die Fortpflanzung ist nicht an eine bestimmte
Zeit gebunden, und es können in einem Jahr 3 bis 4 Würfe vorkommen. Das Weibchen ist 128—132 Tage trächtig und bringt 5—6 Junge zur Welt.

	LC (cm)	LCd (cm)	G (kg)
Castor fiber	75—100	30—40	13—35
Myocastor coypus	40— 60	30—45	7—14

Hamster

Ordnung: Nagetiere, *Rodentia*   Familie: Wühler, *Cricetidae*

Der **Feldhamster** (*Cricetus cricetus* — **1**) lebt von Südwestsibirien bis nach Belgien und Nordostfrankreich. Er ist ursprünglich ein Steppentier, das sich im Verlauf der Umwandlung der Waldgebiete Europas in Kultursteppen nach Westen ausbreitete. Hier bewohnt der Hamster als Einzelgänger Felder und Wiesen, lebt aber nur dort, wo der felsige Untergrund nicht bis an die Erdoberfläche reicht, denn der Hamster gräbt sich tiefe Höhlen, und für seine Existenz sind Bodenschichten nötig, die tiefer als 1 m reichen. Er ernährt sich von Pflanzen, fängt auch Insekten und kleinere Nagetiere. Für den Winter legt er sich in den Höhlen Vorräte an, die er in den großen Backentaschen sammelt. Nicht selten enthält ein solcher Speicher bis zu 15 kg Nahrung. Von Oktober bis Februar halten die Hamster einen unterbrochenen Winterschlaf. Sie verlassen ihren Bau erst im April. Während des Erwachens verzehren sie ihre Vorräte. Die Fortpflanzungszeit dauert von April bis August. Das Weibchen wirft bis zu dreimal im Jahr. Es ist 17—20 Tage trächtig und gebiert 4 bis 12 Junge. Diese sind nach 14 Tagen sehfähig und verlassen das Nest. Sie wachsen sehr schnell heran, und die Jungen des ersten Wurfs können sich noch im gleichen Jahr paaren.

Vom östlichen Kaukasus aus lebt über die Ukraine bis nach Bulgarien und Rumänien der **Balkanhamster** (*Mesocricetus raddei* — **2**). Er bevorzugt trockene Steppen, wir finden ihn aber auch inmitten von Getreidefeldern. Seine Biologie unterscheidet sich nicht von der der vorangehenden Art. Er ist mit dem allgemein bekannten **Syrischen Goldhamster** (*Mesocricetus auratus* — **3**) verwandt. Dieser wird nicht nur als Laboratoriumstier, sondern auch als Haustier gehalten. Der Goldhamster ist in Syrien und im Libanon beheimatet. Seine Geschichte ist sehr interessant. Professor Aharoni von der Hebräischen Universität Jerusalem fing acht Jungtiere ein, die er aufzog und dann im Juli 1930 dem Lehrstuhl für Pathologie schenkte. Von diesen acht Tieren entwichen vier Exemplare; ein Weibchen wurde von einem Männchen getötet. Die übrigen drei Hamster, ein Männchen und zwei Weibchen, haben sich ausgezeichnet vermehrt, und alle heute gezüchteten Goldhamster sind Nachkommen dieser drei Tiere. Die Tragzeit des Weibchens beträgt nur 16 Tage. Nach 7—8 Wochen können sich die Jungtiere schon fortpflanzen. Die Goldhamster haben sich ausgezeichnet als Laboratoriumstiere bewährt, die vor allem zur Erforschung der Krankheit „Kala-azar" dienen (eine ernsthafte Erkrankung, die von im Blut parasitierenden Einzellern hervorgerufen wird, hohes Fieber und starke Schwellungen der Leber und Milz hervorruft).

Der **Zwerghamster** (*Cricetulus migratorius* — **4**) ist in Asien, Vorder- und Kleinasien weit verbreitet und reicht im Westen bis in die Ukraine, nach Rumänien, Bulgarien und Griechenland. Er ist ursprünglich ein Bewohner der Steppen und Halbwüsten, wurde aber oft zu einer kommensalen Art und sucht menschliche Ansiedlungen auf. Die Hamster leben als Einzelgänger, sie graben sich einzelne Unterschlüpfe aus und sammeln sich im Winter oft im Siedlungsbereich der Menschen. Sie schlafen im Winter nicht, das geschieht nur bei sehr strenger Witterung. Das Weibchen ist 20—21 Tage trächtig und kann bis zu dreimal jährlich 3—10 Junge gebären.

	LC (mm)	LCd (mm)	G (g)
Cricetus cricetus	220—340	28—60	150—600
Mesocricetus raddei	100—150	10—15	80—150
M. auratus	112—180	10—15	80—150
Cricetulus migratorius	87—120	20—30	25—36

1

2

4

3

Lemminge
Ordnung: Nagetiere, *Rodentia*   Familie: Wühler, *Cricetidae*

Der **Berglemming** (*Lemmus lemmus* — **1**) lebt in Norwegen, Schweden, Finnland und auf der Halbinsel Kola in der UdSSR. Er ist ein Bewohner der subalpinen Zone der Gebirgstundren, des Wiesenlandes und der Moos- und Flechtengebiete. In diesem Pflanzenbestand und den obersten Bodenschichten graben die Lemminge Gänge und bilden breitere Flächen, auf denen sie ihre Nahrung verzehren. In den Gängen bewegen sie sich auch im Winter unter dem Schnee. Die Hauptnahrung der Lemminge sind Moose, Heidel- und Preiselbeeren und die Rinde von Salweiden und Birken, sie verzehren aber auch Gräser und Pilze. Die Lemminge können sich während des ganzen Jahres, sogar im Winter unter dem Schnee, fortpflanzen. Das Weibchen wirft sechs- bis siebenmal jährlich. Die Trächtigkeit dauert 20—21 Tage, und ein Wurf enthält 3—7 Junge. Die Populationsdichte der Lemminge schwankt stark. Nach Jahren, in denen sich die Lemminge sehr wenig vermehren, folgen „Lemmingjahre" mit einer starken Übervermehrung. Das geschieht jedes dritte oder vierte Jahr, und im engen Zusammenhang damit erhöht sich auch auffallend der Bestand jener Tiere, denen die Lemminge als Nahrung dienen, wie zum Beispiel Hermeline, Polarfüchse, Schnee-Eulen und Rauhfußbussarde. Manchmal begibt sich die gesamte Population oder nur ein Teil von ihr auf Wanderschaft und sucht sich einen neuen Lebensraum. Zur Zeit der Übervermehrung können sich diese wandernden Lemminge zu großen Gruppen zusammenschließen und sehr lange Züge unternehmen, die sogar bis nach Südskandinavien führen. Flüsse und Seen stellen für diese Tiere kein Hindernis dar, denn sie schwimmen sehr gut.
Der **Waldlemming** (*Myopus schisticolor* — **2**) lebt verstreut von Skandinavien über Sibirien bis nach Sachalin. Er ist an Nadelwälder gebunden und hält sich vor allem an feuchten Stellen auf, an denen Torfmoos wächst. Die Populationen des Waldlemmings sind loc erer als die des Berglemmings, und es kommt nicht so oft zu Übervermehrung und Wanderung. Die Nahrung des Waldlemmings besteht fast ausschließlich aus Moosen und Flechten. Das Weibchen wirft 1—3 mal jährlich 3—5 Junge. In manchen Jahren überwiegen in den Populationen die weiblichen Tiere (sie machen ungefähr 70 % aus).
Die Tundra wird von Kamtschatka bis in das Gebiet südlich von Archangelsk vom **Sibirischen Lemming** (*Lemmus sibiricus* — **3**) bewohnt. Er hält sich vor allem in niedrigen, feuchten Lagen auf, wo Salweiden, Krüppelbirken und Gräser wachsen. Während der Schneeschmelze im Frühling siedeln die Tiere in höhere Lagen um. An geeigneten Stellen bilden sie große Kolonien und leben in weitverzweigten, dicht unter der Erdoberfläche liegenden Höhlen. Fortpflanzung ist auch im Winter möglich. Die Weibchen werfen 4—5 mal jährlich jeweils gewöhnlich 5 Junge.
In der arktischen Zone Europas, Asiens und Nordamerikas lebt der **Halsbandlemming** (*Dicrostonyx torquatus*). Er bewohnt die höheren Lagen der Tundra, und seine Hauptnahrung besteht aus den Blättern und der Rinde von Salweiden und Birken, aus Knospen, Beeren und Pilzen. Das Winterfell ist fast weiß (**4**), das Sommerfell ist rostfarben angehaucht und mit einem weißen Halsband versehen. Im Winter wachsen die Krallen an der 3. und 4. Zehe der Vorderfüße stark aus und dienen zum Scharren in der gefrorenen Erde und im harten Schnee. Das Weibchen wirft 2—3 mal jährlich 4—6 Junge.

	LC (mm)	LCd (mm)	G (g)
Lemmus lemmus	130—150	15—20	35—130
Myopus schisticolor	85—125	12—20	15— 40
Lemmus sibiricus	90—120	15—20	20— 40
Dicrostonyx torquatus	130—140	20—23	35—135

Wühlmäuse
Ordnung: Nagetiere, *Rodentia*   Familie: Wühler, *Cricetidae*

Die **Rötelmaus** oder **Waldwühlmaus** (*Clethrionomys glareolus* — **1**) lebt in den Waldgebieten Europas und Asiens von Frankreich bis zum Altai-Gebirge und Baikalsee. Sie bevorzugt Laub- und Mischwälder und bewohnt auch kleinere Waldinseln und Buschgehölze inmitten von Feldern. Wir können sie auch im Röhricht antreffen. Sie gräbt sich dicht unter der Erdoberfläche oder in der Spreu ihre Höhlen, ist vor allem nachts aktiv, läuft aber oft auch am Tage umher. Die Nahrung der Rötelmaus besteht in der ersten Jahreshälfte vor allem aus grünen Pflanzenteilen, Rinde und verschiedenen Samen, im Sommer und Herbst frißt das Tier Bucheckern, Eicheln, Nüsse und Pilze und auch tierisches Material, vor allem Insekten. Die Fortpflanzung beginnt manchmal schon im März und bei warmer Witterung sogar im Februar. Das Weibchen kann von März bis Oktober bis zu viermal werfen. Es ist 18—21 Tage trächtig und bringt jeweils 3—6 Junge zur Welt. Die Jungen verlassen nach ungefähr drei Wochen das Nest und sind bald darauf fortpflanzungsfähig. Ungefähr alle 3—5 Jahre kommt es zur Übervermehrung der Rötelmaus, die dann dadurch, daß sie junge Triebe und Sämlinge (**2**) abfrißt, erhebliche Schäden verursachen kann. Sie sind um so schwerwiegender, da die Maus sehr gut klettern kann und bis in Höhen von einigen Metern gelangt.

Die **Graurötelmaus** (*Clethrionomys rufocanus* — **4**) ist von Nordnorwegen und der Halbinsel Kola bis in die Fernen Osten verbreitet. Ihr Biotop ist die Taiga, sie lebt auch in der Tundra und dringt in den Flußtälern auch in die Waldgebiete vor. In der Nahrung überwiegen die Knospen und Triebe von Strauchbirken und Salweiden. Im übrigen unterscheidet sich ihre Biologie aber nicht von der der Rötelmaus.

Die **Polarrötelmaus** (*Clethrionomys rutilus* — **5**) ist ein Bewohner der arktischen Zone Asiens und Nordamerikas. Nach Europa dringt sie westlich in die nördlichen Gebiete Skandinaviens vor. Sie ist in den Nadelwäldern zuhause und nördlich bis in die Taiga und südlich bis in die Baumsteppen verbreitet, wo sie vor allem Birkenwaldgruppen bewohnt. Diese Wühlmaus ernährt sich von Samen, Früchten und auch grünen Pflanzenteilen. Im Winter siedelt sie oft in menschliche Behausungen um. Das Weibchen wirft jährlich 3—4 mal jeweils 7—8 Junge. Wenn die Wühlmaus eine Nuß ausfrißt, hält sie die Schale dicht am Körper. Die oberen Schneidezähne stützen sich auf die Innenseite der Schale, die unteren Schneidezähne benagen die Schale von außen nach innen und hinterlassen so auf der äußeren Seite keine Kerben (**3**).

Die Steppen, Halbwüsten und teilweise auch die Baumsteppen, die vom Dnjepr bis nach Mittelasien reichen, sind die Heimat der **Sand-** oder **Steppenwühlmaus** (*Lagurus lagurus* — **6**). Sie dringt auch auf Weideland und entlang den Wegen in intensiv bewirtschaftete Gebiete vor. Die Höhlen, die sich diese Wühlmaus gräbt, haben 3—4 Ausgänge. Die Tiere häufen die ausgewühlte Erde vor dem mittleren, dem Haupteingang, zu einem kleinen Hügel an, der gewöhnlich ein Oval bildet, dessen kürzere Achse ungefähr 20 cm beträgt. Vom Haupteingang aus führt ein schräger Gang in die ungefähr 20—30 cm unter der Erdoberfläche liegende Nistkammer, die mit weichem Gras gepolstert ist. Bis zur Geburt der Jungen lebt das Paar in der Höhle gemeinsam. Dann verläßt das Männchen den Bau und hält sich in einfachen, provisorischen Löchern auf. Das Weibchen wirft bis zu 6 mal jährlich jeweils 3—7 Junge. Da die Tragzeit nur 15—23 Tage dauert und die Jungen nach 20—25 Tagen erwachsen sind, kommt es oft zur Übervermehrung.

	LC (mm)	LCd (mm)	G (g)
Clethrionomys glareolus	80—120	30—67	10—40
C. rufocanus	100—130	28—40	15—55
C. rutilus	80—110	23—35	15—40
Lagurus lagurus	90—114	9—13	13—35

Wühlmäuse

Ordnung: Nagetiere, *Rodentia*   Familie: Wühler, *Cricetidae*

Die **Ostschermaus** (*Arvicola terrestris* — **1, 2, 4**) lebt in Mittel- und Osteuropa und reicht an einigen Stellen bis nach Westeuropa. Im Osten lebt sie in Nordasien bis zur Küste des Pazifiks und dringt in Gebirgen auch südlicher vor. Wir finden diese Art meistens an den verwachsenen Ufern stehender und fließender Gewässer. Im Herbst siedeln sich die Schermäuse oft auch weit vom Wasser in Gärten und Parks an. Manche Populationen leben während des ganzen Jahres an diesen Orten und kehren nicht zu den Gewässern zurück. Die Tiere leben sehr verborgen, und wir finden eher die Spuren ihrer Tätigkeit als sie selbst. Im Frühjahr und im Sommer fressen die Schermäuse vor allem grüne Pflanzenteile. Da sie in der Lage sind, die Mundhöhle hinter den Schneidezähnen mit den Lippen zu verschließen, können sie auch Wasserpflanzen unter der Wasseroberfläche benagen. Im Herbst und im Winter ernähren sich die Tiere vor allem von unterirdischen Pflanzenteilen und verursachen besonders an jungen Setzlingen erhebliche Schäden. Sie legen sich in ihren Löchern auch kleinere Vorräte an, die sie im Winter, wenn sie ihre Unterkünfte nicht verlassen, verzehren. Fortpflanzungszeit ist von März bis Oktober. Das Weibchen ist 18—21 Tage trächtig und bringt im Nest, das sich in unterirdischen Höhlen befindet, 4—6 Junge zur Welt. Es kann jährlich 3 bis 4 mal werfen. Die Jungen können schon nach 12 Tagen schwimmen und sind nach 6—8 Wochen fortpflanzungsfähig. Die Männchen besitzen während der Fortpflanzungszeit auffallend entwickelte Hautdrüsen an den Körperseiten, deren Sekret zur Markierung des Territoriums dient. Das Sekret bleibt zum einen an den Pflanzenteilen haften, an denen sich das Tier reibt, zum anderen bringt es das Männchen auf die Pfoten auf und kennzeichnet so seinen Wechsel.

Die Pyrenäenhalbinsel und der größte Teil Westeuropas wird von der sehr ähnlichen **Westschermaus** (*Arvicola sapidus* — **3**) bewohnt. Sie ist nur ein wenig größer, hat einen längeren Schwanz und unterscheidet sich durch einige Schädelmerkmale. In verschiedenen Gebieten kommen beide Arten gemeinsam vor. Die Westschermaus entfernt sich jedoch nie weit vom Wasser, unterscheidet sich aber in der Biologie sonst nicht von der vorangehenden Art.

An den Ufern der Gewässer, die mit Vegetation überwachsen sind, lebt die **Bisamratte** (*Ondatra zibethicus* — **5, 6**). Im festeren Schlamm können wir die Abdrücke der längeren Hinter- (**8**) und kürzeren Vorderfüße (**7**) finden. Sie ist ursprünglich ein Bewohner Nordamerikas, der das Gebiet von Alaska bis nach Mexiko besiedelt. 1905 und 1906 wurden einige Paare an den Teichen bei Dobříš in der Nähe von Prag ausgesetzt. Die Bisamratten vermehrten sich hier rasch und wurden schon nach einem Jahrzehnt in Sachsen, Bayern und Österreich beobachtet. Später siedelte man sie auch in anderen Gebieten Europas an, und heute leben sie verstreut von Frankreich bis nach China. Die Bisamratten leben gewöhnlich in Paaren, sie graben sich ihren Bau im Ufer oder bewohnen Haufen aus Schilf, die sie im seichten Wasser errichten (**9**). Im Winter dienen ihnen diese Haufen gleichzeitig als Nahrungsvorrat. Wenigstens ein Ausgang der Höhle oder des Baus mündet unter der Wasseroberfläche. Fortpflanzungszeit ist von April bis September. Das Weibchen ist 28 Tage trächtig und wirft gewöhnlich 3—4 mal jährlich 5—7 Junge. Diese schwimmen und tauchen schon im Alter von 3 Wochen ausgezeichnet. Der Pelz der Bisamratten ist sehr geschätzt, und die Tiere werden deshalb intensiv gejagt. Sie ernähren sich von Pflanzen und teilweise auch von Wasserweichtieren.

	LC (mm)	LCd (mm)	G (g)
Arvicola terrestris	120—200	80—130	60— 200
A. sapidus	170—220	100—140	100— 300
Ondatra zibethicus	250—400	190—290	800—1 600

Wühlmäuse
Ordnung: Nagetiere, *Rodentia*   Familie: Wühler, *Cricetidae*

Von Nordwestfrankreich bis zur Ukraine und von der Ostsee bis zur Balkanhalbinsel erstreckt sich das Verbreitungsgebiet der **Kurzohrmaus** (*Pitymys subterraneus* — 1). Ihr Lebensraum sind feuchte, offene Landstriche und lichte Wälder mit einer reichhaltigen Kräuteretage. Sie ist an leichtere Böden gebunden und kommt deshalb oft nur inselartig vor. Die Kurzohrmaus lebt gewöhnlich in kleinen Kolonien und bewegt sich nur in der unmittelbaren Umgebung ihrer Höhlen. Ihre Nahrung besteht ausschließlich aus Pflanzenmaterial, vor allem aus Grünteilen, weniger auch aus Samen, Früchten und Pilzen. Bei ungünstiger Witterung, bei Regen und Schnee verstopft die Maus die Eingänge ihrer Löcher. Sie ist auch am Tage aktiv, aber nur selten zu sehen, da sie mehr als die anderen Arten unter der Erde lebt. Fortpflanzungszeit ist von Februar bis September. Das Weibchen ist 20—23 Tage trächtig und kann bis zu dreimal jährlich werfen. Die Anazhl der Jungen eines Wurfs ist gering, es sind gewöhnlich nur 2—4. Das Weibchen besitzt auch nur 2 Zitzenpaare. Die Jungen werden nicht nur von der Mutter gepflegt, sondern oft auch von anderen Kurzohrmäusen, die in der gleichen Kolonie und im gemeinsamen Nest leben.
Die Pyrenäenhalbinsel und Südfrankreich werden von der **Mittelmeer-Kleinwühlmaus** (*Pitymys duodecimcostatus* — 2) bewohnt. Ihre Biologie unterscheidet sich nicht von der Kurzohrmaus. Sie ist jedoch überwiegend ein Nachttier, und ihre Höhlen sind mit ausgeworfener Erde umgeben. In der Ausbildung der Reibflächen der Mahlzähne bestehen morphologische Unterschiede. (3 — *P. subterraneus,* 4 — *P. duodecimcostatus,* links immer die obere, rechts die untere Reihe).
Die Apenninenhalbinsel und Sizilien werden von der **Savi-Wühlmaus** *(Pitymys savii* — 5) bewohnt. Nach Meinung einiger Zoologen lebt sie auch in Westfrankreich und im Süden der Balkanhalbinsel. Manche Fachleute beschreiben in Europa 9 Arten der Gattung *Pitymys,* von denen einige nach äußeren Merkmalen nicht unterschieden werden können. Sie weisen jedoch voneinander abweichende Karyotypen auf, das heißt sie unterscheiden sich in der Anzahl, Form, Größe und Struktur ihrer Chromosomen. Eine Reihe dieser Arten besiedelt nur ein sehr beschränktes Gebiet.
Wir können die Wühlmäuse der Gattung *Pitymys* auf den ersten Blick mit der **Levante-Wühlmaus** verwechseln (*Microtus guentheri* — 6), die auf der Balkanhalbinsel, in Klein- und Vorderasien und in Ostlibyen lebt. Sie bewohnt trockene Steppengebiete und Kultursteppen, ist vor allem ein Nachttier und lebt in Kolonien. Die Tiere graben verzweigte Höhlen mit zahlreichen Ausgängen und einer Nistkammer, die ungefähr 20 cm unter der Erde liegt. Das Nest ist mit trockenem Gras gepolstert. Die Fortpflanzungszeit liegt im Frühling und Herbst. Von Mai bis Ende Juli sind diese Mäuse in der Regel steril, denn die Hoden der Männchen ziehen sich in die Bauchhöhle zurück. Die Tragzeit beträgt 18—23 Tage. Ein Wurf enthält gewöhnlich 6 Junge. Es sind aber auch Fälle bekannt, wo ein Wurf 14 und sogar 17 Tiere enthielt. Die Jungen sind innerhalb von 25—30 Tagen ausgewachsen, und es ist deshalb nicht erstaunlich, daß es in manchen Gebieten zur Übervermehrung kommt.

	LC (mm)	LCd (mm)	LTp (mm)	G (g)
Pitymys subterraneus	80—105	24—32	14—16	13—25
P. duodecimcostatus	85—105	20—30	15—18	14—23
P. savii	82—105	21—35	14—16	13—25
Microtus guentheri	86—135	20—40	16—22	30—60

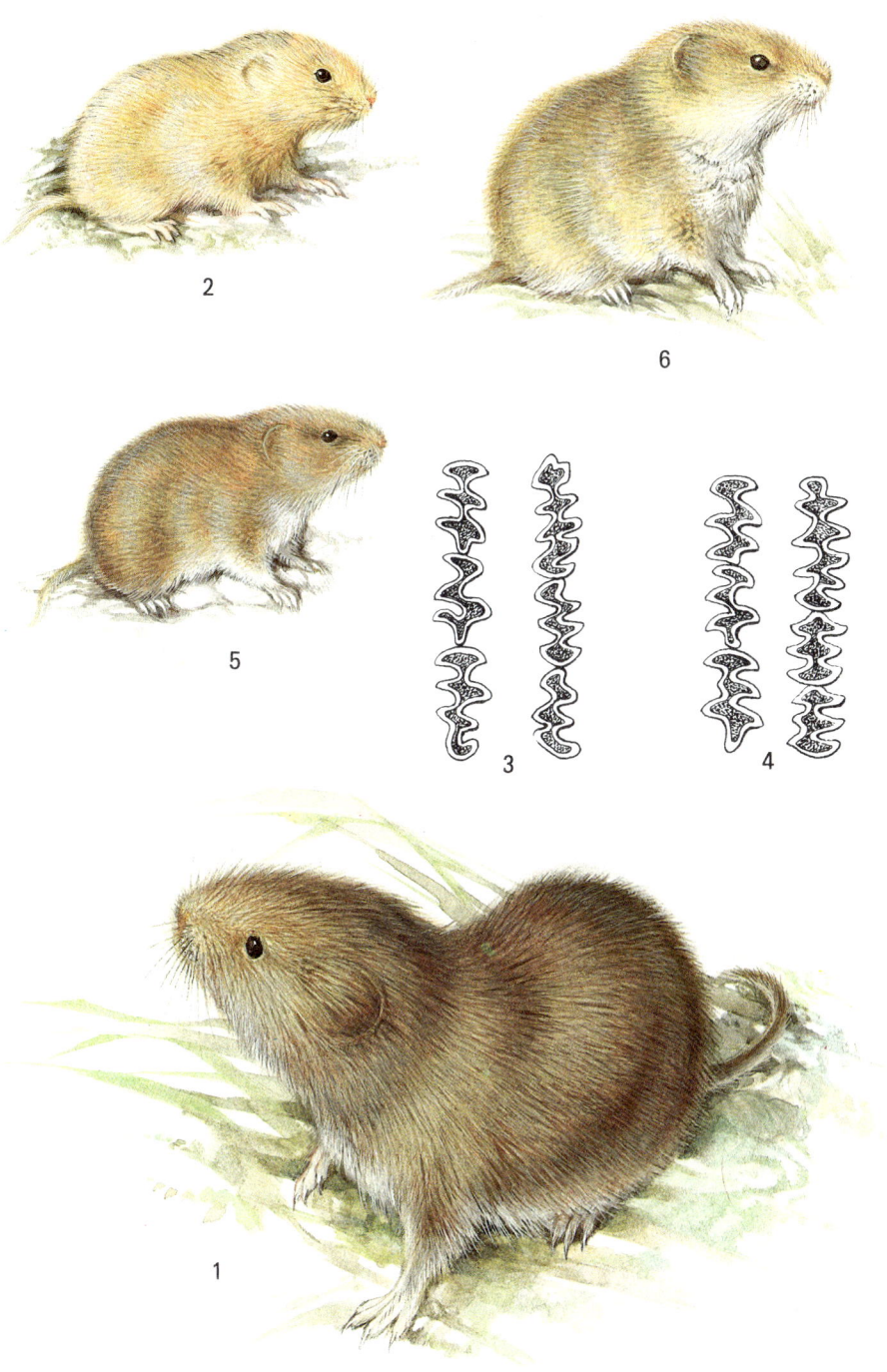

Wühlmäuse
Ordnung: Nagetiere, *Rodentia*   Familie: Wühler, *Cricetidae*

Die **Feldmaus** (*Microtus arvalis* — **1**) lebt mit Ausnahme Großbritanniens, Skandinaviens und des westlichen Mittelmeerraumes in ganz Europa. Im Osten reicht ihr Verbreitungsgebiet bis nach China. Die Feldmaus ist ein Steppenbewohner, wir treffen sie aber wegen ihrer großen Anpassungsfähigkeit außer in tiefen Wäldern überall an. Sie ist vor allem nachts aktiv, die Tagesaktivität wird von größeren Ruheperioden unterbrochen. Diese Art lebt in Kolonien, die durch die ausgetretenen, die einzelnen Höhlen verbindenden Pfade auffallen. Die einzelnen Tiere sind jedoch nicht besonders verträglich, und in der Kolonie ist keine feste soziale Struktur ausgeprägt. Das Nest liegt gewöhnlich in einer Tiefe von 10—20 cm inmitten des Gangsystems. Die Nistkammer ist mit trockenem Gras ausgefüllt, das zu einem kugeligen Nest verflochten ist. Außerdem befinden sich in der Kolonie noch kurze, einfache Gänge, die bei Gefahr als Behelfsunterschlupf und zum Verzehren der Nahrung dienen. Die Feldmaus kann sich unter günstigen Bedingungen während des ganzen Jahres vermehren. Das Weibchen ist 19—21 Tage trächtig und wirft bis zu 6 mal jährlich. Jeder Wurf enthält 4—7 Junge, die schon nach 3 bis 5 Wochen ihre Geschlechtsreife erreichen und sich vermehren können. In drei- bis fünfjährigen Intervallen kommt es in der Regel zur Übervermehrung, der dann durch Nahrungsmangel, Infektionen und Streßzustände ein rasches Absinken der Bestände folgt. Bild **2** zeigt die Beißflächen der Mahlzähne.
Die **Erdmaus** (*Microtus agrestis* — **5**) ist von England aus (in Irland fehlt sie) über Mitteleuropa bis nach Mittelsibirien verbreitet. Im Mittelmeerraum kommt sie mit Ausnahme des Gebiets um den Golf von Lyon nicht vor. Sie unterscheidet sich von der Feldmaus nicht nur durch einige Körpermaße, sondern auch durch die dunklen Hinterpfötchen und die Ausbildung der Mahlzähne (**3**). Sie bevorzugt feuchtere und kühlere Biotope und lebt auch im Wald. Im Gegensatz zur Feldmaus baut die Erdmaus ein oberirdisches Nest. Von Mai bis Oktober pflanzen sich die Weibchen fort und werfen jeweils 4—6 Junge. Die Trächtigkeit dauert 19—21 Tage. Der Erdmaus ähnelt sehr die **Nordische Wühlmaus** (*Microtus oeconomus* — **6**). Sie lebt inselartig im Taiga- und Tundragebiet Europas und Asiens. In Norddeutschland, Holland, der pannonischen Tiefebene, im Süden der Slowakei, am Plattensee und dem Neusiedler See befinden sich isolierte Populationen. Die Nahrung dieser Tiere besteht aus den grünen Teilen, Wurzeln und Sprossen von Sumpfpflanzen. Das mit Gras gepolsterte Nest wird meistens oberirdisch, zum Beispiel in den Büscheln von Binsen angelegt. Fortpflanzungszeit ist von März bis November. Das Weibchen ist 20—23 Tage trächtig und bringt zwei- bis dreimal jährlich 2—9 Junge zur Welt.
Die **Schneemaus** (*Microtus nivalis* — **7**) ist ein Bewohner der europäischen Gebirge. Sie lebt auch im Kaukasus und Vorderasien und siedelt im Geröll und auf Bergwiesen gewöhnlich über der Waldgrenze. Sie bildet Kolonien, gräbt in der Regel aber keine Höhlen, sondern versteckt sich meistens in Felsspalten und zwischen Steinen. Die Schneemaus lebt von verschiedenen Pflanzenteilen, ihre Fortpflanzung ist auf die Zeit von Mai bis August beschränkt, und das Weibchen wirft gewöhnlich nur zweimal jährlich jeweils 1—5 Junge. Diese werden erst nach dem Überwintern geschlechtsreif. Auch diese Art weist charakteristische Schmelzflächen auf den Mahlzähnen auf (**4**), die beim Anblick von oben ein fast mäanderartiges Bild zeigen (links immer die obere, rechts die untere Reihe).

	LC (mm)	LCd (mm)	LTp (mm)	G (g)
Microtus arvalis	80—130	20—50	13—18,5	15—50
M. agrestis	90—140	28—52	16—21	16—60
M. oeconomus	98—140	38—74	16—23	20—60
M. nivalis	85—140	40—75	19—22	35—65

Blindmäuse, Blindwühler

Ordnung: Nagetiere, *Rodentia*   Familie: Blindmäuse, *Spalacidae*
Familie: Wühler, *Cricetidae*

Die **Westblindmaus** (*Spalax leucodon* — 1) bewohnt Ungarn und ist über die Balkanhalbinsel bis nach Kleinasien und über Transkaukasien bis in die westliche Ukraine verbreitet. Sie lebt in grasigen Steppen und auch in der Kulturlandschaft, auf Weiden und Feldern und dringt stellenweise auch in lichte Wälder vor. Auf dem Balkan finden wir sie in den Karstgebieten, meistens in den Löchern des Karstgesteins. Die Blindmaus verbringt praktisch ihr ganzes Leben in unterirdischen Höhlen und sonnt sich nur manchmal in der unmittelbaren Nähe ihres Baus. Sie ist diesem unterirdischen Dasein und der Wühltätigkeit ausgezeichnet angepaßt. Der walzenförmige Körper ist schwanzlos, die Ohren haben keine Muscheln, und die Augen sind verkümmert und völlig mit Haut überzogen. Die Maus löst den Boden mit ihren mächtigen Schneidezähnen und schiebt dann das lockere Material mit dem Kopf, der an der Nase mit einem hornigen Schild und an den Seiten mit einer Reihe fester Borsten versehen ist, aus dem Loch. Die Mitte des Baus wird von einem großen Haufen des ausgegrabenen Bodens gebildet, unter dem sich das Nest befindet. Kleinere Materialanhäufungen, die mit dem Nest durch Gänge verbunden sind, befinden sich an der Grenze des Territoriums, ihr Inneres dient im Sommer den Tieren als Rastplatz. Die Blindmäuse sind Pflanzenfresser. Ihre Nahrung besteht aus Wurzeln, Knollen und Zwiebeln. Von November bis Januar, wenn die Fortpflanzungszeit beginnt, halten sich die sonst als Einzelgänger lebenden Blindmäuse in Gruppen auf. In den Nebenhaufen wohnen dann oft die einzelnen Männchen, die um die Weibchen im Nest werben. Die Tragzeit dauert ungefähr 28 Tage. Die ersten Würfe erfolgen im Februar, die anderen von Ende März bis Mai. Ein Wurf enthält gewöhnlich 2—4 Junge, und wir finden nur selten mehr, also 5 oder sogar 9 Tiere vor. Die **Ostblindmaus** (*Spalax microphthalmus* — 2) ist in der Ukraine beheimatet und reicht im Osten bis in das westlichste Sibirien und im Süden bis in den Kaukasus und möglicherweise auch bis nach Rumänien und Griechenland. Ihre Lebensweise, Ernährung und Fortpflanzung unterscheidet sich nicht von der vorangehenden Art. Die Schädel der Ost- (3) und Westblindmaus (4) sind keilförmig und weisen eine breite Nackenpartie auf.
Ähnlich wie die Blindmäuse lebt auch der **Blindwühler**, *Ellobius talpinus* (5), der jedoch zur Familie der Wühler (*Cricetidae*) gehört. Er ist von der Ukraine über die Krim bis nach Turkestan und östlich bis in die Mongolei verbreitet. Diese Art bewohnt Steppen und Halbwüsten, wo sie ihre zweistöckigen Bauten ausgräbt. Das Tier benutzt dabei ähnlich wie die Blindmäuse seine kräftigen Schneidezähne. In den Gängen des ersten Geschosses, das näher an der Erdoberfläche liegt, suchen diese Wühler ihre Nahrung, in den Gängen des unteren Geschosses befinden sich ihre Nester. Das gelockerte Material wird von den Tieren mit den Hintergliedmaßen aus der Höhle geschoben und bildet am Eingang des Baus charakteristische Hügel (6). Die Nahrung dieser Art besteht fast ausschließlich aus unterirdischen Pflanzenteilen. Fortpflanzung ist das ganze Jahr über möglich, und das Weibchen wirft in der Regel 3—4 mal jeweils 2—4 Junge. Die Trächtigkeit dauert 26—28 Tage.

	LC (mm)	LCd (mm)	LTp (mm)	G (g)
Spalax leucodon	150—270	— —	20—25	140—220
S. microphthalmus	197—300	— —	24—30	370—570
Ellobius talpinus	100—120	8—15	19—23	20— 50

Mäuse
Ordnung: Nagetiere, *Rodentia*   Familie: Langschwanzmäuse, *Muridae*

Die **Gelbhalsmaus** (*Apodemus flavicollis* — 1) lebt in Südengland und auf dem Festland von Frankreich nach Osten bis zum Ural. Nördlich endet ihr Verbreitungsgebiet in Südskandinavien, und im Süden lebt sie in den Pyrenäen, auf der Apenninen- und Balkanhalbinsel, in Kleinasien und Palästina. Sie ist ein typischer Bewohner der Wälder und lebt auch dort, wo keine Busch- und Kräuteretage vorhanden ist. Die Gelbhalsmaus ist ein Nachttier, das sich ebenso gewandt auf der Erde bewegt, wie es klettert. Die langen Beine ermöglichen der Gelbhalsmaus weite Sprünge. Sie baut ihr Nest aus Gras und Blättern in verschiedenen Hohlräumen, zwischen Steinen oder Baumwurzeln und oft auch in Vogelnistkästen. Die Nahrung der Gelbhalsmaus besteht vor allem aus den Samen verschiedener Bäume und Sträucher, ein Viertel davon macht auch tierisches Material, Insekten, Nacktschnecken und andere wirbellose Lebewesen, aus. Für den Winter legen sich die Tiere Samenreserven an. Die Fortpflanzung verläuft von Februar bis September und unter günstigen Witterungsbedingungen auch während der Wintermonate. Das Weibchen ist 23—29 Tage trächtig und wirft jedesmal 2—9 Junge.

Die **Waldmaus** (*Apodemus sylvaticus* — 2) ist der Gelbhalsmaus sehr ähnlich, und es ist meistens auch für den Fachmann recht schwierig, Jungtiere und Weibchen beider Arten voneinander zu unterscheiden. Ein verhältnismäßig gutes Erkennungsmerkmal ist die Länge der Hinterpfoten. Die Waldmaus bewohnt mit Ausnahme Nordskandinaviens ganz Europa und Asien bis zum Himalaja. Sie kommt in kleinerer Zahl auch in Nordafrika vor, lebt an Waldrändern, im Buschwerk, in Schilfdickichten, Feldern und auch in der offenen Landschaft. Tiefere Wälder meidet sie. Die Waldmaus ist ein Nachttier und ähnelt in ihrer Biologie weitgehend der Gelbhalsmaus. Sie ist jedoch weniger beweglich, klettert wenig, gräbt oft Höhlen und legt auch ihr Nest meistens unter der Erdoberfläche an. Die Nahrung besteht zum großen Teil aus den Samen von Gräsern und Kräutern. Die Waldmaus pflanzt sich im Winter nicht fort, und in einem Wurf sind verhältnismäßig mehr Junge enthalten.

Die **Zwergwaldmaus** (*Apodemus microps* — 3) erinnert eher an die östliche Form der Hausmaus oder an eine junge Waldmaus und wurde deshalb erst 1952 entdeckt. Sie ist in der Tschechoslowakei, in Polen, ganz Südosteuropa und offensichtlich auch in Kleinasien verbreitet. Sie lebt in den waldlosen Gebieten der Niederungen und des Hügellandes. In der Regel kommt sie mehr in trockeneren Biotopen vor, und wir finden sie nur selten an feuchten Stellen oder sogar im Röhricht. Diese Art gräbt Höhlen. Ihre Nahrung besteht zum überwiegenden Teil aus Grassamen, Korn und den Samen von Feldunkräutern. Fortpflanzung ist von März bis September. Das Weibchen ist ungefähr 23 Tage trächtig, und ein Wurf umfaßt 4—6, oft auch mehr Junge.

Die größte Langschwanzmaus ist die **Felsenmaus** (*Apodemus mystacinus* — 4). Sie bewohnt das jugoslawische Adriaufer, den gesamten Süden der Balkanhalbinsel, die Inseln des östlichen Mittelmeeres, Kleinasien und ist auch aus Israel, Grusinien und dem Irak bekannt. Wir finden sie in felsigen und buschigen Gebieten. Die Felsenmaus gräbt keine Höhlen, sondern sucht in Felsspalten Unterschlupf. Über die Biologie dieser Art ist wenig bekannt. Die Jungen treffen wir meistens von April bis September an, und ein Wurf enthält gewöhnlich 4—6 Tiere.

Die *Apodemus*-Arten halten Nüsse schräg und recht weit vom Körper entfernt. Sie nagen mit den unteren Schneidezähnen innen an der Schale, so daß die oberen Schneidezähne außen einen Kranz feiner Kerben hinterlassen (**5**).

	LC (mm)	LCd (mm)	LTp (mm)	G (g)
Apodemus flavicollis	90—123	87—130	23—27	18—50
A. sylvaticus	75—110	70—110	19—24	15—38
A. microps	70— 96	62— 85	17—21	12—22
A. mystacinus	85—150	100—144	23—29	28—56

Mäuse

Ordnung: Nagetiere, *Rodentia* Familie: Langschwanzmäuse, *Muridae*

Die **Brandmaus** (*Apodemus agrarius* — **1**) trägt auf dem Rücken einen typischen dunklen, ungefähr 2—3 mm breiten Streifen, der auf dem Scheitel beginnt und an der Schwanzwurzel endet. Sie lebt in den nördlichen Gebieten Mitteleuropas, in Südosteuropa und von hier über den Kaukasus und den mittleren Teil Sibiriens bis in den Fernen Osten. Sie ist an die feuchten Biotope entlang der Flüsse, an Buschbestände, Waldränder mit reichlichem Unterwuchs und an Orte mit üppiger, feuchtigkeitsliebender Vegetation gebunden. Die Brandmaus lebt in Familien oder kleineren Gruppen und gräbt sich flache Höhlen mit Nestern und Vorratskammern. Im Winter siedelt sie oft in menschliche Behausungen, Scheunen u. ä. um. Die Nahrung der Brandmaus besteht vor allem aus Samen, fast zu 30 % aber aus Insekten und deren Larven. Grüne Pflanzenteile sind in der Nahrung fast nicht vertreten. Die Fortpflanzungsperiode ist kürzer als bei anderen Mäusen, sie dauert nur von April bis September. In dieser Zeit wirft das Weibchen 2—3 mal 4—9 Junge. Die Tragzeit beträgt 22—23 Tage. Im östlichen Teil des Areals werfen die Brandmäuse auch 5mal jährlich. Hier kommt es auch öfter zur Übervermehrung, die vor allem in den Getreidekulturen zu beträchtlichen Schäden führen kann.

Sehr interessante Vertreter der Familie Langschwanzmäuse sind die Angehörigen der Gattung *Acomys*, die allgemein als Stachelmäuse bezeichnet werden. Sie erhielten ihren Namen auf Grund des Rückenfells, das in weiche Stacheln umgewandelt ist, die besonders an der hinteren Rückenpartie, wo sie länger sind, über das normale Fell herausragen. Die *Acomys*-Arten sind einander sehr ähnlich. Die gewöhnliche **Stachel-** oder **Kairomaus** (*Acomys cahirinus* — **2**) lebt in Nord- und Ostafrika, die **Palästinamaus** (*Acomys dimidiatus* — **3**) von Ägypten bis nach Südwestasien, und im Mittelmeerraum finden wir sie auf Zypern und Kreta. Beide Arten können sicher an der Schädelform unterschieden werden: Bei der ersten Art sind bei Ansicht von oben der Jochbögen abgerundet, bei den Palästinamäusen kantig. Außerdem unterscheiden sich beide Arten ein wenig in ihrer Biologie. Die Palästinamaus sucht nämlich sehr felsige Orte auf. Die dritte Art, die **Goldmaus** (*Acomys russatus*), lebt von Ägypten über Arabien bis nach Vorderasien. Wir unterscheiden sie von den beiden vorangehenden Arten leicht an den schwarzen Sohlen der Vorder- und Hinterfüße. Außerdem sind die Tiere stärker rostfarben. Die Stachelmäuse sind Bewohner buschiger Steppen, trockener, steiniger Hänge und felsiger Gelände. Sie dringen oft auch in menschliche Siedlungen vor und lassen sich hier leicht fangen. Sie fressen Samen, aber sehr gern auch tierische Nahrung, wie zum Beispiel Insekten und trockenheitsliebende Schnecken. Das Weibchen bringt nach 35—37-tägiger Trächtigkeit 2—3 sehr gut entwickelte Junge zur Welt. Ihre Augen öffnen sich schon am zweiten Tag, und nach einer Woche sind sie selbständig lebensfähig. Die Weibchen helfen sich gegenseitig bei der Geburt und pflegen auch oft die Jungen gemeinsam. Ein interessantes Merkmal der Stachelmäuse ist auch ihr sehr zarter Schwanz, der leicht abbricht.

	LC (mm)	LCd (mm)	LTp (mm)	G (g)
Apodemus agrarius	70—125	65— 89	17—21	12—39
Acomys cahirinus	90—125	80—110	17—20	30—70
A. dimidiatus	94—128	90—120	18—22	35—86
A. russatus	94—128	89—120	18—20	30—85

1

2

3

Mäuse
Ordnung: Nagetiere, *Rodentia*   Familie: Langschwanzmäuse, *Muridae*

Die **Zwergmaus** (*Micromys minutus* — **1**) ist das kleinste europäische Nagetier. Sie hat charakteristisch kleine Ohren, eine kurze, stumpfe Schnauze und einen schütter behaarten, sehr beweglichen Schwanz, der nur wenig kürzer ist als der Körper. Das Fell hat immer einen gelblichen Ton, es ist im Sommer heller und im Winter dunkler (auch rötlich) und kontrastiert scharf mit dem weißen Bauch. Der Schädel der Zwergmaus (**3**) weist eine relativ große Hirnkammer auf. Diese Art bewohnt Europa von Südengland bis zur Karelischen Halbinsel, fehlt auf der Pyrenäenhalbinsel und in Süditalien und kommt auf der Balkanhalbinsel nur im Schwarzmeergebiet vor. In Asien reicht die Zwergmaus bis in die Fernen Osten und südlich bis in die nördlichen Gebiete Indiens, Burmas und Vietnams. Sie lebt auch in Japan und auf Taiwan. Wir finden sie vor allem an feuchten Orten, im Röhricht, in der üppigen Vegetation feuchter Wiesen, in Auwäldern, auch auf Feldern und vor allem im Herbst in Strohschobern. Sie ist tagaktiv, aber sehr vorsichtig, und wir sehen sie daher nur selten. Die Zwergmaus klettert gewandt an Halmen und Stengeln und benutzt dabei ihren Greifschwanz. Ihre Nester befinden sich über dem Boden, sie sind kuglig, aus Gras errichtet und mit zwei Öffnungen versehen. Größere Bauten mit einer Öffnung sind für die Pflege der Jungen vorgesehen (**2**). Die Zwergmaus benutzt ihre Nester nur im Sommer. Während des Winters hält sie sich auf der Erde in Löchern auf. Hier legt sie manchmal kleine Vorräte an. Ihre Nahrung besteht vor allem aus Samen und zu einem Drittel aus tierischem Material, vor allem aus Insekten und deren verschiedenen Entwicklungsstadien. Die Zwergmaus pflanzt sich von März, April bis September fort und kann bis zu 7 mal jährlich, gewöhnlich jedoch nur 2—3 mal, werfen. Das Weibchen ist 21 Tage trächtig und bringt mit einem Wurf 3—7 Junge zur Welt. Die neugeborenen Tiere wiegen nur 0,6—0,8 g, wachsen aber ebenso rasch wie die Nachkommen der anderen Nagetiere heran. Am 4. Tag nach der Geburt haben sie ein kurzes Fell, am 8.—10. Tag öffnen sie die Augen und verlassen am 11.—12. Tag zum erstenmal das Nest. Im Alter von 6 Wochen sind sie geschlechtsreif.

Die **Zebramaus** (*Lemniscomys barbarus* — **4**) ist ein Bewohner der trockeneren Savannen und Steppen am Rande der Sahara. Sie ist bis Ostafrika verbreitet und lebt hier in buschbestandenem Gelände. Sie ist ein Einsiedler, weist aber eine ziemlich starke Populationsdichte von ungefähr 12 Exemplaren je Hektar auf. Diese Art ist tag- und nachtaktiv, wobei wir am frühen Morgen und dann wieder abends kurze Perioden sehr intensiver Nahrungssuche feststellen können. Die Zebramaus ist ein Allesfresser. Sie verzehrt grüne Pflanzenteile, Samen, Früchte, Insekten und verschiedene wirbellose Tiere. Die Fortpflanzung ist an die Regenzeit gebunden. Gewöhnlich wirft das Weibchen 4 mal jährlich jeweils 4—5 Junge, manchmal auch mehr. Es können sogar 12 Jungtiere sein. Die Trächtigkeit dauert 28 Tage. Die Neugeborenen können ungefähr eine Woche nicht sehen, öffnen dann aber die Augen und entwickeln sich rasch. Schon nach zwei Monaten sind sie geschlechtsreif, vermehren sich gewöhnlich aber erst im Alter von einem Jahr.

	LC (mm)	LCd (mm)	LTp (mm)	G (g)
Micromys minutus	50— 77	40— 75	12—16	3,5—12
Lemniscomys barbarus	90—118	95—133	22—26	33 —41

1

2

3

4

Mäuse

Ordnung: Nagetiere, *Rodentia*   Familie: Langschwanzmäuse, *Muridae*

Die **Hausmaus** (*Mus musculus* — **1, 2**) ist ursprünglich ein Bewohner der warmen Steppengebiete Europas und Asiens, wurde aber vom Menschen in alle Erdteile verschleppt. Die meisten Hausmäuse leben in Populationen, die eng an menschliche Behausungen gebunden, also kommensal sind. Einige Populationen halten sich jedoch ständig in der freien Natur auf. Die Hausmaus ist eine sehr variable Art, und die systematische Stellung der Arten und Unterarten ist bisher nicht geklärt. Diese Veränderlichkeit wird wesentlich von der Umwelt beeinflußt. Allgemein können wir sagen, daß die Hausmäuse im Westen dunkler und im Osten heller sind und ihre Schwanzlänge in der gleichen Richtung abnimmt. Die westeuropäische Hausmausform (*Mus musculus domesticus* — **1**) lebt ausgesprochen kommensal in den Gebieten westlich der Elbe. Östlich der Elbe einschließlich Skandinaviens lebt kommensal die mitteleuropäische Form (*Mus musculus musculus* — **2**). Zu den frei lebenden Hausmauspopulationen Südeuropas, die sich während des ganzen Jahres oder nur mit Ausnahme des Winters in den Feldern aufhalten, gehört die **Pannonische Hausmaus** oder **Ährenmaus** (*Mus musculus spicilegus* — **3**), die manchmal als selbständige Form angesehen wird. In Gesellschaft des Menschen lebende Hausmäuse graben sich in der Regel keine Höhlen und suchen in Mauerspalten, Abfallhaufen, unter Fußboden u. ä. Unterschlupf. Hier bauen sie auch ihre Nester, wozu sie vor allem Papier und Textilien verwenden. Die in der Natur lebenden Populationen graben sich flache Höhlen, in denen sie ihre Nester aus Gras anlegen. In der Nähe dieser Höhlen errichten sie Vorratskammern, die auf den ersten Blick an Maulwurfshaufen erinnern. Eine solche Vorratskammer kann bis zu 50 cm hoch sein, einen Durchmesser von 60—120 cm aufweisen und bis zu 10 kg Korn und Ähren von Gräsern und Getreide bergen. Unter dieser Anlage befindet sich ein ganzes Labyrinth von Gängen und Kammern, von denen ein Teil in der Vorratskammer mündet (**4**). Die kommensal lebenden Formen der Hausmäuse vermehren sich während des ganzen Jahres, die frei lebenden Populationen nur vom Frühling bis zum Herbst. Danach unterscheidet sich auch die Anzahl der Würfe. Es können 5—10 sein. Jeder Wurf enthält meistens 4—9 Junge. Das Weibchen ist 19—21 Tage trächtig. Die nächste Paarung erfolgt gewöhnlich kurz nach der Geburt. Die Jungen werden innerhalb von 45 Tagen fortpflanzungsfähig. Die Vermehrungsmöglichkeit der Hausmäuse ist also erheblich und kann unter bestimmten Voraussetzungen zu unangenehmen Massenvermehrungen führen.

Auf der Pyrenäenhalbinsel, den Balearen und in Nordwestafrika lebt die **Heckenhausmaus** (*M. spretus* — **5**). In ihrer Biologie erinnert sie an die pannonische Form der Hausmaus, lebt aber weniger gesellig und legt keine Vorratskammern an.

Die Hausmaus hat zur Entstehung einer ganzen Reihe farbiger Abweichungen geführt, die als Labortiere genutzt werden. Am ältesten und am meisten gezüchtet sind hier die weißen Mäuse. Sie wurden ursprünglich in China und Japan gezüchtet. Wann das aber geschah, ist nicht bekannt. Die weißen Mäuse wurden vor 120 Jahren aus Japan nach Europa eingeführt und sind seit dieser Zeit das am zahlreichsten gehaltene Labortier.

	LC (mm)	LCd (mm)	LTp (mm)	G (g)
Mus musculus domesticus	80—100	90—102	17—19	16—25
M. m. musculus	70— 85	65— 75	15—17	14—20
M. m. spicilegus	70— 86	55— 73	15—18	10—19
M. spretus	67— 88	52— 74	15—17	10—15

Ratten
Ordnung: Nagetiere, *Rodentia*   Familie: Langschwanzmäuse, *Muridae*

Wildlebende **Hausratten** oder **Dachratten** (*Rattus rattus* — **1, 2, 3**) finden wir in den warmen Gebieten Südostasiens, Südeuropas und Nordafrikas. Sie stammen ursprünglich aus Südostasien, verbreiteten sich aber in der Gesellschaft des Menschen und durch den Schiffsverkehr über die ganze Welt. In Europa wurde die Hausratte schon vor 3000 Jahren heimisch. In vielen Gebieten wurde sie später ausgerottet oder von der viel anpassungsfähigeren und expansiveren Wanderratte verdrängt. Ähnlich wie bei der Hausmaus tritt auch hier eine Reihe von Formen auf, die sich zum einen in den Körperproportionen, zum anderen in der Färbung unterscheiden. In Europa finden wir oft sogar verschiedenfarbige Exemplare in einem Wurf. Die mitteleuropäischen Hausratten sind meistens schwarzgrau und werden mit *Rattus rattus rattus* (**1**) bezeichnet. In Südeuropa und im östlichen Mittelmeerraum leben etwas größere Ratten, die überwiegend braun gefärbt sind und einen grauen Bauch haben. Sie gehören zur Form *Rattus rattus alexandrinus* (**2**). Im westlichen Mittelmeerraum treten wieder kleinere, braune Hausratten mit weißen Bäuchen auf. Wir nennen sie *Rattus rattus frugivorus* (**3**). In den Siedlungsgebieten und vor allem in den Häfen finden wir in der Regel alle Farbtypen vor. Die kommensal lebenden Ratten bewohnen meistens Dachböden, Speicher und trockenere Orte. Die im Mittelmeergebiet wild lebenden Rattenpopulationen befinden sich oft auch weit von menschlichen Behausungen entfernt. Die Hausratte klettert sehr gern, und wir finden sie deshalb in der Natur auch auf Bäumen. In der freien Natur besteht die Nahrung dieser Ratten aus Samen, Früchten und grünen Teilen von Pflanzen. Die Ratten, die im menschlichen Siedlungsbereich leben, schmarotzen an Lebensmitteln und Vorräten. Kommensal lebende Ratten bauen ihr Nest aus Papier und Textilabfällen gewöhnlich in Dachböden oder anderen, unter den Dächern befindlichen Räumen, die in der Natur lebenden Ratten errichten es gewöhnlich aus Gras und Blättern im Buschwerk oder auf Bäumen. Es liegt hier oft in einer Höhe von 2—5 m. Die Ratten pflanzen sich während des ganzen Jahres fort. Das Weibchen ist 21—23 Tage trächtig, und ein Wurf enthält 7—8 Junge.

Die **Wanderratte** (*Rattus norvegicus* — **4**) ist ursprünglich in Ostasien beheimatet, verbreitete sich aber mit der menschlichen Tätigkeit über die gesamte Erde. Sie kommt am häufigsten in Gebieten mit gemäßigter bis kühler Witterung vor und ist in den subtropischen und tropischen Zonen viel seltener. Sie hat sich jedoch dort auf einigen Inseln ausgebreitet, wie zum Beispiel auf Madagaskar, wo sie riesige Schäden vor allem dadurch anrichtet, daß sie eine ganze Reihe seltener Arten der ursprünglichen Fauna vernichtet. Die Massenausbreitung der Wanderratte in Europa erfolgte erst im 18. Jahrhundert, und sicher hat die Einführung der Kanalisation in den Städten dazu wesentlich beigetragen. Im Unterschied zu den Hausratten haben die Wanderratten feuchtes Milieu gern. Sie schwimmen gut und halten sich innerhalb menschlicher Ansiedlungen überwiegend in Kellern oder den Erdgeschossen von Gebäuden auf. Manchmal stoßen wir auch auf Wanderrattenpopulationen, die frei leben. Sie sind aber immer an die Ufer von Bächen oder an eine besondere Nahrungsquelle gebunden. Im Unterschied zu den Hausratten graben sich die Wanderratten Höhlen, in denen sie leben. Sie pflanzen sich während des ganzen Jahres fort. Das Weibchen ist 22—24 Tage trächtig, und ein Wurf enthält meistens 6—10 Junge. Entsprechend den Bedingungen wirft das Weibchen 3—5 mal jährlich. Die Jungen sind schon nach 3 Monaten erwachsen, so daß die Vermehrungsfähigkeit dieser Art erheblich ist, und die zahlreichen Populationen der Wanderratten in den Städten ein großes Problem darstellen.

	LC (mm)	LCd (mm)	LTp (mm)	G(g)
Rattus rattus	160—235	186—250	39—40	135—250
R. norvegicus	160—270	125—230	30—45	140—500

Schläfer
Ordnung: Nagetiere, *Rodentia* Familie: Bilche, *Gliridae*

Der **Siebenschläfer** (*Glis glis* — **1**) ist mit Ausnahme Irlands und Englands (wo er zwar in der Umgebung von London ausgesetzt wurde) und der Pyrenäenhalbinsel in ganz Europa verbreitet. Nur in Nordwesteuropa und in den nördlichen Gebieten Skandinaviens findet man ihn nicht. Östlich reicht sein Verbreitungsgebiet bis nach Transkaukasien und im Süden bis nach Vorderasien.
Der Siebenschläfer ist ein Bewohner von Laubwäldern, lebt aber auch in Gärten und großen Parks, und manchmal treffen wir ihn auch in Weinbergen an. Er bevorzugt warme, sonnige Hänge und kommt im Mittelmeergebiet häufig im Buschland der Karstgebiete vor. Er ist ein Nachttier, sucht seine Nahrung überwiegend auf Bäumen und lebt in Familien. Tagsüber sucht er in Hohlräumen, Felsspalten und oft auch in Vogelnistkästen Unterschlupf. Während des Winters schläft der Siebenschläfer in Nestern in der Erde oder auf den Dachböden von Gebäuden. Im Herbst werden die Tiere sehr fett und beginnen Ende September oder Anfang Oktober mit dem Winterschlaf (**2**), aus dem sie erst Ende April, oft auch im Mai oder bei ungünstiger Witterung sogar erst Anfang Juni erwachen. Die Nahrung des Siebenschläfers verändert sich im Verlauf des Jahres. Im Frühling besteht sie aus Knospen, Rinde, den grünen Teilen von Pflanzen und kleinen Lebewesen, im Sommer dann aus Samen, Waldfrüchten und Obst und im Herbst aus Obst, Eicheln und Bucheckern. Bald nach dem Erwachen aus dem Winterschlaf paaren sich die Tiere. Das Weibchen ist 30—32 Tage trächtig und bringt in einem Wurf meistens 3—6 Junge zur Welt, die es ungefähr einen Monat stillt. Die Schädel aller Bilcharten sind sich ähnlich. Sie haben große Paukenhöhlen, und der Unterkiefer ist geschlossen, weist also an der Stelle des Winkelvorsprungs keine Öffnung auf.
Die **Haselmaus** (*Muscardinus avellanarius* — **3**) ist ähnlich verbreitet wie der Siebenschläfer, lebt aber auch in Südengland, in Kleinasien und östlich bis in das Wolgagebiet. Sie fehlt im Süden Dalmatiens und den südlichen Gebieten Griechenlands. Die Haselmaus bevorzugt feuchtere Gebiete und Laubwälder mit dichtem Unterwuchs, vor allem mit Haselsträuchern. Wir finden sie aber auch in reinen Nadelwäldern, und in den Bergen steigt sie bis zur Knieholzzone auf. Die Haselmaus ist ein Dämmerungs- bis Nachttier und hält sich oft auf Bäumen und Sträuchern auf. Ihre Nahrung ist gemischt, sie besteht ungefähr zu gleichen Teilen aus Pflanzenmaterial, wie es zum Beispiel Knospen, Rinde, Blätter, Blüten und Früchte sind, und aus tierischem Material, aus Insekten, Nacktschnecken, Regenwürmern u.ä. Die Haselmäuse beginnen gewöhnlich Anfang September, jüngere Tiere später, mit dem Winterschlaf. Diesen verbringen sie in Laubhaufen oder Höhlen. Sie erwachen in der Regel im April. Jede Haselmaus errichtet mehrere Sommernester, die sie abwechselnd als Rast- und Schlafplatz benutzt. Die Nester sind kugelförmig, bestehen aus Gras und Blättern und sind oft mit den Streifen geschälter Rinde durchflochten (**4**). Sie befinden sich in Himbeer- und Haselsträuchern, aber auch auf dem Boden. Hier wirft das Weibchen auch seine Jungen. Die Paarung erfolgt gewöhnlich im Mai. Das Weibchen ist 23 Tage trächtig und wirft in der Regel 3—5 Junge. Die Haselmaus kann manchmal auch zwei Würfe im Jahr haben. Obwohl sie an verschiedenen Stellen zahlreich auftritt, treffen wir sie infolge ihres verborgenen nächtlichen Lebens nur selten an.

	LC (mm)	LCd (mm)	LTp (mm)	G(g)
Glis glis	120—200	110—190	23—35	70—250
Muscardinus avellanarius	60— 85	55— 82	14—17	15— 28

Schläfer
Ordnung: Nagetiere *Rodentia*   Familie: Bilche, *Gliridae*

Der **Gartenschläfer** (*Eliomys quercinus* — **1**) ist mit Ausnahme Englands, Skandinaviens und der Nord- und Ostseeküste in Europa inselartig verbreitet. Weiter lebt er im nördlichen Teil der Balkanhalbinsel und über die mittleren europäischen Gebiete der UdSSR bis zum Ural. Er tritt auch in Nordafrika von Rio de Oro bis Libyen auf, bewohnt Wälder, Gärten und Parks und meidet auch reine Fichtenbestände und felsiges Gelände nicht. Der Gartenschläfer bewegt sich oft am Boden, wo er seine Nahrung sucht. Er baut sowohl auf Bäumen und Sträuchern wie auch am Boden zwischen Steinen, in alten Mauern u.ä seine Sommernester aus Zweigen, Laub und Gras. Im Frühling und im Sommer überwiegt in der Nahrung des Gartenschläfers der Anteil tierischen Materials. Er frißt die verschiedensten Arten wirbelloser Lebewesen, jagt kleine Säugetiere und Vögel und nimmt deren Nester aus. Im Herbst ernährt er sich von Obst und Samen. Zum Winterschlaf legen sich gewöhnlich mehrere Tiere gemeinsam im Winternest nieder, das sie sich in Hohlräumen, Felsspalten und Erdlöchern anderer Nagetiere errichten. Der Winterschlaf dauert von Oktober bis April. Die Paarung erfolgt bald nach dem Erwachen. Das Weibchen ist 23 Tage trächtig und wirft in der Regel nur einmal, selten zweimal jährlich 3—5 Junge.
Der **Baumschläfer** (*Dryomys nitedula* — **2**) lebt von der Schweiz und Norditalien über die Balkanhalbinsel und die Karpaten bis in den Kaukasus und über den Iran und Mittelasien bis China. Er bewohnt Laub-, Misch- und Nadelwälder mit genügend Unterwuchs. Seine kugelförmigen Sommernester finden wir meist in Hohlräumen, in Vogelnistkästen und auch in Felsspalten und Erdlöchern. In den nördlichen Gebieten seines Areals hält der Baumschläfer Winterschlaf, der von Oktober bis April dauert. Er überwintert in Baumhöhlen oder meistens unter der Erde in einer Tiefe von 30—60 cm. In anderen Ländern ist er während des ganzen Jahres aktiv. Seine Biologie unterscheidet sich nicht wesentlich von der des Gartenschläfers. In seiner Nahrung ist jedoch der tierische Anteil nicht so stark vertreten. Der Baumschläfer pflanzt sich ein- bis zweimal jährlich fort. Das Weibchen ist 23—25 Tage trächtig und bringt in einem Wurf jeweils 2—6 Junge zur Welt.
In Südostbulgarien wurde der **Mausschläfer** (*Myomimus roachi* — **3**) entdeckt. Im Unterschied zu den übrigen Bilchen lebt er fast ausschließlich in Steppengebieten auf dem Boden. Er ernährt sich vor allem von Samen und in geringem Maße auch von grünen Pflanzenteilen. Der Mausschläfer ist ein Tier, das sehr verborgen lebt und deshalb selten zu sein scheint. Über seine Biologie ist praktisch nichts bekannt. Er verbirgt sich zwischen Steinen und in Erdlöchern, gräbt selbst aber nur selten seine Löcher. Die Beißflächen der Vormahl- und Mahlzähne der Bilche sind durch Querlinien gekerbt (**4**). Die Anordnung dieser Leisten ist artspezifisch.

	LC (mm)	LCd (mm)	LTp (mm)	G(g)
Eliomys quercinus	100—180	90—129	22—30	50—180
Dryomys nitedula	77—110	60— 95	18—23	17— 32
Myomimus roachi	90—130	60— 80	18—22	15— 25

Birkenmäuse, Springmäuse
Ordnung: Nagetiere, *Rodentia*   Familie: Hüpfmäuse, *Zapodidae*

Die **Birkenmaus** (*Sicista betulina* — **1**) ist ein Bewohner der Wald- und Waldsteppenzone Europas und Asiens. Sie lebt von Skandinavien bis Mittelsibirien und weiter im Baikal- und Ussurgebiet. Im Süden ist sie bis zu den Karpaten, dem Kaukasus und dem Sajan-Gebirge verbreitet. In Mitteleuropa taucht sie inselartig in einigen Hügelgebieten Schleswig-Holsteins, im Böhmisch-Bayerischen Wald, in der Steiermark, in Vorarlberg, der Slowakei und Nordmähren auf. Am häufigsten finden wir sie an feuchten Stellen mit üppiger Vegetation, im Moorland, auf Gebirgswiesen und Lichtungen. Sie bewegt sich auf dem Boden genauso gewandt wie sie klettert, wobei ihr der lange Greifschwanz zu Hilfe kommt. Die Birkenmaus baut ihr kugelförmiges Sommernest aus Gras und Moos in verschiedenen Hohlräumen, in Grasbüscheln, im Farn und unter Baumrinde. Sie legt sich sehr bald im Winternest, das sich in einer selbstgegrabenen Höhle befindet, zum Winterschlaf nieder. Dieser beginnt oft schon im August und dauert bis Mai. Tritt im Sommer kühle Witterung ein, verfällt das Tier in einen Starrezustand. Die Nahrung der Birkenmaus besteht aus Samen, Beeren und verschiedenen kleinen Lebewesen, vor allem Insekten. Das Weibchen ist 4—5 Wochen trächtig und wirft 2—7 Junge.
Die **Steppenbirken-** oder **Streifenmaus** (*Sicista subtilis* — **2**) lebt in den Steppen und Baumsteppen vom Baikalsee westlich bis nach Bulgarien, Rumänien, Ungarn und Österreich. Ihre Biologie unterscheidet sich nicht von der der Birkenmaus. Sie hält jedoch einen kürzeren Winterschlaf, der gewöhnlich im September beginnt und Ende April endet. Im Oberkiefer der Birkenmäuse befinden sich 4 höckerige Zähne (**3**), im Unterkiefer nur drei.
Der **Pferdespringer** (*Allactaga jaculus* — **4**) gehört zur Familie der Springmäuse (*Dipodidae*). Er lebt von China über ganz Mittelasien bis zum Kaspischen Meer. Die westliche Grenze seines Verbreitungsgebietes wird von den Steppen im Süden der Ostukraine gebildet. Der Pferdespringer ist ein Bewohner der Steppen und Halbwüsten, wir finden ihn jedoch an geeigneten Stellen auch in den Baumsteppen. Er ist ein Nachttier, das sich tagsüber in Erdlöchern verbirgt. Die dauerhaften Höhlen des Tieres sind bis 2 m tief und haben gewöhnlich zwei Ausgänge und eine oder mehrere Kammern. Die provisorischen Höhlen sind einfach, haben in der Regel nur einen Ausgang und sind nur 20—35 cm tief. Mit Eintritt der ersten Fröste legen sich die Pferdespringer zum Winterschlaf nieder. Sie erwachen daraus Ende März oder Anfang April. Ihre Nahrung besteht aus Pflanzenmaterial, zu verschiedenen Zeiten fressen sie aber auch Insekten, zum Beispiel Heuschrecken. Das Weibchen wirft nach 42—45 tägiger Trächtigkeit zweimal jährlich 3—5 Junge.
Die **Wüstenspringmaus** (*Jaculus jaculus* — **5**) lebt in Nord- und Nordostafrika und in Vorderasien bis in den Iran. Sie ist ein Bewohner sandiger Steppen, der Halbwüsten und Wüstenränder. Ihre Biologie unterscheidet sich kaum von der des Pferdespringers.

	LC (mm)	LCd (mm)	LTp (mm)	G(g)
Sicista betulina	50— 78	70—105	15—18	5— 13
S. subtilis	55— 72	67— 85	13—17	8— 14
Allactaga jaculus	190—250	220—270	85—93	120—200
Jaculus jaculus	120—135	180—195	62—72	60— 90

Hasen

Ordnung: Hasentiere, *Lagomorpha*   Familie: Hasen, *Leporidae*

Der **Feldhase** (*Lepus europaeus* — **1**) bewohnt mit Ausnahme der Gebiete, die auf der Pyrenäenhalbinsel südlich des Ebro liegen, ganz Europa. Er reicht über Kleinasien bis nach Syrien und Israel. Im Osten endet sein Areal im Iran. Er wurde auch in Nord- und Südamerika, auf Neuseeland und in Australien ausgesetzt. Der Hase lebte ursprünglich in Steppen und lichten Wäldern, hat sich aber der Kulturlandschaft sehr gut angepaßt und besiedelt praktisch alle Biotope. Am häufigsten ist er in den niedereren Lagen. Er ist Einzelgänger. Im Rahmen eines bestimmten Territoriums lebt er aber in Gruppen, innerhalb derer sich die Tiere kennen und Kontakte aufnehmen. Zur Paarungszeit verbinden sich die Hasen zu größeren Gemeinschaften. Der Feldhase ist ein Nachttier, das tagsüber in einer flachen Mulde verweilt, die er sich an einer geschützten, meist sonnigen Stelle selbst gräbt (**2**). Die Hasen ernähren sich von Grünpflanzen und nagen im Winter die Rinde von Bäumen und Sträuchern. Die Paarungszeit beginnt schon im Januar. In dieser Periode sind die Hasen auch tagaktiv. Oft umwerben mehrere Männchen ein Weibchen. Die Trächtigkeit dauert 42—44 Tage. Dann werden gewöhnlich 2—4, ausnahmsweise bis zu 7 Junge geboren. Sie sind vollständig behaart, können sehen (**3**) und bewegen sich schon nach einer halben Stunde selbständig. Die Mutter legt sie ab und kehrt anfangs 2—3 mal, nach 3 Tagen nur einmal täglich zu ihnen zurück, um sie zu säugen. Das Weibchen wirft in der Regel drei- bis viermal jährlich. Es kann noch während der Trächtigkeit erneut befruchtet werden (sogenannte Superfötation), so daß sich die Hasen unter günstigen Bedingungen sehr rasch vermehren.

Auf der Pyrenäenhalbinsel lebt südlich des Ebro und dann in ganz Afrika, Vorderasien und über Mittelasien bis nach China der **Steppenhase** (*Lepus capensis* — **4**), der in Asien auch Tolai genannt wird. Er ist im Unterschied zum Feldhasen stärker an Halbwüsten- und Wüstengebiete oder trockene Buschlandschaften gebunden. Die Biologie beider Arten unterscheidet sich nicht. Da in manchen Gegenden Populationen auftreten, die sich nach den äußeren Merkmalen nur schwer der einen oder anderen Art zuordnen lassen, werden manchmal beide Arten zusammengefaßt (als *Lepus capensis*). Andere Zoologen trennen auf der Grundlage der Schädelmerkmale beide Arten in verschiedene Unterarten.

Der **Schneehase** (*Lepus timidus* — **5**) ist in Irland, Schottland, Skandinavien und über die Tundren in ganz Nordasien bis nach Japan verbreitet. Er lebt auch in Nordamerika und hat sich in Mitteleuropa als Relikt in den Alpen erhalten. Mit Ausnahme Irlands, wo der Schneehase das ganze Jahr über braun gefärbt ist, wechselt er seine braune Sommertracht in ein weißes Winterkleid (**5**). Die Schneehasen sind geselliger und leben oft in größeren Kolonien. Manchmal scharren sie sich kurze, flache Höhlen, manchmal nur Vertiefungen aus. Die Fortpflanzung beginnt im Februar und März. Das Weibchen wirft 2—3 mal jährlich jeweils 2—5 Junge. Es ist 42—45 Tage trächtig. Es sind auch Würfe mit 12 Jungen bekannt. Die Mütter säugen hier öfter als die der Feldhasen. Die Jungen nehmen erst nach ungefähr einer Woche feste Nahrung zu sich.

	LC (cm)	LCd (cm)	LA (cm)	LTp (cm)	G(kg)
Lepus europaeus	50—70	7—11	12—14	12—15	2,5—7
L. capensis	40—45	8—10	8—11	9—12	1,5—2,5
L. timidus	52—65	4,5—7	6—9,5	12—16	2—6

Kaninchen, Gundi
Ordnung: Hasentiere, *Lagomorpha* Familie: Hasen, *Leporidae*
Familie: Kammfinger, *Ctenodactylidae*

Das **Wildkaninchen** (*Oryctolagus cuniculus* — **1**) war ursprünglich nur im westlichen Mittelmeerraum, auf der Pyrenäenhalbinsel und in Nordwestafrika zuhause. Es hat sich dann zum einen auf natürliche Weise, zum anderen dadurch, daß es vom Menschen ausgesetzt wurde, auch in anderen Gebieten verbreitet und wurde schließlich sogar auf mehrere Kontinente übertragen. Bekannt hierfür ist der Fall Australiens, wo sich das Wildkaninchen stark vermehrt hatte und große Schäden anrichtete. Heute lebt das Wildkaninchen mit Ausnahme Italiens, des größten Teils der Balkanhalbinsel und fast ganz Skandinaviens in ganz Europa. Es wurde auch in einigen Gebieten der UdSSR ausgesetzt. In Nordafrika ist es in den Küstengebieten Marokkos und Algeriens verbreitet. In Ägypten leben an einigen Stellen Kaninchen, die von verwilderten Haustieren abstammen. Das Wildkaninchen bewohnt am liebsten trockene Gegenden mit leichten Böden. Es taucht auch in lichten Wäldern und oft in den Parks großer Städte auf. Es bildet Kolonien, die recht umfangreich sein können. Die Kaninchen graben einerseits Wohnhöhlen, die miteinander durch Gänge (**2**) und Pfade verbunden sind, andererseits kurze Höhlen, die als zeitweilige Unterschlupfe dienen (**3**), und schließlich einfache Höhlen, in denen das Weibchen die Jungen zur Welt bringt und aufzieht. Wenn das Weibchen die Höhle, in der sich ganz junge Nachkommen befinden, verläßt, verstopft es sie mit einem Pfropfen aus Lehm und Gras (**4**). Die nächste Umgebung der Kolonie ist wesentlich von der Vegetation befreit, und wir finden hier Stellen, an denen die Tiere ihren bohnenförmigen Kot ablegen. Die Grenze ihres Territoriums kennzeichnen die Kaninchen mit einem Sekret der unter dem Kiefer befindlichen Drüsen (**5**). Kaninchen sind vor allem Dämmerungs- und Nachttiere. Sie sind sehr scheu und signalisieren jede Gefahr durch Trommeln mit den Hinterbeinen. Alle in der Nähe befindlichen Artgenossen werden hierdurch gewarnt und flüchten in ihre Höhlen oder ins dichte Unterholz. Die Weibchen werfen bis zu 5mal jährlich. Sie sind 30 Tage trächtig. Die Jungen werden in Nestern geboren, die mit Haaren, die sich das Muttertier am Bauch auszupft, und trockenem Gras gepolstert sind. Sie sind nackt und blind (**6**). Ein Wurf enthält in der Regel 3—8 Junge. Nach ungefähr 10 Tagen beginnen sie zu sehen, sie werden ungefähr 3 Wochen gesäugt und sind dann selbständig, verbleiben aber weiterhin in der Kolonie. Die Jungtiere sind erst im Alter von 5—8 Monaten ausgewachsen. Wildkaninchen wurden schon im 13. Jahrhundert in Klöstern gezüchtet, denn die Embryonen waren als Fastenspeise erlaubt. Allmählich erweiterte sich die Kaninchenzucht, es wurden Fleisch- und Pelzrassen entwickelt, und das Kaninchen gehört nun zu den verbreitetsten Kleinhaustieren. Das Hauskaninchen wird oft als Labortier verwendet.

Der **Gundi** (*Ctenodactylus gundi* — **7**) ist ein Nagetier, das zur Familie der Kammfinger (*Ctenodactylidae*) gehört. Er ist in felsigen Gegenden in Nordostafrika verbreitet und ein Tagtier. Feste Borsten auf den Fußsohlen ermöglichen dem Tier den Aufenthalt auf den von der Sonne erhitzten Steinen. Die Nahrung des Gundis besteht aus Wüstenpflanzen. Aufgrund des Biotops, in dem der Gundi lebt, trinkt er nie, sondern leckt nur manchmal den Tau, der sich zeitweilig auf den Felsen niederschlägt. Er lebt in kleinen Kolonien. Über seine Fortpflanzung ist nicht viel bekannt. Die Paarung erfolgt im Januar und erneut im April. Das Weibchen ist 60—70 Tage trächtig und bringt 2—3 Junge zur Welt.

	LC	LCd	LTp	G
Oryctolagus cuniculus	38— 55 cm	45—70 mm	75—95 mm	1,3—2,5 kg
Ctenodactylus gundi	180—250 mm	25—35 mm	25—30 mm	170—195 g

Wildschwein
Ordnung: Paarhufer, *Artiodactyla*   Familie: Schweine, *Suidae*

Das **Wildschwein** (*Sus scrofa* — **1**) ist mit Ausnahme der Britischen Inseln fast über ganz Europa verbreitet. Weiterhin lebt es in Kontinentalasien einschließlich der Tropengebiete und auch in Nordafrika. In Ägypten wurde das Wildschwein 1902 ausgerottet, in Libyen in den fünfziger Jahren. In Nord- und Südamerika wurde es an verschiedenen Stellen ausgesetzt. Das Verbreitungsgebiet des Wildschweins hängt nicht zusammen. Es bewohnt vor allem Waldgebiete und bevorzugt feuchte Laubwälder. Es lebt auch im Röhricht und in Nordafrika in der Macchie. Das Wildschwein meidet hohe Gebirge und ausgedehntere Feldflächen. Es lebt in Rudeln, die von den Weibchen (Bachen) und den Jungtieren gebildet werden. Alte Keiler sind Einzelgänger, halberwachsene männliche Tiere bilden manchmal selbständige Herden. Tagsüber verbergen sich die Wildschweine meistens im Dickicht und gehen erst in der Dämmerung auf Nahrungssuche. Sie sind Allesfresser. An Pflanzenkost haben sie besonders gern Eicheln und Bucheckern, verzehren auch die Wurzelstöcke von Adlerfarn, Weidenröschen, Bärenklau, Giersch und Wegerich und weiden verschiedene Gräser. Die tierische Nahrung besteht überwiegend aus Larven und ausgewachsenen Insekten, Wühlmäusen, Vogeleiern und Jungvögeln. Oft fressen die Wildschweine auch Aas. Sie sammeln ihre Nahrung entweder auf dem Boden oder wühlen sie mit dem Rüssel aus. Dieser ist an der Spitze mit einer knorpeligen Scheibe versehen und innen mit dem flachen Rüsselknochen ausgesteift.
Die Brunstzeit der Wildschweine beginnt im November und dauert bis Januar. Die Keiler tragen während dieser Zeit an den Körperflanken unter der Haut eine 2—3 cm starke Bindegewebsschicht, die eine Art Schild bildet und das Tier bei den Zusammenstößen mit Rivalen vor Verletzungen durch die scharfen „Waffen", die verlängerten Eckzähne des Unter-, aber vor allem des Oberkiefers schützt (**2**). In der Brunstzeit schließen sich die Keiler der Herde an. Jeder von ihnen versammelt um sich mehrere Bachen und verteidigt diese. Die Bache ist 114 bis 140 Tage trächtig. Die Trächtigkeitsdauer hängt vom Alter des weiblichen Tieres und der Zahl der geborenen Jungen ab. Vor der Geburt trägt die Bache Laub und Zweige zusammen (**4**) und baut daraus ein Nest. Hier wirft sie dann 3—12 Junge. Die Jungen sind während der ersten Tage nach der Geburt recht kälteempfindlich. Sie halten sich, bevor sie der Mutter folgen, ungefähr eine Woche im Nest auf. Die Jungtiere, die Frischlinge, sind rostfarben und hell längsgestreift (**1**). Das Muttertier säugt ungefähr 2 Monate (**3**). Die weiblichen Jungschweine werden sehr schnell erwachsen und paaren sich meistens im ersten Lebensjahr. Die männlichen Tiere erreichen ihre Reife später, manchmal erst im Alter von 3—4 Jahren.
Das Wildschwein ist der Urvorfahre des Hausschweins. Zur Domestikation kam es ungefähr im neunten oder achten Jahrtausend v. Chr. Das geschah voneinander unabhängig in drei Gebieten: In Südostasien, im Mittelmeerraum und in Nordosteuropa. Das Schwein kann von allen Haustieren am besten zur wilden Lebensweise zurückkehren. Verwilderte Hausschweine kreuzen sich mit Wildschweinen, und wir können sie nach einiger Zeit nur noch schwer voneinander unterscheiden. Diese Schweine finden wir oder in einigen Gebieten Südostasiens. Im Spur des Wildschweins stehen die Abdrücke der Afterklauen auf beiden Seiten über die Breite der Hufe hinaus (**5**). Der Kot ist leicht erkennbar, er ist klumpig und aus kleineren Stückchen zusammengeklebt (**6**).

	LC (cm)	AC (cm)	LCd (cm)	G (kg)
Sus scrofa	120—200	80—115	20—40	50—250

146

1 ♀

3

2 ♂

5

4

6

Elch

Ordnung: Paarhufer, *Artiodactyla*　Familie: Hirsche, *Cervidae*

Der **Elch** (*Alces alces* — **1**) ist ein Bewohner der Waldgebiete der nördlichen Hemisphäre. Er bevorzugt feuchte Laubwälder mit Erlen, Pappeln und Weiden, hält sich oft am Wasser auf und kann auch Wasserpflanzen unter dem Wasserspiegel abweiden. Die Elche leben meist als Einzelgänger. Zur Brunstzeit, im September, treffen wir gewöhnlich das männliche Tier mit nur einem Weibchen an. Begegnen wir in dieser Zeit drei oder vier Tieren gemeinsam, handelt es sich sicher um eine Elchkuh mit den Kälbern des gleichen oder auch vorangegangenen Jahres. Stoßen während der Brunst zwei männliche Elche aufeinander, kommt es zu heftigen Kämpfen. Die Tragzeit dauert 225—240 Tage. Im Mai oder Anfang Juni werden ein oder zwei rostbraune und ungefähr 70—80 cm hohe Kälbchen geboren (**2**). Die Sterblichkeit der Jungtiere ist groß. Bis zum Alter eines Jahres kommt aus verschiedenen Gründen gewöhnlich ein Viertel, in manchen Jahren sogar die Hälfte der Kälber ums Leben. Die überlebenden Tiere entwickeln sich aber sehr rasch. Nach einem halben Jahr kann der Elch schon 130 kg, nach anderthalb Jahren sicher aber 250 kg wiegen. Zu dieser Zeit werden die Tiere auch geschlechtsreif. Elche erreichen ein Alter von 15—16, höchstens jedoch 25 Jahren.
Der Elch ist gegenwärtig das größte wild lebende Tier Europas. Die männlichen Tiere tragen Geweihe, die in der Regel auf kurzen Stangen Schaufeln bilden (**1, 4**) und zu den mächtigsten Geweihen aller Hirscharten gehören. Einige Exemplare besitzen jedoch nur Stangengeweihe, die sich nicht schaufelartig erweitern (**3, 5**). Ein kapitaler Elch kann eine Geweihspanne von 2 m aufweisen.
Elche lassen sich leicht zähmen, und es wurden schon seit alters Versuche unternommen, sie zu domestizieren. Sie wurden als Last- und Reittiere und, vor allem für Schlittengespanne, auch als Zugtiere verwendet. Die umfangreichsten Versuche zur Domestikation von Elchen werden seit 1938 in der Versuchsstation Serpuchowsk bei Moskau unternommen. Im Alter von zwei bis drei Monaten bekommen die jungen Elche ein Halfter, werden angebunden und lernen an der Zugstange gehen. Im sechsten Monat beginnt die Ausbildung im Lastentragen, Ziehen und eventuell auch im gesattelten Reiten. Nach drei Jahren ist die Ausbildung abgeschlossen. Man nimmt an, daß sich die domestizierten Elche als gute Gehilfen bei der Arbeit in der Taiga, vor allem als Reit- und Lasttiere für Jäger bewähren, denn sie bewegen sich auch in dicht verwachsenem Terrain und den Baumbruchgebieten sehr sicher.
In den letzten Jahren tauchen die Elche in Europa auch an Stellen auf, wo sie schon seit vielen Jahrzehnten ausgerottet sind. Sie folgen den alten Pfaden und erscheinen, da sie in einer Nacht große Strecken zurücklegen können, völlig unerwartet. Am meisten verbreiten sich in westlicher Richtung Elche, die aus den nordpolnischen Reservaten stammen. In der Regel weichen sie dem Menschen nicht aus, und so fallen viele Tiere, die versuchen, die Biotope, aus denen ihre Vorfahren verdrängt wurden, neu zu besiedeln, gewissenlosen Jägern zum Opfer.

	LC	AC	LCd	G
Alces alces	220—230 cm	150—250 cm	10—12 cm	250—600 kg

1 ♂

5

3

4

2

Rentier

Ordnung: Paarhufer, *Artiodactyla*   Familie: Hirsche, *Cervidae*

Die **Rentiere** (*Rangifer tarandus* — **1**) sind die einzige Hirschart, bei der auch das Weibchen ein Geweih trägt. Das Geweih der Renkühe ist gewöhnlich schwächer und weniger verzweigt. Das Ren ist ein Bewohner der Tundrenzone in Europa, Asien und Amerika. In Europa haben sich die Populationen in den höheren Lagen Norwegens, auf Island, in Ostfinnland und in den nördlichen Gebieten des europäischen Teils der UdSSR erhalten. Südlich reicht das Verbreitungsgebiet des Rens bis zum nördlichen Rand der Waldzone. In diesen Gebieten schmilzt die obere Schicht von Schnee und Eis nur für ein paar Monate im Jahr. Das Wasser kann aber nicht in den Boden eindringen und hinterläßt große Sumpfbodenflächen. Die Füße des Rens sind diesen Bedingungen ausgezeichnet angepaßt. Die Hufe sind breit und weit spreizbar, die Afterklauen berühren den Boden und helfen, das Einsinken des Tieres zu verhindern. Die Rentiere leben in Herden. Nur wenige Populationen sind seßhaft, und die meisten Tiere wandern während des ganzen Jahres; sie legen dabei große Entfernungen zurück. Im Sommer siedeln sie in höhere Lagen um, was unter anderem auch damit zusammenhängt, daß die Tundraniederungen mit ganzen Wolken von Mücken verseucht sind. Im Herbst kehren sie wieder zu den niedriger gelegenen Weiden zurück. Während der Vegetationszeit weiden die Rentiere Gras, fressen die Zweige und Blätter von Krüppelbirken und Salweiden und Pilze. Im Winter scharren sie mit Hufen und Geweihen Flechten aus und beißen Rinde ab. Moos wird von den Rentieren nur ganz selten verzehrt. Die Brunstzeit (**2**) liegt in den Herbstmonaten. In Norwegen beginnt sie schon Ende September, verläuft sonst aber gewöhnlich im Oktober und November. In dieser Zeit legen sich die Bullen einen Harem von etwa 20 Renkühen zu. Die Bullen kämpfen miteinander. Sie nehmen während der Brunstzeit keine Nahrung zu sich und magern dabei oft um mehrere Dutzend Kilogramm ab. Die Renkühe sind 192—246 Tage trächtig. Sie gebären in der Regel nur ein einziges Kalb, das 4,5—6 kg wiegt (**3**). Das Muttertier sondert sich mit dem Jungen einige Tage ab, schließt sich bald aber wieder an die Herde an und zieht mit dem Kalb über die Weiden.

Viel eher als wildlebende Rentiere treffen wir domestizierte Rene an. In den Nordgebieten Skandinaviens, in der UdSSR und in Schottland, wohin sie eingeführt wurden, leben ungefähr 2 Millionen Haus-Rentiere. Sie werden für die Leder- und Fleischgewinnung gezüchtet, werden gemolken und dienen als unentbehrliche Zug- und Lasttiere. Die domestizierten Rentiere (**4**) sind etwas kleiner als ihre wilden Vorfahren, in der Färbung aber viel variabler, und wir finden unter ihnen oft sogar scheckige Tiere. Hausrene leben auf den Weiden mehr oder weniger frei. In der Brunstzeit werden sie von den Züchtern zusammengetrieben. Jeder sucht seine Tiere aus, die durch Einschnitte in den Ohren gekennzeichnet sind, kennzeichnet die Jungen und kastriert dem Bedarf entsprechend die männlichen Tiere. Die Züchter fangen die einzelnen Stücke mit dem Lasso am Geweih. Schlittengespanne bestehen aus einem oder mehreren Tieren. Ein Lastschlitten wird mit 75—150 kg beladen, und das Ren kann damit täglich bis zu 160 km zurücklegen (in der Regel aber nur etwa 30—40 km). Im Sommer werden die Rene gewöhnlich nicht eingespannt, sondern als Tragtiere benutzt. Auf dem Tragsattel werden ungefähr 40 kg Last befestigt, und das Tier geht damit 4—5 Stunden.

	LC	AC	LCd	G
Rangifer tarandus	130—220 cm	100—120 cm	15—20 cm	80—150 kg

4

1 ♂

2 ♀   ♂

3

Rehe

Ordnung: Paarhufer, *Artiodactyla*   Familie: Hirsche, *Cervidae*

Das **Reh** (*Capreolus capreolus* — **1, 2**) ist der kleinste europäische Vertreter der Familie Hirsche. Sein Geweih ist einfach. Es weist an jeder Stange höchstens drei Sprosse auf. Von Juni bis September trägt das Reh ein Sommerfell (**1, 2**). Das Winterfell ist dichter und grau bis graubraun. Das Reh ist über fast ganz Europa verbreitet und reicht über die kälteren Gebiete Asiens bis nach China und Korea. Es lebt auch im Iran, Irak und in Kleinasien. Am häufigsten kommt das Reh in der offenen Landschaft mit lichten Wäldern vor. Es lebt nicht in der Tundra und in trockenen Steppen und Halbwüsten. Es ist ein Einzelgänger oder bildet nur kleine Familiengesellschaften und nur unter ungünstigen Bedingungen und bei Nahrungsmangel größere Rudel (bis zu 100 Tieren). Diese Verbände lösen sich im Frühjahr auf, wenn die Böcke ihre Geweihe abfegen. An ungestörten Stellen sind die Rehe tagsüber aktiv, in der Kulturlandschaft treten sie aber erst in der Dämmerung auf die Weide hinaus. Von Mitte Juli bis Mitte August beginnt die Rehbrunft. Der Bock (**1**) jagt das Weibchen (die Ricke) in zentrischen Kreisen, anschließend folgt die Paarung. In der Embryonalentwicklung tritt eine Latenzzeit ein, die Trächtigkeit verlängert sich auf 9 $\frac{1}{2}$ Monate. Bei weiblichen Tieren, die während der Sommerbrunft nicht trächtig wurden, tritt Ende November oder im Dezember eine Ersatzbrunft ein. In diesem Fall entwickelt sich der Keimling ohne Unterbrechung (Latenz), und die Ricke ist nur 5 Monate trächtig. Ende Mai oder Anfang Juni werden 1—2, selten 3 gefleckte Junge geboren. Die Mutter legt sie im Verborgenen ab und kehrt nur zum Stillen zurück. Die Jungtiere begleiten die Mutter erst im Alter von 2 Wochen (**2**). Die Geweihentwicklung bei den Böcken ist ein hormonal gelenkter Prozeß, der auch von einer Reihe äußerer Aspekte beeinflußt wird (Nahrung, Gesundheitszustand, soziale Stellung u. ä.). Bei Entwicklungsstörungen, zum Beispiel bei Hodenschäden, wächst dem Bock eine sogenannte Perücke (**3**). Die Spuren des Rehwilds sind oval bis eiförmig und zeigen die Ballen nur undeutlich. Der Abdruck der Vorderhufe (**4**) ist mächtiger als der der Hinterhufe (**5**). Die Afterklauen drücken sich nur selten ab.

In einigen Gebieten Englands haben sich zwei Hirscharten, die ursprünglich aus China stammen, erfolgreich akklimatisiert. Es sind der **Zwergmuntjak** (*Muntiacus reevesi* — **6**) und das **Chinesische Wasserreh** (*Hydropotes inermis* — **7**). Der Muntjak bewohnt buschiges Gelände, lebt einsiedlerisch oder in kleinen Gruppen und ist vor allem nachts aktiv. In England liegt die Brunftzeit am Anfang des Jahres. Nach einer Trächtigkeit von 6—6 $\frac{1}{2}$ Monaten werden 1—2 gefleckte Junge geboren. Das Wasserreh ist ein als Einzelgänger lebendes Nachttier. Die Brunft verläuft von November bis Januar. Die Böcke stoßen während dieser Zeit zirpende Laute aus und fügen sich beim Kampf mit den langen Eckzähnen des Oberkiefers tiefe Wunden zu. Nach einer Trächtigkeit von ungefähr 6 $\frac{1}{2}$ Monaten werden gewöhnlich Zwillinge oder Drillinge geboren. Manchmal bringt das Weibchen auch 6 bis 7 Junge zur Welt.

	LC (cm)	AC (cm)	LCd (mm)	G (kg)
Capreolus capreolus	90—135	70—90	25— 35	18—30
Muntiacus reevesi	80— 90	37—50	100—130	14—22
Hydropotes inermis	75—100	45—60	50— 80	12—16

Hirsche
Ordnung: Paarhufer, *Artiodactyla*   Familie: Hirsche, *Cervidae*

Der **Damhirsch** (*Dama dama* — **1, 2**) war ursprünglich im Mittelmeerraum, in Südeuropa und in Kleinasien zuhause. Im Mittelalter wurde er auch außerhalb dieses Gebietes ausgesetzt, und wir finden ihn heute in vielen Gegenden Europas. Er tritt jedoch nur inselartig auf. An vielen Orten wird der Damhirsch dagegen in Gehegen gehalten. Hier bildete sich eine ganze Reihe farblicher Abweichungen heraus, die von Weiß bis Schwarz reichen (**2**). Im Sommer ist der Damhirsch rotbraun und trägt auf dem Rücken helle Flecken (**1**), im Winter ist er graubraun, und die Tupfen sind nicht so stark ausgeprägt oder fehlen völlig (**3**). Der Spiegel der Damhirsche ist schwarz gerändert und spielt mit dem schwarz gesäumten langen Schwanz eine wichtige Rolle bei der Stimmungsäußerung des Tieres und der gegenseitigen Verständigung. Das Geweih der ausgewachsenen Damhirsche ist schaufelförmig (**1**). Der typische Lebensraum der Tiere sind die Laub- und Mischwälder der Niederungen. Die Damhirsche leben in Rudeln, wobei die weiblichen und jungen Tiere gewöhnlich von den männlichen Hirschen getrennt sind. Bei der Nahrung überwiegen Gräser und Kräuter und im Herbst Eicheln und Bucheckern. Im Winter verbeißen die Tiere oft die Rinde der Bäume. Die Brunft verläuft von Mitte Oktober bis November. Die Bullen versammeln eine größere Anzahl von Hirschkühen um sich und stoßen heisere Laute aus. Oft kämpfen sie miteinander. Dazu nehmen sie Abstand und rennen dann mit gesenkten Köpfen und vorgestellten Geweihen gegeneinander. Die Tragzeit beträgt 7 $^1/_2$ Monate. Anfang Juni wirft die Hirschkuh ein, manchmal zwei gefleckte Junge, die sie 6—9 Monate säugt. Die Damhirsche sind erst im dritten Lebensjahr ausgewachsen.

Der **Weißwedelhirsch** oder **Virginiahirsch** (*Odocoileus virginianus* — **4**) ist in Nord- und Mittelamerika verbreitet, In Europa wurde er in Finnland und in der Tschechoslowakei ausgesetzt. Er wird außerdem in Gehegen gehalten. Der Weißwedelhirsch lebt in kleinen Gruppen oder einzeln und bildet nur manchmal im Winter größere Rudel. Er ist ein Tagtier, aber an unruhigen Stellen überaus vorsichtig. Wird der Weißwedelhirsch gestört, benutzt er ein besonderes optisches Signal zur Warnung. Er hebt seinen relativ langen Schwanz, so daß die weiße, mit langen Haaren bewachsene Unterseite sichtbar wird (**4**). Dieses Signal gibt das Zeichen zur Flucht für das gesamte Rudel. Die Weißwedelhirsche verzehren vor allem Blätter und Triebe von Sträuchern und Bäumen und weiden im Frühling frisches Gras und Getreidesaat. Im Sommer fressen sie verschiedene Früchte und Obst, im Herbst Eicheln, Bucheckern und Nüsse. Im Winter beißen die Tiere Zweige ab und scharren Wurzeln aus. Die Brunftzeit ist im Oktober und Anfang November. Die Böcke stoßen in dieser Zeit zischende Laute aus. Außerhalb der Brunftzeit lassen sich die Weißwedelhirsche nur selten sehen und dann vor allem nur nachts hören. Die Hirschkuh sind 205—210 Tage trächtig und werfen dann meistens Zwillinge, die wie bei den meisten Hirscharten gefleckt sind. Das Weibchen säugt nur kurze Zeit, kaum 2 Monate. Die ungefähr drei Monate alten Kitze gehen mit der Mutter und nehmen feste Nahrung auf. Sie sind innerhalb von weniger als zwei Jahren ausgewachsen. Der Weißwedelhirsch wird nicht sehr alt. Forschungen ergaben, daß er in seiner ursprünglichen Heimat gewöhnlich nur etwa 10 Jahre lebt.

	LC (cm)	AC (cm)	LCd (cm)	G (kg)
Dama dama	130—150	80—110	16—30	30—100
Odocoileus virginianus	180—190	90—105	15—30	30—120

4

1 ♂

3

2

Hirsche
Ordnung: Paarhufer, *Artiodactyla*   Familie: Hirsche, *Cervidae*

Der **Edel- oder Rothirsch** (*Cervus elaphus* — **1**) ist von Irland über ganz Europa und Nordasien bis in den Fernen Osten verbreitet. Er lebt auch als sogenannter Wapitihirsch in Nordamerika. In Nordwestafrika wurde diese Art auf dem größten Teil des Gebiets ausgerottet, und nur in Tunesien erhielt sich eine Population. 1952 wurden in Nordmarokko spanische Hirsche ausgesetzt, die sich gut akklimatisierten. Der Rothirsch wurde auch in Australien, auf Neuseeland und in Argentinien angesiedelt. Wir treffen die Tiere vor allem in Waldgebieten an. Sie bewohnen an manchen Stellen auch Auwälder und Rohrdickichte. Während der größten Zeit des Jahres leben die Hirsche nach Geschlechtern getrennt. Die Bullen sind entweder Einzelgänger, oder einige junge männliche Tiere schließen sich zu kleinen Gruppen zusammen. Die Hirschkühe bilden größere Rudel. Tagsüber verbergen sich die Tiere gewöhnlich in der dichten Vegetation und treten erst abends auf die Weide hinaus. Sie ernähren sich von verschiedenen Grasarten, Blättern und Trieben von Sträuchern und Bäumen. Im Winter schälen sie oft die Rinde der Bäume ab. Die Fraßstellen der Hirsche haben eine typische Lage (**2**). Die Tiere suchen gern morastige Orte auf, an denen sie sich suhlen. Außer der Pflege des Fells und der Abkühlung hat das Suhlen eine bestimmte Bedeutung im sozialen Leben der Hirsche, die Reihenfolge beim Suhlen festigt die soziale Struktur der Gruppe. Von September bis Anfang Oktober findet die Hirschbrunft statt. Die Hirschbullen röhren in dieser Zeit mächtig (Brunftruf) und kämpfen miteinander. Während der Brunft nehmen sie in der Regel überhaupt keine Nahrung zu sich. Sie sammeln ein Rudel weiblicher Tiere um sich und verteidigen dieses gegen alle Rivalen. Diese Herdenstruktur bleibt bis zum Winter erhalten, dann löst sich das Rudel wieder auf. Die Trächtigkeit des Rothirsches dauert 8 Monate. Die Hirschkuh wirft gewöhnlich ein, seltener zwei Kälbchen. Diese sind weiß gefleckt und bleiben die ersten Tage nach der Geburt im Versteck liegen. Das Muttertier säugt ungefähr 6 Monate. Hirsche sind in der Regel im dritten Lebensjahr erwachsen. Die Jungbullen werden dann oft sowohl von den Althirschen als auch von den weiblichen Tieren vertrieben und können sich erst später paaren.
Der **Sika-Hirsch** (*Cervus nippon* — **3** im Sommer-, — **4** im Winterfell) ist ein Bewohner Ostasiens. Er wurde an verschiedenen Stellen in Europa, den Vereinigten Staaten und auf Neuseeland ausgesetzt. Meistens wurden dazu die kleinen Sikas, die in Japan leben (*Cervus nippon nippon*) und die verhältnismäßig großen Dybowskihirsche (*Cervus nippon dybowskii*), die im Fernen Osten leben, genommen. Der Sika ist sehr anpassungsfähig, und wir finden ihn sowohl in Laub- als auch in Nadelwäldern. Er lebt in kleinen Herden, die Althirsche sind Einzelgänger. Die Brunft des Sikas beginnt Ende Oktober oder im November. Die Bullen melden sich in dieser Zeit mit einem durchdringenden Pfeifen. Sie sammeln um sich nur 3 oder 4 Weibchen. Die Tragzeit dauert ungefähr 8 Monate, danach wird meistens nur ein einziges, geflecktes Kälbchen geboren. In den letzten Jahren wurde festgestellt, daß sich der Sika-Hirsch mit dem Rothirsch kreuzt. Das ist aus vielen Gründen unerwünscht. Vor allem ist dadurch die Artenreinheit der Rothirsche gefährdet, weiterhin übertragen die Bastarde einige dominierende, ungünstige Eigenschaften, die für die Sikas typisch sind, wie zum Beispiel die Unverträglichkeit und aus weidmännischer Sicht eine absinkende Qualität der Geweihe (Trophäen).

	LC (cm)	AC (cm)	LCd (cm)	G (kg)
Cervus elaphus	170—260	120—150	12—15	70—250
C. nippon	100—155	75—110	17—27	17—120

2

1 ♂   ♀

4 ♂

3 ♂

Saigaantilope, Gazellen
Ordnung: Paarhufer, *Artiodactyla*   Familie: Rinder, *Bovidae*

Saiga, Saigaaantilope (*Saiga tatarica* — **1, 2**). Die Steppen Europas und Asiens waren von der Eiszeit an bis zum 16. und 17. Jahrhundert mit Saigas, Antilopen, die mit den Gazellen verwandt sind, übersät. Im 16. Jahrhundert lag die westliche Grenze des Verbreitungsgebietes der Saiga in den Vorgebirgen der Karpaten und am Bug. Noch im 18. und 19. Jahrhundert sprachen die Forscher von „unglaublichen Mengen" von Saigas, mit denen die Steppen zwischen Wolga und Ural buchstäblich bedeckt waren. Der Mensch hat sich dann aber rasch um ihre Ausrottung verdient gemacht. Er jagte die Saigas mit Windhunden und abgerichteten Adlern, trieb im Winter ganze Rudel auf das Eis, wo er die Tiere mit Keulen erschlug, oder hetzte sie in Gräben, die zum Ende hin immer schmaler wurden und mit spitzen Pfählen versehen waren, auf denen die Saigas einen grauenhaften Tod fanden. Im Winter 1928/29 starben die Saigas zwischen Wolga und Ural aus, und am Ende des 1. Weltkrieges, als der Bestand der Tiere auf 1000 Stück gesunken war, war die Art aufs höchste gefährdet. Die Rettung trat im letzten Augenblick ein. Die Russische und Kasachstanische Sowjetrepublik verboten die Jagd auf Saigas völlig und ordneten den Schutz der Tiere an. In den zwanziger und dreißiger Jahren nahm die Zahl der Saigas wieder zu, und heute wird der Bestand schon wieder auf Millionen berechnet. Die Saiga ernährt sich von verschiedenen Pflanzen der Steppe. Vor Staub und Sandstürmen ist das Tier durch eine rüsselartige Nase geschützt, die als Filter dient (**3**) An den Schleimhäuten der Nase erwärmt sich auch die Luft während der winterlichen Eisstürme. Die Brunftzeit beginnt Anfang November. Die männlichen Tiere (**1** — im Winterfell) sind zu dieser Zeit gut genährt, ihre rüsselartige Nase ist geschwollen, aus den Voraugendrüsen fließt ein dunkles Sekret. Jedes Männchen sammelt um sich mehrere hornlose Weibchen (**2**), die es hütet. Während der Brunft nehmen die Männchen keine Nahrung zu sich und magern stark ab. So geschieht es oft, daß die geschwächten Tiere dann am Ende des Winters sterben. Ihre Stelle wird aber von jungen Bullen ausgefüllt, die noch an keiner Brunft teilgenommen haben. Die Weibchen sind 5—5 1/2 Monate trächtig und gebären im April oder Anfang Mai gewöhnlich Zwillinge. Die Mutter legt die Jungen in der Steppe ab und kehrt nur für kurze Zeit zu ihnen zurück, um sie rasch zu stillen. Das Stillen dauert oft nur einige Sekunden. Wie die meisten Steppenbewohner, bewegt sich auch die Saiga im Paßgang. Die Flucht beginnt mit einigen Sprüngen, die dann in Galopp übergehen.

Die **Dorcasgazelle** (*Gazella dorcas* — **5**) ist im gesamten mediterranen Gebiet Afrikas und über die Sinaihalbinsel bis nach Vorderasien verbreitet. Sie ist ein Bewohner der Halbwüsten und Wüsten und hält sich meistens in kleinen Gruppen von 3 bis 20 Stück auf. Die Dorcasgazelle ist stark durch die Jagd gefährdet und in manchen ursprünglichen Vorkommensgebieten schon ausgerottet.

Die **Dünengazelle** (*Gazella leptoceros* — **4**) ist inselartig in den Sandgebieten nördlich der Sahara verbreitet. Sie ist sehr scheu. Nach Mitteilung der Internationalen Union für Naturschutz (IUCN) ist die völlige Ausrottung dieser Art nur eine Frage einiger Jahre. Die Fortpflanzungszeit ist bei den Gazellen nicht begrenzt. Die Dorcasgazelle ist 5—6 Monate, die Dünengazelle 6—7 Monate trächtig. Bei beiden Arten wirft das Weibchen nur ein Junges, das es 4—6 Monate säugt.

	LC (cm)	AC (cm)	LCd (cm)	G (kg)
Saiga tatarica	120—135	60—80	8—12	23—40
Gazella dorcas	80—100	53—61	12—15	12—16
G. leptoceros	90—110	60—66	14—16	14—17

1 ♂

3

4 ♂

5 ♂

2 ♀

Gemse

Ordnung: Paarhufer, *Artiodactyla*   Familie: Rinder, *Bovidae*

Die **Gemse** (*Rupicapra rupicapra*— **1**) ist ein Bewohner der Hochgebirge Süd- und Mitteleuropas. Ihr Verbreitungsgebiet endet im Norden in der Tatra, im Osten im Kaukasus. Sie lebt auch in der östlichen Hälfte Kleinasiens. Die Gemse ist ein Bewohner der alpinen und subalpinen Zone der Gebirge, von wo aus sie im Winter in die Waldzone hinabsteigen kann. In niedrigeren Bergländern hält sie sich an der oberen Waldgrenze auf. Die Gemsen bilden Herden. Weibchen und Jungtiere leben in umfangreichen Rudeln, die von einer alten Geiß geführt werden. Die jüngeren Böcke schließen sich zu Junggesellengruppen zusammen, zu denen nicht viele Mitglieder gehören. Die Altböcke sind Einzelgänger. Die männlichen Tiere schließen sich nur während der Brunft an die Rudel der Weibchen an. Die Nahrung der Gemsen ist in den einzelnen Jahreszeiten verschieden. In der Vegetationsperiode verzehren die Tiere vor allem Gräser und Kräuter der Bergwiesen, weiter Blätter und Triebe von Bäumen und Sträuchern. Im Winter suchen die Gemsen trockenes Gras und Flechten und beißen Rinde und Nadeln ab. Gemsen sind Tagtiere, und wir können sie nur selten in Mondnächten beobachten. Im November und Dezember findet die Brunft der Gemsen statt. Sie wird stark von der Witterung beeinflußt. Bei Abkühlung kann die Brunft schon im Oktober beginnen, bei warmem Wetter verzögert sie sich oder wird gänzlich unterbrochen. Die Männchen stoßen während dieser Zeit oft meckernde Laute aus. In den Herden herrscht dann Unruhe, denn zu den typischen Kennzeichen der Brunft gehören das Jagen der Männchen, das gegenseitige Bedrohen (**3**) und Zweikämpfe. Die Gemsziegen sind 180—190 Tage trächtig. In dieser Zeit markieren die Tiere auch in erhöhtem Maße ihr Revier mit Hilfe des Sekrets aus den Drüsen, die sich hinter den Hörnern befinden (**2**). Die Geiß bringt zwischen den Felsen an unzugänglichen Stellen ein einziges Junges zur Welt. Sehr bald nach der Geburt, spätestens nach zwei Stunden, ist das Jungtier in der Lage, der Mutter zu folgen. Beide halten sich noch ungefähr 6 Wochen abseits der Herde auf, schließen sich dann aber wieder an diese an. Gemsen sind im Alter von zweieinhalb bis drei Jahren geschlechtsreif. Sie sind ausgezeichnet für den Aufenthalt im schweren, felsigen Terrain ausgerüstet. Die Hufkante bildet eine scharfe Schneide, die das Abrutschen verhindert und einen festen Halt an geringsten Vorsprüngen ermöglicht. Die Trittspuren der Gemsen sind keilförmig, die Hufe sind durch einen breiten Zwischenraum voneinander getrennt (**4**). Bei ruhigem Gang drücken sich die Afterklauen nicht ab (**5**), beim Laufen und Springen schieben sich die Hintergliedmaßen vor die Vordergliedmaßen, die Enden der Beine biegen sich stark durch, und die Afterklauen drücken sich deutlich ab (**6**).
Eine sehr interessante Verhaltensweise der Gemsen sind ihre Spiele. Die Tiere beginnen fast immer zu spielen, wenn sie im Sommer auf ein Schneefeld geraten oder weichen, mit Moos bewachsenen Boden betreten. Hier spielen die Gemsen auch allein. Das Spiel beginnt in der Regel mit der Imponierhaltung und fährt dann mit schnellem, in Kreisen und Schlingen geführtem Lauf fort, der von Sprüngen unterbrochen wird. Gemsen springen mit allen vier Beinen auf einmal und stellen sich dann gleich auf die Hinterbeine und wieder auf die Vorderbeine. Große Gemsen klettern ohne irgendeinen Grund auf steile, verschneite Hänge und rutschen mit gekrümmten Hinter- und nach vorn gestreckten Vorderbeinen hinunter.
In allen europäischen Bergländern werden die Gemsen durch menschliche Einflüsse, Touristenverkehr und Wintersport gefährdet.

	LC (cm)	AC (cm)	LCd (cm)	G (kg)
Rupicapra rupicapra	90—140	70—100	3—8	12—40

6

5

3

2

4

1

Ziegen
Ordnung: Paarhufer, *Artiodactyla*   Familie: Rinder, *Bovidae*

Die **Bezoarziege** (*Capra aegagrus* — **1, 2**) ist vom östlichen Mittelmeerraum, wo sie auf einigen Inseln lebt, über Kleinasien, bis in den Kaukasus und von hier bis nach Beludschistan und Mittelasien verbreitet. An vielen Stellen, an denen sie ursprünglich vorkam, wurde sie schon ausgerottet. Anderswo wurden im Biotop der Bezoarziegen Hausziegen ausgesetzt. Beide Arten kreuzten sich, und die ursprüngliche Population ging unter. Heute lebt die wilde Bezoarziege zum Beispiel auf Westkreta im Lefka Ori-Bergland. Noch Anfang des Jahrhunderts tauchten die Ziegen auch in anderen Gebirgen der Insel auf, zum Beispiel im Ida- und Lassithi-Bergland, wurden hier aber schon ausgerottet. Die einzige weitere Stelle im Mittelmeer, an der wir die Bezoarziege antreffen können, ist die kleine Insel Erimomilos. Auf der Insel Samothrake leben Bastarde aus Bezoar- und Hausziegen. Soweit wir auf anderen Mittelmeerinseln Ziegen antreffen, handelt es sich um verwilderte Hausziegen. In Kleinasien leben die Bezoarziegen im Taurusbergland. Im Kaukasus kommen sie wie in den anderen Teilen des Areals nur inselartig vor. Diese Ziege ist ein typischer Bewohner felsigen Terrains. Sie lebt in kleinen Gruppen, wobei die Ziegen (**2**) gewöhnlich von den Böcken (**1**) getrennt sind. Altböcke sind Eigenbrötler. Die Herde rastet zwar an einer Stelle, die einzelnen Tiere bewahren aber untereinander einen bestimmten Abstand. Nur die Jungtiere liegen direkt bei der Mutter in unmittelbarem Körperkontakt. Bezoarziegen weiden von der Morgendämmerung an bis gegen 15 Uhr erneut auf Weide. Sie verzehren jede Vegetation.

Fortpflanzungszeit ist im Mittelmeergebiet im Oktober. Im Kaukasus liegt die Brunft im November und Dezember. Die Geiß ist 5 Monate trächtig, trennt sich vor der Geburt von der Herde und sucht eine möglichst unzugängliche Stelle auf. Hier bringt sie dann ein oder zwei Junge zur Welt. Während der ersten Tage bleibt das Neugeborene zwischen den Steinen verborgen und bewegt sich nicht sonderlich. Es ist erst nach vier oder fünf Tagen in der Lage, der Mutter zu folgen, und klettert bald mit ihr über die Felsen. Dann kehren Mutter und Kind zur Herde zurück. Die Geiß säugt ungefähr 6 Monate. Das Zicklein bleibt bis zum nächsten Wurf bei der Mutter und lebt, wenn sie nicht trächtig wird, auch weiterhin mit ihr zusammen. Beide Geschlechter, Geißen und Böcke, tragen säbelartige, nach hinten gebogene Hörner. Sie sind bei den Böcken jedoch seitlich gedrückt und im Querschnitt linsen- oder tropfenförmig. Die scharfe Vorderkante ist durch Querwülste unterbrochen (**3**). Bei den Hausziegen (*Capra hircus*) ist die Vorderkante der Hörner bei weitem nicht so scharf, die Querwülste sind weniger markant, und die innere Hornseite ist flach oder nur wenig gewölbt (**4**). Die Bezoarziege ist der Vorfahre der Hausziege. Die Domestikation erfolgte ungefähr im 7. Jahrtausend v. Chr., und die Ziege ist damit ein älteres Haustier als zum Beispiel das Rind. Die ältesten Rassen der Hausziegen (aber auch einige modernste Züchtungen) haben wie die Bezoarziege säbelförmige Hörner. Es gibt aber viel mehr Hausziegenrassen, bei denen die Hörner spiralartig gedreht vom Körper abstehen. Es handelt sich dabei wahrscheinlich um eine Mutation, und es ist nicht ausgeschlossen, daß an der Entwicklung dieser Rassen auch andere Wildziegenarten beteiligt waren.

	LC (cm)	AC (cm)	LCd (cm)	G (kg)
Capra aegagrus	120—160	70—100	15—20	25—40

1 ♂

4   3   2

Steinböcke
Ordnung: Paarhufer, *Artiodactyla*   Familie: Rinder, *Bovidae*

Der **Alpensteinbock** (*Capra ibex* —1, 2) lebte über der Waldgrenze in den Alpen der Schweiz, Italiens, Frankreichs, Österreichs und Bayerns. Schon im 16. Jahrhundert begann seine Ausrottung durch übermäßige Bejagung. Dieser Prozeß verlief trotz strenger Verbote und Strafen so rasch, daß 1816 die letzten 50 Steinböcke im Gebiet des piemontischen Gran Paradiso übrigblieben. Diese konnten durch das energische Eingreifen Königs Viktor Emanuel II. gerettet werden. Eine kleine Gruppe von Steinböcken konnte sich noch in der Umgebung von Salzburg erhalten. Unter strengem Schutz vermehrten sich die Tiere wieder, und es war möglich, sie an einigen Stellen, die sie früher bewohnten, auszusetzen. Außerhalb des ursprünglichen Verbreitungsgebietes wurden sie auch in Jugoslawien angesiedelt.
Die Steinböcke leben über der Waldgrenze und steigen nur im April und Mai in die oberen Gebiete der Waldgrenze hinab. Böcke **(1)** und Geißen leben von Frühling bis Herbst in getrennten Herden. Während der Brunft, im Dezember und Januar, schließen sich die Böcke den Herden der weiblichen Tiere an. Die Böcke kämpfen oft schon vor der Brunft miteinander. Das sind aber meistens nur ritualisierte Kämpfe, bei denen sich die Tiere nicht verletzen **(2)**. Die Weibchen werfen nach 150—180 Tagen Tragzeit Ende Mai oder Anfang Juni gewöhnlich ein Junges. In den ersten Stunden nach der Geburt folgt die Geiß dem Zicklein. Bald kehrt sich diese Situation aber um, und das Junge folgt der Mutter. Die weiblichen Tiere verbleiben in der Herde, die männlichen verlassen sie im Alter von 2—4 Jahren und schließen sich den „Junggesellengesellschaften" an. Beide Geschlechter tragen Hörner. Die Hörner der Böcke sind aber viel mächtiger, bis zu 1 m lang und auf der verbreiterten Vorderseite mit großen Buckeln versehen.
In den übrigen europäischen Gebirgen treten Steinbockarten auf, die anderswo nicht leben. Wir nennen diese Arten endemisch. In den Pyrenäen lebt der **Iberische Steinbock** (*Capra pyrenaica*— 3), im westlichen Kaukasus der **Kaukasische Steinbock** (*Capra caucasica* — 4) und im östlichen Teil des Kaukasus der **Rundhornsteinbock** oder **Daghestanische Tur** (*Capra cylindricornis* — 5). Die einzelnen Arten unterscheiden sich nicht nur in der Färbung, sondern auch in der Form der Hörner und einigen Details in der Lebensweise. Ähnlich wie der Alpensteinbock sind auch die genannten Arten vom Aussterben bedroht und stehen auf der „Roten Liste" der IUCN. Am schwersten betroffen wurde der Iberische Steinbock, der an manchen Stellen schon völlig verschwunden war. In der Literatur finden wir über den Kaukasischen Steinbock Angaben, die den Gesamtbestand mit 40 000 Stück beziffern. Unter Berücksichtigung, daß die Angaben über das Wild in den abgeschlossenen Gebieten dieses Gebirges fehlen und die Bestände in den zugänglichen Gebieten ständig zurückgehen, scheinen die angeführten Zahlen mehr als optimistisch. Wir müssen deshalb alle Steinbockarten als gefährdet ansehen. Aus diesem Grund werden alle in der Gefangenschaft lebenden Tiere registriert und ein Stammbuch angelegt, mit dessen Führung der Zoologische Garten Schönbrunn in Wien betraut wurde.

	LC (cm)	AC (cm)	LCd (cm)	G (kg)
Capra ibex	115—170	65—105	10—20	35—150
C. pyrenaica	100—140	65— 70	10—15	35— 80
C. caucasica	130—155	80—100	10—18	50— 70
C. cylindricornis	130—160	80—100	10—15	34—100

1 ♂

3 ♂

4 ♂

5 ♂

2

Mufflon, Mähnenschaf
Ordnung: Paarhufer, *Artiodactyla*   Familie: Rinder, *Bovidae*

Das **Mufflon** (*Ovis musimon* — **1, 2**) bewohnte noch in der jüngeren Steinzeit zahlreich die Baumsteppen und Bergländer im Gebiet von Süd-Mitteleuropa bis zum Mittelmeer. Heute ist sein ursprüngliches Verbreitungsgebiet auf Korsika und Sardinien beschränkt. Auf Korsika leben im Reservat Asco im Bergland Mont Cinto und im Reservat Baella in den Solenzarabergen ungefähr 100 Mufflons. In Ostsardinien gibt es im Gebiet von Monti del Gennargentu, Supramonte di Orgosolos und Monte Albo ungefähr 400 Exemplare. Auf den Inseln Asinara und Capo Figari, nördlich von Sardinien, wurden erneut zwei Mufflongruppen angesiedelt. Der ursprüngliche Biotop der Mufflons im Mittelmeerraum sind die Macchie und die Grassteppen höherer Lagen, die Ränder der sommergrünen Wälder und Kiefernhaine. Vom 18. Jahrhundert an wurden die Mufflons in ganz Europa in Gehegen und auch in freien Revieren ausgesetzt. Heute leben vieltausendköpfige Bestände in allen Ländern Europas, und die Tiere wurden auch in Amerika, auf Hawaii und den Kerguelen inseln ausgesetzt. Die Hälfte der Mufflon-Nahrung besteht aus verschiedenen Gräsern, die andere Hälfte wird von abgebissenen Pflanzenteilen gebildet, vor allem von den Zweigen des Sanddornbaums und Geißklees. Beide Geschlechter leben von Frühling bis zum Herbst in getrennten Gruppen. Zur Paarungszeit, die im Oktober beginnt und im Dezember endet, schließen sich die Böcke den Herden der Weibchen und Jungtiere an. Sie übernehmen hier jedoch keine Führungsrolle. Diese Aufgabe bleibt einem alten Weibchen überlassen. Manchmal kämpfen die Böcke miteinander, im großen und ganzen verläuft die Brunft aber recht ruhig. Die Mufflonböcke (**1**) tragen mächtige, gekerbte, sichelförmig gebogene Hörner, die bis zu 90 cm lang sind. Die Länge, Mächtigkeit und der Grad der Krümmung der Hörner entsprechen dem Alter der Tiere. Die Weibchen besitzen entweder nur kleine, kurze oder (meistens) gar keine Hörner (**2**). Die Mufflons sind für die Bewegung in steinigem Terrain gut ausgerüstet. Die Beine sind verhältnismäßig kurz, die Fußpartie der Klauen ist schlank und zugespitzt, der Rand der Hufe ist scharf. Die Trittspuren sind eiförmig oder oval, die Spitzen sind auffallend gespreizt. Die Vorder- und Hinterspuren unterscheiden sich nicht besonders. Am Rand der Spur ist die scharfe Kante gut erkennbar, und die äußeren Spitzen der Vorder- und Hinterklauen drehen sich nach innen. Beim Gehen tritt das Mufflon mit den Hinterbeinen in die Spur der Vorderbeine (**3**), im Laufen wirft es die hinteren Gliedmaßen vor die vorderen. Die Afterklauen drücken sich nur in sehr weichem Gelände ab (**4**). Im östlichen Mittelmeerraum und in Kleinasien schließt sich an das Verbreitungsgebiet der Mufflons das Areal der verwandten **Kreishornschafe** (*Ovis orientalis* — **6**) an. Ihr westlichstes Verbreitungsgebiet ist Zypern. Die Mufflons und Kreishornschafe sind die Vorfahren der Hausschafe.
Die bergigen Landzüge der nordafrikanischen Wüste sind die Heimat des **Mähnenschafs** oder des **Mähnenspringers** (*Ammotragus lervia* — **5**). Gegenwärtig sinken die Bestände dieser Art durch unkontrollierte starke Bejagung erheblich. Das Mähnenschaf lebt in Gruppen, ältere Böcke sind Einsiedler. Tagsüber ruhen die Tiere und gehen nachts auf die Weide. In der kurzen Vegetationszeit fressen sie Gräser und Kräuter, während der übrigen Jahreszeit müssen sie mit trockenem Gras, Flechten und Zweigen zufrieden sein. Brunftzeit ist im November. Die Schafe sind 150—165 Tage trächtig und gebären oft Zwillinge.

	LC (cm)	AC (cm)	LCs (cm)	G (kg)
Ovis musimon	80—125	60— 90	7—15	20— 60
O. orientalis	130—150	80— 95	7—15	35— 90
Ammotragus lervia	130—165	75—100	15—25	40—130

1 ♂

3

4

2 ♀

5

6

Wisent, Büffel
Ordnung: Paarhufer, *Artiodactyla*   Familie: Rinder, *Bovidae*

Der **Wisent** (*Bison bonasus* — **1**) bewohnte einst die Wälder ganz Europas bis zum Kaukasus. Durch das Roden der Wälder und die Umwandlung der Landschaft wurde er immer weiter in unzugängliche Gegenden verdrängt und verschwand allmählich völlig. Im größten Teil des Gebiets wurde er schon im Mittelalter ausgerottet, und er hielt sich nur in den Urwäldern Osteuropas. Die kaukasischen Wisente gehören zu der Unterart *Bison bonasus caucasicus* (**3**), die osteuropäischen zur Unterart *Bison bonasus bonasus* (**2**). Anfang des vergangenen Jahrhunderts lebten im Urwald von Bjelowesch 300—500 Wisente. Während des 1. Weltkrieges, als die Front über dieses Land rollte, verringerte sich ihre Zahl stark, und die Tiere litten auch unter der Wilddieberei. Der letzte freilebende Wisent wurde am 9. Februar 1921 geschossen. Der Mann, der sich somit unrühmlich in die Geschichte des Wisents einschrieb, war der Förster Bartolomeus Szakowicz. In Zoologischen Gärten und einigen Privatgehegen lebten zu dieser Zeit noch 56 Tiere, die die Grundlage für alle heute lebenden Wisente bildeten. Der Rettung der Wisente nahm sich die Internationale Gesellschaft zur Rettung des Wisents an. Man legte ein Stammbuch an und erhöhte die Bestände der in der Gefangenschaft lebenden Tiere. 1956 wurden erneut Wisente im Urwald von Bjelowesch ausgesetzt. Die Geschichte der kaukasischen Wisente verlief tragischer, es gelang nicht, sie zu retten. Noch im 18. und 19. Jahrhundert lebten sie in den nordwestlichen Gebieten des Kaukasus recht zahlreich. Ende des 19. Jahrhunderts verringerten sich die Bestände stark. In den achtziger Jahren lebten hier ungefähr 800—1 000 Exemplare, in den neunziger Jahren waren es nur noch 400—700 Stück. 1920 gab es im Kaukasus nur noch 100 Wisente, und ein Jahr später war es die Hälfte. 1924 richtete man ein Reservat ein. Dies konnte den kaukasischen Wisent jedoch nicht retten. Das letzte Tier dieser Unterart starb 1927. Der Wisent lebt in Herden, die von einem erwachsenen Bullen geführt werden. Altbullen sind Einzelgänger. Auf die Weide gehen die Tiere am frühen Morgen und abends. Als Nahrung dient alles, was sie im üppigen Unterholz des Waldes finden, vor allem die Blätter und Triebe verschiedener Sträucher und Bäume und nur in geringerem Maße Gräser. Von den Kräutern bevorzugen die Wisente Geißraute und Bärenklau. Die Brunst beginnt im August und erstreckt sich bis in den Oktober. Die Kühe sind 9 Monate trächtig und gebären ein einziges Kalb (**4**). Die Entwicklung der Wisente verläuft langsam. Sie erreichen die Geschlechtsreife erst mit dem 7.—8. Lebensjahr. Körperlich erwachsen sind sie noch später, erst im Alter von ungefähr 10 Jahren.

In einigen Gebieten Südeuropas, zum Beispiel in Albanien, Italien, Bulgarien, Ungarn und Rumänien und in Nordafrika, vor allem in Ägypten, können wir den Hausbüffel, den **Kerabau** (**5**) antreffen. Er ist die domestizierte Form des Arni, des Wasserbüffels (*Bubalus arnee*), der in Vorder- und Hinterindien lebt. Der Kerabau ist ein wichtiges Haustier der asiatischen Tropen und Subtropen und gelangte im Mittelalter unter der Türkenherrschaft nach Europa. Er wurde und wird auch heute noch für alle möglichen Feldarbeiten benutzt. Seine Milchproduktion ist ebenfalls nicht zu vernachlässigen. In Italien geben die Büffelkühe während einer Laktationsperiode ungefähr 2 000 l Milch ab, die fast 4% fetthaltiger ist und 1% mehr Eiweiß enthält als die Milch des Hausrinds. Die Büffelkühe sind länger trächtig als die Kühe des Hausrinds. Die Tragzeit schwankt von 287 bis 340 Tagen.

	LC (cm)	AC (cm)	LCd (cm)	G (kg)
Bison bonasus	300—350	158—195	50— 60	450—1 000
Bubalus arnee f. bubalis	250—300	150—180	60—100	450— 800

5

4 ♀

1 ♂

3

2

Moschusochse

Ordnung: Paarhufer, *Artiodactyla*   Familie: Rinder, *Bovidae*

Die sturmgepeitschten Tundren der Arktis sind die Heimat des **Moschusochsen**
(*Ovibos moschatus* — **1**). Mit seiner stattlichen Gestalt erinnert er an den wilden Ur,
aber viele morphologische und anatomische Kennzeichen und auch die Zusammen-
setzung des Blutserums zeugen davon, daß die Moschusochsen Verwandte der
Schafe und Ziegen sind. Die Behaarung ist wahrscheinlich die längste, die wir bei
den Säugetieren finden. Sie ist auf dem Rücken 16 cm lang, erreicht aber an Hals,
Brust und Hinterteil 60 und oft auch 90 cm. Dieses Fell ist sehr dicht und schützt die
Tiere ausgezeichnet vor der harten arktischen Kälte.
Während der Eiszeiten lebten die Moschusochsen auch in Europa, wichen dann
aber im Verlauf des Klimawechsels mit den Gletschern nach Norden zurück. Heute
lebt der Moschusochse in Grönland, auf den Inseln des kanadischen Teils des Nördlichen Eismeers und an einigen Stellen des amerikanischen Kontinents zwischen
dem Mackenzie-Fluß und der Hudson-Bai. Seine Bestände wurden im gesamten
Verbreitungsareal durch Bejagung so stark gefährdet, daß ein Gesetz zu seinem
Schutze erlassen werden mußte. In Kanada war schon 1917 die Jagd auf Moschusochsen völlig verboten. Dänemark und Norwegen schränkten diese Jagd erst 1950
drastisch ein. Die meisten Versuche, diese Art außerhalb ihres rezenten Verbreitungsgebietes auszusetzen, schlugen fehl. So gelang es zum Beispiel nicht, die Moschusochsen in Schweden und auf Island anzusiedeln, während sich die Tiere, die
auf der Insel Nunivak an der kanadischen Küste, auf Spitzbergen und im Bergland
Dovre in Norwegen ausgesetzt wurden, hielten und auch vermehrten. In allen Fällen
wurde für diese Versuche die Unterart, der **Grönland-Moschusochse** *(Ovibos moschatus wardi* — **3**), verwendet. Er zeichnet sich durch ein weißes Fell auf der Stirn
und dem oberen Teil des Kopfes aus.
Der Moschusochse lebt in Herden, die von einem erwachsenen Bullen geführt werden. Dieser wird von zwei bis vier Weibchen begleitet. Den übrigen Teil der Herde,
sie besteht aus 8 oder 20 Tieren, bilden junge Stücke und Kälber. Alte, ehemalige
Leitbullen, die in harten Kämpfen von einem stärkeren Rivalen überwältigt und vertrieben wurden, leben als Einzelgänger. Diese Kämpfe spielen sich in der Zeit von
Juni bis August ab, wobei die Bullen mit den Stirnpanzern frontal aufeinandersto-
ßen, wie wir es von den Schafböcken kennen. Der Stirnpanzer wird von der verwachsenen Hörnerbasis gebildet. Die Nahrung der Moschusochsen entspricht den
Möglichkeiten der Antarktis. Während der Vegetationszeit, die hier jedoch nur drei
Monate von Ende Mai bis Ende August dauert, beißen die Moschusochsen vor allem die Zweige und Blätter der Krüppelweiden ab und fressen Steinbrech, verschiedene Gräser und Binsen. Im Winter geben sie sich mit jeder Pflanzennahrung, die
sie finden, zufrieden und verzehren außer Gras auch Moos und Flechten.
Die Tragzeit beträgt 8 1/2 Monate. Der größte Teil der Jungen wird Ende April und
Anfang Mai geboren. Kälte stört sie nicht, sie sind aber gegen Feuchtigkeit empfindlich. Wenn Tauwetter eintritt, sterben gewöhnlich viele Kälber. Außer dem Menschen hat der Moschusochse als einzigen Feind nur noch den Wolf. Gegen einen erwachsenen Moschusochsen hat der Wolf jedoch nur geringe Chancen und überfällt
deshalb vor allem Jungtiere. Die Moschusochsen ziehen sich jedoch bei Angriffen
durch Wölfe zu einem dichten Kreis zusammen, in dessen Mitte die Kälber gebor-
gen werden und dessen Außenseite ein Wall aus Hörnern und Stirnpanzern der erwachsenen Tiere ist (**2**). Die älteren Bullen stoßen dann in kurzen Attacken gegen
die Wölfe vor, wobei sie ihr langes, dichtes Fell gegen Bisse schützt.

	LC (cm)	AC (cm)	LCd (cm)	G (kg)
Ovibos moschatus	180—250	100—145	7—10	200—400

Wale

Ordnung: Waltiere, *Cetacea*   Familie: Furchenwale, *Balaenopteridae*

Der **Finnwal** *(Balaenoptera physalus* — **1)** ist Kosmopolit. Er taucht im Atlantischen Ozean am meisten bei Island, an den Färöern und an der norwegischen Küste auf, erscheint aber vor allem im Sommer von Juli bis September auch bei England und Irland. Regelmäßig treffen wir ihn im westlichen Mittelmeer, vor allem bei Korsika. Finnwale sammeln sich manchmal zu großen Schwärmen, gewöhnlich beobachten wir aber nur zwei oder drei Tiere gemeinsam. Die Nahrung dieses Wals besteht aus verschiedenen Arten von Schalentieren und in einer bestimmten Periode auch aus Fischen, die er mit Hilfe der Barten aus dem Wasser gewinnt **(5)**. Im Magen eines erlegten Finnwals wurden 500—600 kg Nahrung gefunden. Die Tiere jagen in geringen Tiefen oder an der Oberfläche. Sie tauchen für 5—8 Minuten unter und tauchen dann 5—8mal in Intervallen von zehn Sekunden auf, um Atem zu schöpfen. Vor dem Tauchen atmen sie (wie alle Wale) aus, wobei sie einen Geysir von Wasserdampf, der durch die Kondensation der warmen Atemluft in der kalten Umgebung entsteht, ausspritzen. Dieser Geysir steigt 2—9 m auf **(2)**. Seine Richtung, Höhe und Gestalt ist für jede Walart typisch. Bei Gefahr tauchen die Finnwale für 20 oder 30 Minuten. Sie paaren sich meistens im Winter, wenn die überwiegende Zahl der Tiere nach Süden in wärmere Gewässer zieht. Die Paarung erfolgt meistens unter Wasser und nur selten an der Oberfläche. Das Weibchen ist 11—12 Monate trächtig und gebiert ein einziges, 6—6,5 m langes und 1,5—1,8 Tonnen schweres Junges. Alle Wale werden mit dem Schwanz nach vorn geboren. Das Muttertier säugt 6 Monate. In dieser Zeit ist das Junge schon 10—12 m lang. Die Finnwale sind ungefähr im Alter von 2—3 Jahren erwachsen. Der **Blauwal** *(Sibbaldus musculus* — **3)** ist ebenfalls ein Kosmopolit, ist aber, da er in der Vergangenheit intensiv gejagt wurde, wesentlich seltener als der Finnwal. Im Sommer hält er sich im hohen Norden oder weit im Süden an der Grenze der Arktis und Antarktis auf. Im Winter zieht er in die wärmeren subtropischen und tropischen Gewässer. Im Atlantik treffen wir den Blauwal am meisten im Gebiet zwischen den Kapverdischen Inseln und Spitzbergen an. Er dringt nur ausnahmsweise auch in das Mittelmeer vor. Der Blauwal schwimmt in der Regel allein. Er taucht sehr lange, bis zu 50 Minuten, unter. Nach jedem Tauchen folgt eine Auftauchserie, bei der das Tier 6—16 mal an der Oberfläche erscheint, um einzuatmen. Beim Ausatmen entstehen 6—9, selten auch 12 m hohe Geysire. Der Blauwal ernährt sich ausschließlich von einigen Arten planktonischer Schalentiere (Bild **6** zeigt die Barten). Im Magen von erlegten Tieren hat man 1,2 bis 1,5 Tonnen Nahrung gefunden. Der Blauwal kann sich während des ganzen Jahres fortpflanzen, paart sich aber meistens im Juni und Juli. Das Weibchen ist 11 Monate trächtig. Das neugeborene Junge ist 6—9 m lang und 2,5—3 Tonnen schwer. Der **Seiwal** *(Balaenoptera borealis* — **4**) ist ein Bewohner der kalten arktischen Gewässer. Er schwimmt im ganzen regelmäßig nach Süden in das Gebiet von Island, nach Spitzbergen und zur norwegischen Küste. Gewöhnlich treffen wir nur ein, manchmal auch zwei Exemplare gemeinsam an. Die Nahrung des Seiwals besteht aus Schalentieren, Kopffüßern und kleinen Fischarten, die er unmittelbar unter der Wasseroberfläche jagt. Im Magen des Tieres befinden sich gewöhnlich 100—400 kg Nahrung. Es taucht nur kurzfristig für 2 bis 12 Minuten unter und erscheint dann gewöhnlich zweimal kurz an der Oberfläche, um einzuatmen. Die Fontäne, die beim Ausatmen entsteht, ist ungefähr 2—5 m hoch. Die Paarung erfolgt zu jeder Jahreszeit. Das Weibchen ist ungefähr ein Jahr trächtig. Das Neugeborene ist 4—5 m lang und wiegt gegen 2 Tonnen.

	L (m)	G (t)
Balaenoptera physalus	18—25	33— 53
Sibbaldus musculus	24—32	120—190
Balaenoptera borealis	15—19	16— 20

3

6

4

2

5

1

Wale

Ordnung: Waltiere, *Cetacea*   Familie: Furchenwale, *Balaenopteridae*
Familie: Pottwale, *Physeteridae*

Der **Buckelwal** (*Megaptera novaeangliae* — **1**) ist ein Kosmopolit, der lange Wanderungen zwischen den subtropischen und polaren Gewässern unternimmt. Einst schwamm er ganz geläufig alle Küsten des Atlantiks an, wurde aber sehr intensiv gejagt, und seine Bestände gingen katastrophal zurück. Heute treffen wir ihn nur noch selten in der Nähe Islands und der Azoren. Seit 1966 ist die Jagd des Buckelwals auf der ganzen Welt verboten, und seine Bestände erholen sich wenigstens im nordwestlichen Atlantik leicht. Die Buckelwale halten sich am liebsten in Küstennähe auf. Sie schwimmen zwar langsamer als zum Beispiel die Finnwale, springen aber oft mit dem gesamten Körper über die Wasserfläche hinaus (**2**). Die Nahrung des Buckelwals sind Schalentiere und in geringem Maße auch kleine Fische. Der Magen des Tieres kann 500—600 kg Nahrung aufnehmen. Bei der Jagd ändert dieser Wal oft die Richtung. Er taucht gewöhnlich für 3—6, sehr selten bis zu 30 Minuten unter. Anschließend folgt ein 3 bis 8maliges Einatmen. Der Dampfgeysir wird 2—5 m hoch geblasen (**3**). Während der Paarungszeit, die auf keine bestimmte Periode begrenzt ist, sind die Buckelwale sehr aktiv und stoßen unter Wasser singende oder sirenenartige Töne aus, die bis zu Entfernungen von 100 km gehört werden können. Das Weibchen ist ungefähr ein Jahr trächtig. Das Jungtier ist 4—4,5 m lang.

Der **Pottwal** (*Physeter macrocephalus* — **4**) gehört zur Familie der Pottwale *(Physeteridae).* Er ist also ein Zahnwal (Unterordnung Odontoceti) und vor allem in den wärmeren subtropischen und tropischen Gewässern verbreitet. Die Weibchen verweilen hier während des ganzen Jahres. Die Männchen ziehen im Sommer zu den Polen. Die Pottwale tauchen oft auch im Mittelmeer auf. Sie leben in Gruppen, die aus einem einzigen männlichen Tier und seinem Harem aus einigen Weibchen und deren Jungen besteht. Die männlichen Jungtiere schließen sich zu „Junggesellenvereinen" zusammen. Die Nahrung der Pottwale besteht vor allem aus Kopffüßern und Fischen, die bis zu 1 m groß sein können, und in geringerem Maße auch aus Schalentieren. Im Magen eines ausgewachsenen Pottwals wurden jedoch auch 11 m große Kalmare und ein 3 m großer Hai gefunden. Der Pottwal taucht bei der Nahrungssuche sehr tief (über 1000 m). Dem entspricht auch die Dauer seines Aufenthaltes unter Wasser, sie beträgt 10 bis 50 Minuten. Der Wal verweilt dann aber längere Zeit an der Oberfläche. Die Tragzeit des Weibchens wird von verschiedenen Autoren mit 10 bis 13 Monaten angegeben. Das neugeborene Junge mißt 3—5,5 m und wiegt gegen 1 Tonne.

Der **Zwergpottwal** (*Kogia breviceps* — **5**) ist ein nicht sehr zahlreich vorkommender Bewohner der subtropischen Gewässer. Er ist manchmal an der Küste von Portugal, Frankreich, Irland und Holland zu sehen. Wegen seiner Seltenheit ist über seine Biologie nicht viel bekannt. Der Zwergpottwal schwimmt einzeln oder zu zweit. Wahrscheinlich handelt es sich dann um ein Paar oder um ein Weibchen mit einem Jungen. Die Nahrung dieser Art besteht aus Kopffüßern, vor allem Sepien, Krabben, und einigen Fischarten. Die Paarung erfolgt meistens im Frühling oder Herbst. Das Weibchen ist 9 Monate trächtig und das Junge ungefähr 1 m lang.

Das Hauptbewegungsorgan der Wale ist die Schwanzflosse. Ihre Form ist für jede Art typisch (**6** — *M. novaeangliae*, **7** — *P. macrocephalus*).

	L (m)	G (t)
Megaptera novaeangliae	12—16	25—33
Physeter macrocephalus	10—20	10—50
Kogia breviceps	2,5—3	0,3—0,5

Wale

Ordnung: Waltiere, *Cetacea*   Familie: Glattwale *Balaenidae*

Der **Nordkaper** (*Eubalaena glacialis* — **1**) lebte in drei Unterarten in den kalten bis subtropischen Gewässern. Im östlichen Teil des Atlantischen Ozeans trat er zwischen dem Golf von Biskaya und Spitzbergen auf und wurde auch im Mittelmeer bei Italien gesichtet. Im 18. und 19. Jahrhundert wurde der Nordkaper sehr intensiv gejagt, seine Bestände sanken stetig ab, und an vielen Stellen wurde er völlig ausgerottet. Seit 1935 ist der Fang dieses Wales verboten. Er ist heute im gesamten Ostatlantik sehr selten. Einst waren Schulen von 100 Exemplaren üblich, gegenwärtig treffen wir auch in Gebieten, wo der Nordkaper noch häufiger auftritt, nur Gruppen von 3—4 Tieren an. Die Nahrung dieser Art besteht aus Schalen- und Weichtieren. Bei der Nahrungssuche taucht der Wal für 10—20 Minuten, vermag aber zum Beispiel bei Gefahr bis zu 50 Minuten unter der Wasseroberfläche zu verweilen. Nach jedem Tauchen folgt ein 5—6maliges Einatmen. Beim Ausatmen steigt ein typischer, zweifacher Geysir bis zu 4—4,5 m Höhe auf (**2**). Der Nordkaper pflanzt sich innerhalb von zwei Jahren nur einmal fort. Das Weibchen ist 1 Jahr trächtig und gebiert gewöhnlich in warmen, subtropischen Gewässern in geringer Entfernung von der Küste ein Junges, das 4—5 m lang ist und 6—7 Monate von der Mutter gesäugt wird. In dieser Zeit wächst es auf ungefähr 8,5 m heran. Junge Weibchen, die ungefähr 12 m lang sind, sind schon geschlechtsreif und können zum ersten Mal trächtig werden.

Der **Grönlandwal** (*Balaena mysticetus* — **3,4**) ist ein Bewohner der arktischen Meere. Auch er wurde im 19. Jahrhundert stark verfolgt, und seine Bestände wurden dezimiert. Seit 1935 ist die Jagd von Grönlandwalen verboten. Im östlichen Teil des Atlantischen Ozeans können wir diese Art heute nur im Gebiet von Grönland und Spitzbergen antreffen. Ihre Bestände erhöhen sich, wenn auch sehr langsam. Der Grönlandwal ist ein Einzelgänger, und wir können nur selten Gruppen mit 3—5 Exemplaren beobachten. Seine Nahrung wird von kleinen planktonischen Schalen- und Weichtieren gebildet. Der Wal jagt nicht tief unter der Wasserfläche. Er taucht gewöhnlich für 5—10, nur selten auch für 20 Minuten. Verletzte oder verfolgte Tiere können aber 40—80 Minuten unter Wasser bleiben. Nach dem Auftauchen verweilt der Wal ungefähr 1—3 Minuten an der Oberfläche und atmet während dieser Zeit ungefähr 4—12 mal aus. Die Dampffontäne ist geteilt und steigt bis zu 4 m auf. Seine Fortpflanzung ist an keine bestimmte Zeit gebunden. Die meisten Jungen werden jedoch von Februar bis Mai geboren. Die Länge der Tragzeit wird von verschiedenen Forschern verschieden angegeben. Sie beträgt nach einigen Angaben 9,5 Monate, nach anderen 13—14 Monate. Manche Forscher meinen, daß das Weibchen bei der Geburt eine Eisscholle anschwimmt, den hinteren Teil des Körpers auf diese hinaufschiebt und dann sein Junges zur Welt bringt. Anschließend taucht das Muttertier die Eisscholle mit Hilfe des Körpergewichts unter oder wirft das Junge mit der Schwanzflosse ins Wasser. Andere Zoologen sehen diese Geburt nur als Legende an, denn es ist bekannt, daß alle anderen Walarten unter der Wasseroberfläche gebären. Der neugeborene Grönlandwal ist 3—4,5 m lang.

	L (m)	G (t)
Eubalaena glacialis	13—17	40—50
Balaena mysticetus	15—20	40—55

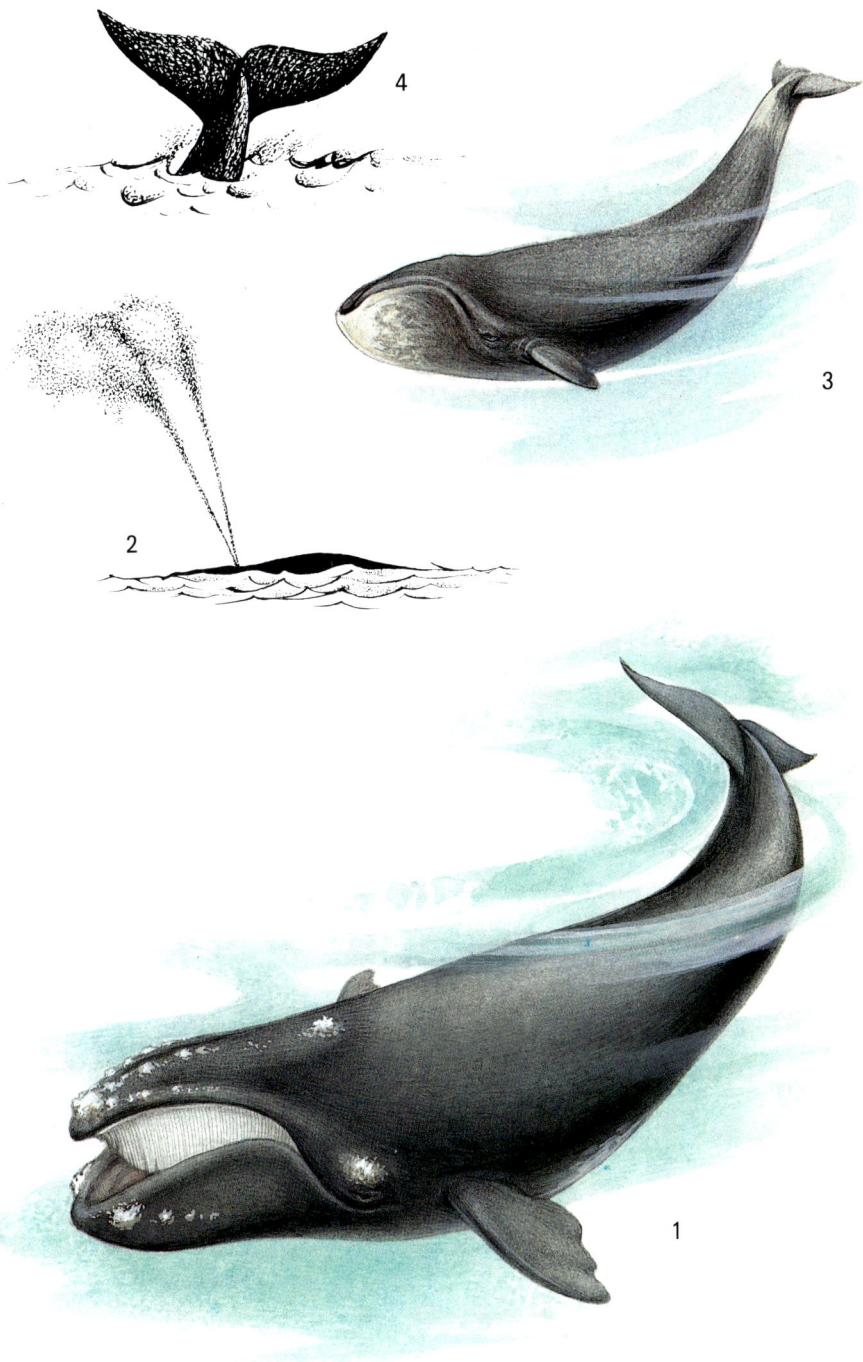

Wale

Ordnung: Waltiere, *Cetacea*   Familie: Gründelwale, *Monodontidae*

Der **Weißwal** oder **Beluga-Wal** (*Delphinapterus leucas* — **1**) ist entlang den Küsten der arktischen und subarktischen Gebiete verbreitet und dringt bis in die Nähe der polaren Eisberge vor. Er bevorzugt seichte Gewässer, und wir finden ihn oft an der Mündung von Flüssen, in die er auch gegen den Strom recht weit hineinschwimmen kann. So wurde zum Beispiel der Weißwal berühmt, der 1966 im Rhein stromaufwärts wanderte und bis nach Bad Honnef gelangte. Die Weißwale schwimmen regelmäßig zur Küste Dänemarks und Norwegens, in die Nordsee, zur schottischen Küste. Sie halten sich in Gruppen, den sogenannten „Schulen", auf, die 5—10, manchmal auch über 30 Exemplare umfassen. In Ausnahmefällen können sich über 100 Weißwale zusammenschließen. Gewöhnlich bilden die Weibchen mit den Jungtieren und die Männchen gesonderte Schulen. Die Nahrung des Weißwals besteht aus Schalentieren und Fischen, vor allem aus Arten, die in Schwärmen schwimmen, besonders aus Dorschen. Die Weißwale jagen gewöhnlich in Tiefen von ungefähr 10 m. Sie tauchen für 3—5, maximal für 15 Minuten unter. Danach erscheinen sie 3—4 mal kurz hintereinander an der Oberfläche, um einzuatmen. Sie gehen auch unter dem Eis auf Nahrungssuche und durchstoßen dann, um einatmen zu können, eine bis zu 8 cm starke Eisschicht. Die Paarungszeit liegt meistens im April und Mai. Die Tragzeit wird gewöhnlich mit 11—12 Monaten, von manchen Zoologen mit 14—15 Monaten angegeben. Das Weibchen bringt in der Regel ein, selten zwei Junge zur Welt. Das Neugeborene ist 130 bis 150 cm lang und wiegt 60—150 kg. Die Jungtiere sind graublau gefärbt (**2**). Wenn sie eine Körperlänge von 2,5—3 m erreichen, beginnen sie sich allmählich von der Bauchseite her weiß zu verfärben (**3**), und 4 m lange Weißwale sind schon rein weiß.

Der **Narwal** (*Monodon monoceros* — **4**) ist ein naher Verwandter des Weißwals, er lebt zirkumpolar in der Arktis und dringt von allen Walarten am weitesten nach Norden vor. Er taucht regelmäßig bei Spitzbergen auf, schwimmt seltener zur norwegischen Küste, verirrt sich auch in die Nordsee und zur englischen Küste und wurde einmal sogar vor Holland gesichtet. Das auffallendste Merkmal der Narwale, jedoch nur der Männchen (**4**), ist der nach vorn gerichtete, bis zu 3 m lange und spiralförmig gedrehte linke Schneidezahn des Oberkiefers. Selten sind beide Schneidezähne, die einzigen Zähne, die das erwachsene Tier besitzt, verlängert. Einzigartig unter den Walen ist die Form der Schwanzflosse der Männchen. Die Narwale sind gesellige Tiere und leben in Gruppen, die ungefähr 10 Exemplare umfassen. Ihre Hauptnahrung sind Kopffüßer, zum Beispiel Sepien, in geringerem Maße jagen sie auch Fische und einige Arten von Schalentieren. Der Narwal bleibt in der Regel 5—10 Minuten unter Wasser und taucht dann 8—9 mal auf, um einzuatmen. Dieses Auftauchen dauert jeweils ungefähr 3 Sekunden. Die Paarungszeit liegt nicht fest. Die Jungen werden jedoch meistens im Sommer geboren. Während der Brunst tauchen die Narwale oft an der Wasseroberfläche auf und kreuzen ihre Stoßzähne (**6**). Manchmal stoßen mehrere Männchen bei einem Weibchen zusammen (**5**). Sie kreuzen dann die Zähne über dem Rücken des Weibchens. Die Dauer der Trächtigkeit ist nicht bekannt, sie beträgt wahrscheinlich ungefähr 1 Jahr. Das neugeborene Junge ist 1,5 m lang und wiegt 60—80 kg.

	L (m)	G (kg)
Delphinapterus leucas	4—7	800—1200
Monodon monoceros	4—6	600—1000

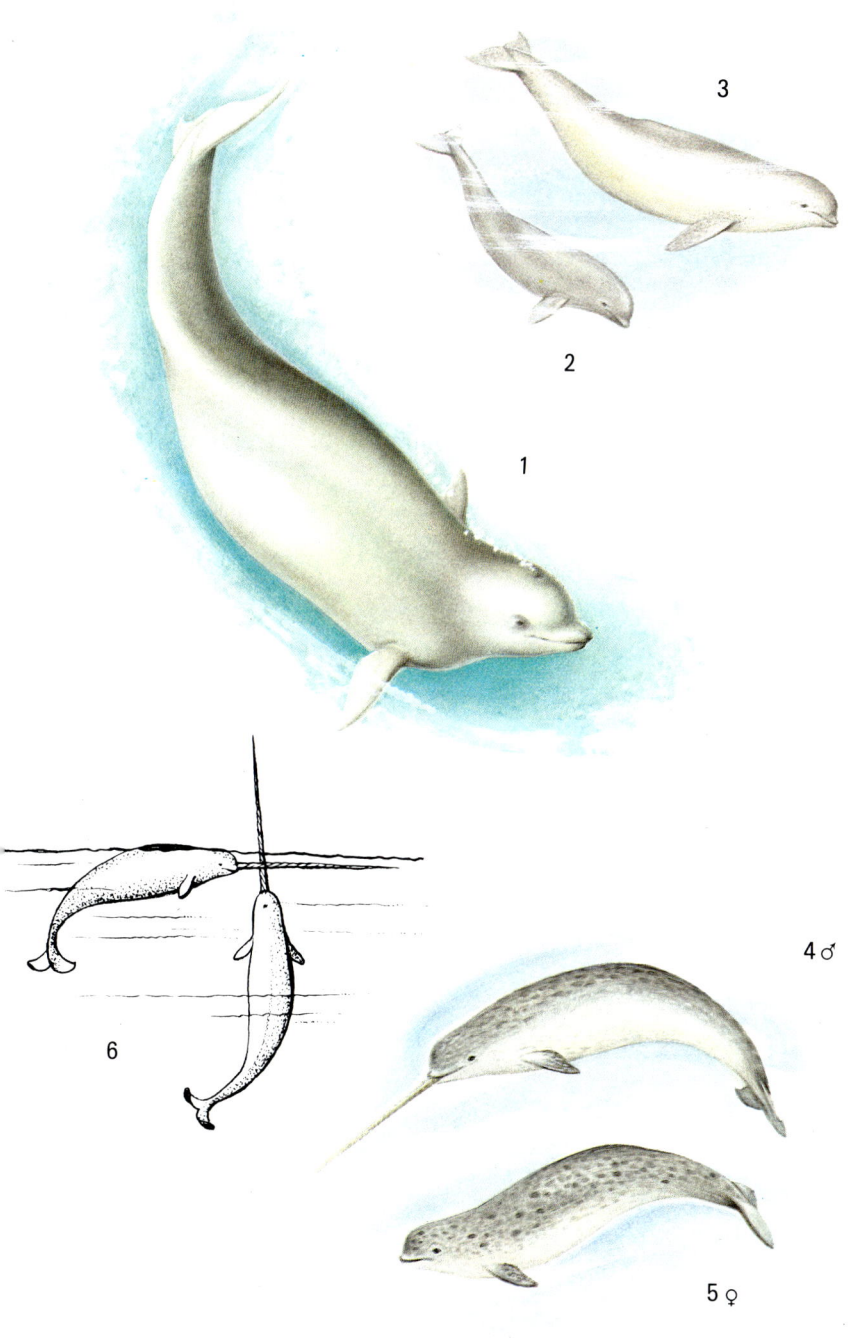

1

2

3

4 ♂

5 ♀

6

Wale

Ordnung: Waltiere, *Cetacea*   Familie: Delphine, *Delphinidae*

Der **Gemeine Delphin** (*Delphinus delphis* — **1**) ist in den tropischen und warmen Meeren der ganzen Erde weit verbreitet. Er kommt bisher sehr zahlreich im Mittelmeer und im Schwarzen Meer vor, taucht in den Gewässern um die Britischen Inseln auf und gelangt seltener auch in die Nordsee. Er lebt in Schulen, und die gesamte Gruppe schwimmt oft nicht nur synchron, sondern springt auch gemeinsam über die Wasserfläche empor. Der Delphin jagt pelagische, im freien Wasser lebende, Fische und seltener auch Schalen- und Weichtiere. Er ist ein schneller Schwimmer und kann sich mit einer Geschwindigkeit von 45 — 55 km/h fortbewegen. Unter Wasser verweilt der Delphin nur 0,5—3, ausnahmsweise bis gegen 5 Minuten. Zum Einatmen benötigt er 0,2—0,4 Sekunden. Die Fortpflanzungszeit liegt in den Monaten von Juni bis Oktober. In dieser Periode versammeln sich um ein Weibchen 6—8 Männchen, die sich gegenseitig verfolgen und mit den Zähnen an den Flossen fangen. Das Weibchen ist 10—11 Monate trächtig. Das neugeborene Junge ist 80—90 cm lang. Auch die Delphine gebären ihre Nachkommen mit dem Schwanz voraus.

Der **Große Tümmler** (*Tursiops truncatus* — **2**) lebt in allen Meeren und gehört in den europäischen Gewässern zu den zahlreichsten Arten. Er bildet oft große Schulen und taucht für längere Zeit bis zu 30 Minuten unter. Seine Nahrung sind Fische, kleinere Haiarten und in geringerem Maße auch Kopffüßer und Schalentiere. Die Fortpflanzung erfolgt in den warmen Monaten des Jahres. Das Weibchen ist 12 Monate trächtig, das neugeborene Junge mißt 80—130 cm.

Wie der Gemeine Delphin ist auch der Große Tümmler einer der am meisten in Delphinarien gehaltenen Wale. Der Besuch eines Delphinariums zeigt uns am besten die physischen und psychischen Fähigkeiten der Delphine. In diese Anlagen gelangen Tiere, die in der freien Natur gefangen wurden (**3**).

Der **Rundkopfdelphin** oder **Grautümmler** (*Grampus griseus* — **4**) ist auf beiden Hemisphären weit verbreitet, überschreitet aber den Polarkreis nicht. Wir treffen meistens Gruppen an, die bis zu 10 Tiere enthalten, stoßen gelegentlich aber auch auf Schulen mit mehr als 100 Exemplaren. Die Hauptnahrung dieser Art sind Kopffüßer. Über ihre Vermehrung ist nicht viel bekannt. Die Jungen werden meistens in den Wintermonaten geboren und sind 140—160 cm lang.

Der **Grindwal** (*Globicephala melaena* — **5**) lebt im Atlantik und in den Meeren der Südhalbkugel. Er tritt vom hohen Norden bis zum Mittelmeer auf und ist in den Gewässern um Island und im Norden Englands am zahlreichsten. Der Grindwal schließt sich zu umfangreichen Schulen zusammen, die sich an der Wasseroberfläche aufhalten. Hauptnahrung sind hier die Kopffüßer. Die Paarung erfolgt im Sommer, die Trächtigkeit dauert 1 Jahr, das neugeborene Junge ist 140—200 cm groß.

	L (m)	G (kg)
Delphinus delphis	1,6—2,9	30—90
Tursiops truncatus	2—3,5	150—200
Grampus griseus	3—4	300—500
Globicephala melaena	6—8	1500—2000

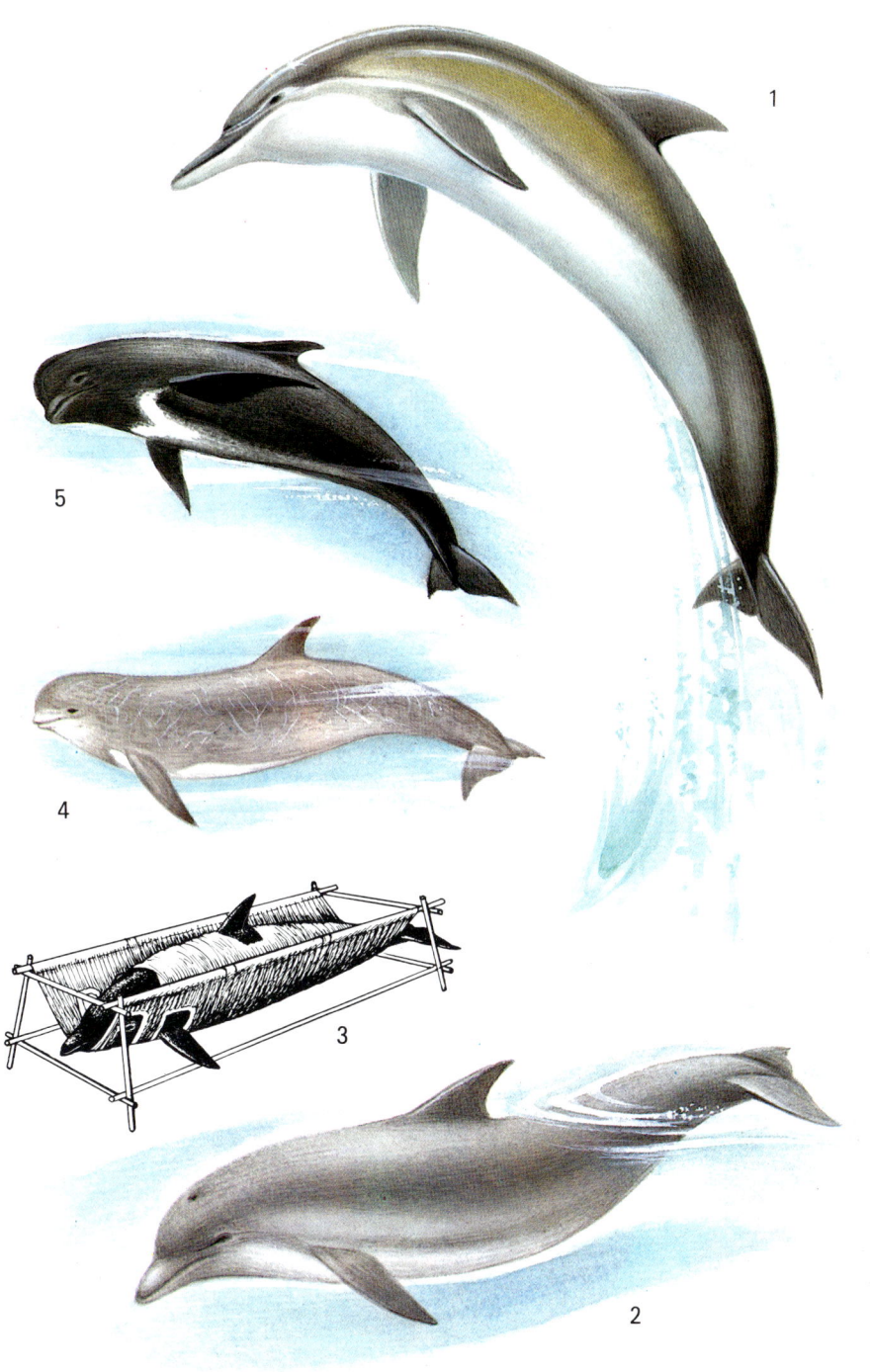

Wale

Ordnung: Waltiere, *Cetacea*   Familie: Delphine, *Delphinidae*

Von der Arktis bis zur Antarktis lebt der **Schwertwal** (*Orcinus orca* — **1**). Er bevorzugt kältere Gewässer, kommt aber auch in allen europäischen Meeren von Spitzbergen und Island bis zum Mittelmeer vor. Wir können ihn auch in der Ostsee antreffen. Der Schwertwal lebt in Gruppen von 20—30 Tieren. Seine Nahrung besteht nicht nur aus Fischen, sondern auch aus Meeressäugetieren, aus Robben und den übrigen Walen. Sie verändert sich offensichtlich nicht nur mit den Jahreszeiten, sondern auch entsprechend dem Jagdrevier. Manchmal finden wir im Magen der Schwertwale fast ausschließlich Fische oder Haie, in anderen Fällen überwiegen wieder Kopffüßer, manchmal Delphine oder Seehunde. Im Magen eines erlegten Schwertwals wurden 14 Seehunde gefunden. In der Zeit, in der die Seehunde ihre Jungen ablegen, sammeln sich die Schwertwale oft in der Nähe der Robbenkolonien und lauern auf leichte Beute. Sie unterschwimmen bei der Jagd die Eisschollen, auf denen sich die Seehunde ausruhen, zerschlagen dann das Eis von unten und bemächtigen sich der Robben (**2**). Wenn eine Schwertwalschule auf einen Großwal stößt, fallen die Tiere diesen an und reißen ihm Fleischstücke aus Lippen und Zunge. Die Paarung ist zu jeder Jahreszeit möglich. Die meisten Jungen werden jedoch von Mai bis Juli geboren. Das Weibchen ist 16 Monate trächtig. Das neugeborene Junge ist 200—275 cm lang.

Der **Kleine Schwertwal** (*Pseudorca crassidens* — **3**) ist ein Bewohner des offenen Meeres und schwimmt nur sehr selten zu den Küsten des Festlandes. Wir treffen ihn aber manchmal im Gebiet von Skandinavien bis zum Mittelmeer an. Diese Art orientiert sich an der Küste offensichtlich schlecht und bleibt dann im Flachwasser stecken. Bekannt ist der oft angeführte Fall, bei dem 1927 eine Schule mit 150 Kleinen Schwertwalen an der Küste bei Schottland strandete. Die Nahrung dieser Art besteht aus Fischen und Kopffüßern. Die Tragzeit beträgt ungefähr 14 Monate, das neugeborene Junge ist 160—180 cm groß.

Der **Schweinswal, Braunfisch** oder **Kleine Tümmler** (*Phocoena phocoena* — **4**) lebt in den Küstengewässern vom Weißen Meer über die Nord- bis zur Ostsee und entlang der europäischen Atlantikküste bis zum Mittel- und Schwarzen Meer. Im Mittelmeer kommt er seltener, im Schwarzen Meer zahlreich vor. Diese Art reagiert sehr empfindlich auf die Verunreinigung des Wassers, und ihre Bestände nehmen deshalb in den letzten Jahren ab. Der Schweinswal lebt gesellig in Schulen bis zu 10 Tieren und hält sich gern an den Mündungen von Flüssen auf, in die er oft kurze Strecken stromaufwärts hineinschwimmt. Die Hauptnahrung des Schweinswals sind auf dem Grund lebende (benthale) Fische und wirbellose Tiere, wie zum Beispiel Schalentiere. Nur im Frühling und im Herbst jagt dieser Wal pelagische, also im freien Wasser lebende Fische. Paarungszeit ist von Juni bis Oktober. Das Weibchen ist 10—11 Monate trächtig, das Junge 60—85 cm lang und 3—8 kg schwer. Der Schweinswal wird in den letzten Jahren oft für Delphinarien gefangen. Er ist sehr verspielt und manipuliert Gegenstände nicht nur mit dem Maul und der Schwanzflosse, sondern auch sehr gewandt mit den Brustgliedmaßen.

Die Rückenflosse der Wale wird nicht durch Knochen gestützt, sie besteht aus Fett- und Muskelgewebe. An der Form dieser Rückenfinne, die über den Wasserspiegel herausragt, kann man die einzelnen Walarten identifizieren (**5** — *Phocoena phocoena*, **6** — *Orcinus orca*).

	L (m)	G
Orcinus orca	4,5—10	5—8 t
Pseudorca crassidens	2,5—5,5	1,2—1,7 t
Phocoena phocoena	1,5—1,8	30—60 kg

3

6

5

4

2

1

Weiterführende Literatur

Bouchner, M. (1982): Der Kosmos-Spurenführer. Kosmos, Franckh'sche Verlagshandlung, Stuttgart

Brink, F. H. van den (1975): Die Säugetiere Europas. Paul Parey Verl., Hamburg u. Berlin

Burton, M. (1971): The Observer's Book of Wild Animals. Frederick Warne and Co. Ltd., London u. New York

Corbet, G., Ovenden, D. (1980): The Mammals of Britain and Europe. Collins, London

Dorst, J., Dandelot, P. (1970): A Field Guide to the Larger Mammals of Africa. Collins, London

Ellerman, J. R., Morrison-Scott, T. C. S. (1951): Checklist of Palaearctic and Indian Mammals. British Museum (N. H.), London

Flint, V. E., Chogunov, J. D., Smirin, V. M. (1970): Mlekopitajuschtschie SSSR. Moskau

King, J. E. (1964): Seals of the World. British Museum (N. H.). London

Mohr, E. (1950): Die freilebenden Nagetiere Deutschlands. Jena

Mohr, E. (1952): Die Robben der europäischen Gewässer. Monographie der Säugetiere. Frankfurt/Main

Petzsch, H. (1963): Die Katzen. Urania Verl., Leipzig — Jena — Berlin

Register

Lernen Sie die interessantesten Seiten von Natur, Umwelt und Forschung kennen!

›kosmos‹, das aktuelle Magazin, informiert Sie jeden Monat auf fesselnde Weise über praktisch nachvollziehbare Naturbeobachtung, Naturerhaltung und Wunder der Natur, zeigt Hintergründe und Zusammenhänge auf und erweitert so Ihr Wissen auf unterhaltsame Weise.

›kosmos‹ nimmt kein Blatt vor den Mund, wenn es um die Erhaltung der Natur und die Gestaltung einer menschlichen Zukunft geht. ›kosmos‹ ist das Forum für aktive Leser – ganz gleich, ob Sie sich gegen die „Natur- und Umweltsünde des Monats" wehren oder ob Sie ganz einfach mal Ihre Meinung sagen (oder schreiben) wollen. ›kosmos‹ schlägt die schönsten Seiten der Natur für Sie auf, zeigt Ihnen bezaubernde „Kunstwerke", kleine und große Paradiese – Schätze, die unseren Schutz verdienen –, und informiert über aktuelle Entwicklungen der modernen Naturwissenschaften. Als Abonnent erhalten Sie Preisermäßigungen auf Kosmos-Bücher, -Experimentierkästen und Geräte für den Naturfreund sowie auf Kosmos-Kurse und -Exkursionen..

Es lohnt sich also, ›kosmos‹ kennenzulernen. Wir halten ein kostenloses Probeheft für Sie bereit – bitte anfordern beim Kosmos-Verlag, Postfach 640, 7000 Stuttgart 1.

Natur... natürlich Kosmos!

Dietmar Aichele
Was blüht denn da?
Wildwachsende Blüten-
pflanzen Mitteleuropas
Dieser Kosmos-Natur-
führer ist das Standard-Be-
stimmungsbuch für Natur-
freunde!
„Schon beim flüchtigen
Durchsehen begeistern die
in strahlenden Farben
wiedergegebenen Pflan-
zen..."
(Heim und Garten)
400 Seiten, 1310 meist farbige Abbildungen

Humphries/Press/Sutton
Der Kosmos-Baumführer
Über 400 europäische
Bäume in Farbe
„...Dieses Buch hilft zuver-
lässig bei der Bestimmung
aller in Europa heimischen
Baumarten sowie zahlrei-
cher eingeführter Laub- und
Nadelhölzer. Mehr als 400
Arten werden beschrieben
und in über 1000 farbigen
Einzeldarstellungen detail-
getreu abgebildet..."
(Haus und Garten)
320 Seiten, 1162 meist far-
bige Abbildungen

H. Baumann/S. Künkele
Die wildwachsenden Orchi-
deen Europas
Sämtliche in Europa und
seinen Randgebieten vor-
kommenden Orchideen-
arten werden auf ganzsei-
tigen Farbfotos dargestellt
und beschrieben. Für jede
Art ist eine großformatige
Verbreitungskarte abgebildet.
„...eine eindringliche Wer-
bung für den Naturschutz..."
(Nachrichtenblatt des
Deutschen Alpenvereins,
Hamburg)
432 Seiten, 289 meist farbige Abbildungen, 191 farbige Verbreitungskarten

Wachstumsschema der Hörner beim Mufflonbock. Nach dem Grad der Kreisschließung kann man das Alter der Tiere schätzen. Im Vergleich mit einem Zifferblatt zeigt die Spitze des linken Horns eines einjährigen Bocks ungefähr auf 1 Uhr (a), bei einem zweijährigen Bock auf 3 Uhr (b), bei einem dreijährigen Tier (c) und den älteren Böcken zeigt die Hornspitze immer um 2 Stunden mehr an als das wirkliche Alter. Das gilt ungefähr bis zum 7. Lebensjahr, danach zeigt das Horn ständig auf 9 Uhr (d).

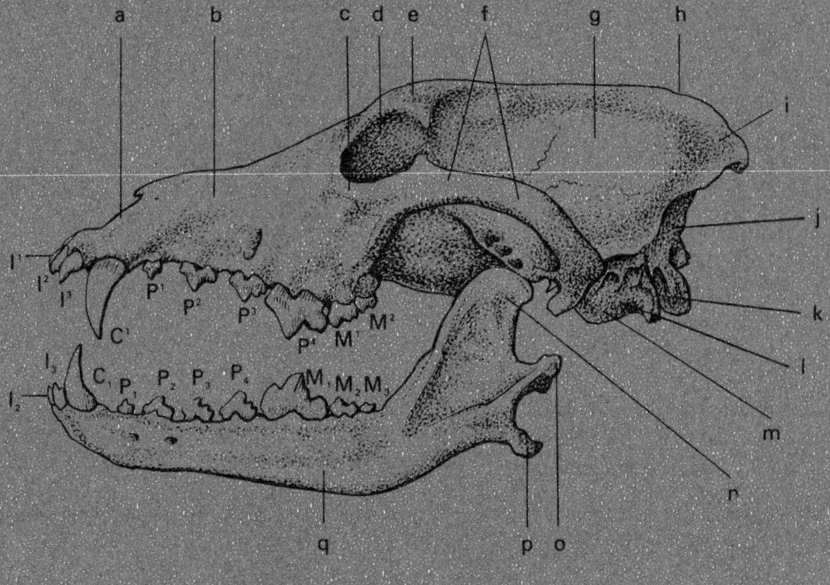

Schädel eines Raubtieres (Wolf): a — Zwischenkiefer; b — Oberkiefer; c — Wangenbein; d — Augenhöhle; e — Stirnbein; f — Jochbogen; g — Scheitelbein; h — Pfeilnaht; i — Zwischenscheitelbein; j — Hinterhauptbein; k — Hinterhauptbuckel; l — äußerer Gehörgang; m — Trommelhöhle; n — Muskelvorsprung; o — Gelenkvorsprung; p — Winkelvorsprung; q — Mandibula; I — Schneidezähne; C — Eckzähne; P — Vormahlzähne; M — Mahlzähne